Digitale Fotografie

Bild für Bild

D1865333

Digitale Fotografie

Sehen und Können

CAROLINE BUTZ TOM FREIWAH

Markt+Technik

Bibliografische Information der Deutschen Bibliothek
Die Deutsche Bibliothek verzeichnet diese Publikation in der Deutschen Nationalbibliografie; detaillierte bibliografische Daten sind im Internet über http://dnb.ddb.de abrufbar.

Die Informationen in diesem Produkt werden ohne Rücksicht auf einen eventuellen Patentschutz veröffentlicht.
Warennamen werden ohne Gewährleistung der freien Verwendbarkeit benutzt.
Bei der Zusammenstellung von Text und Abbildungen wurde mit größter Sorgfalt vorgegangen.
Trotzdem können Fehler nicht vollständig ausgeschlossen werden.
Verlag, Herausgeber und Autoren können für fehlerhafte Angaben und deren Folgen weder eine juristische Verantwortung noch irgendeine Haftung übernehmen.
Für Verbesserungsvorschläge und Hinweise auf Fehler sind Verlag und Herausgeber dankbar.

Alle Rechte vorbehalten, auch die der fotomechanischen Wiedergabe und der Speicherung in elektronischen Medien.
Die gewerbliche Nutzung der in diesem Produkt gezeigten Modelle und Arbeiten ist nicht zulässig.

Fast alle Hardware- und Softwarebezeichnungen, die in diesem Buch erwähnt werden, sind gleichzeitig auch eingetragene Warenzeichen oder sollten als solche betrachtet werden.

Umwelthinweis:
Dieses Buch wurde auf chlorfrei gebleichtem Papier gedruckt. Um Rohstoffe zu sparen, haben wir auf Folienverpackung verzichtet.

10 9 8 7 6 5 4 3 2 1

10 09 08

ISBN 978-3-8272-4261-7

© 2008 by Markt+Technik Verlag,
ein Imprint der Pearson Education Deutschland GmbH,
Martin-Kollar-Straße 10–12, D-81829 München/Germany
Alle Rechte vorbehalten
Umschlaggestaltung: Marco Lindenbeck, webwo GmbH, mlindenbeck@webwo.de
Lektorat: Birgit Ellissen, bellissen@pearson.de
Korrektorat: Claudia Mantel-Rehbach
Herstellung: Martha Kürzl-Harrison, mkuerzl@pearson.de
Satz: Caroline Butz, www.carobutz.de
Druck und Verarbeitung: MediaPrint, Paderborn
Printed in Germany

Liebe Leserin, lieber Leser,

klar, Fotos mit einer Digitalkamera knipsen kann jeder. Aber spannungsreiche und professionelle Fotos in den Kasten zu bekommen, ist schon etwas schwieriger.

Deshalb finden Sie im ersten Teil dieses Buchs „Das 1 x 1 des digitalen Bildes" und im zweiten Teil viele Tipps und Tricks, die Ihnen helfen sollen, gute Bilder zu machen. Schritt für Schritt lernen Sie, bewegte Bilder, Porträts im selbstgebauten Studio, Stillleben, Produktfotos für eBay sowie Landschafts- und Architekturfotos mit der Kamera festzuhalten.

Und was natürlich bei der digitalen Fotografie nicht fehlen darf, ist die Kunst, die Fotos später mit einem Bildbearbeitungsprogramm je nach Verwendung zu optimieren. Im dritten Teil machen Sie beispielsweise aus Ihren Fotos Postkarten, gestalten CD-Einleger und Etiketten, bedrucken sogar ein T-Shirt selbst und verwandeln ein neues Foto in ein auf alt gestyltes Plakat. Übrigens: Die Fotos aus den Workshops können Sie von folgenden Websites herunterladen:

www.carobutz.de oder www.artcore-x.de

Also dann, packen Sie's an!
Viel Spaß beim Fotografieren.

Ihr Autorenteam
Caroline Butz und Tom Freiwah

4 Freunde und Familie fotografieren 49

5 Gelungene Porträts im selbstgebauten Studio 57

6 Objekte präsentieren: Produktfotos & Stillleben 73

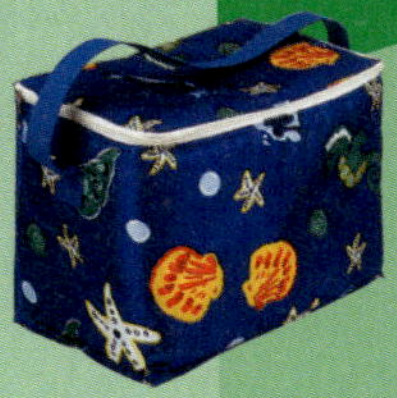

14 Nostalgie: Plakat aus alten Zeiten 211

15 Fotodienste und Fotocommunities 227

Lexikon 235

Teil 1

Einstieg in die digitale Fotografie

1

Die passende Kamera für Sie

Start

1

2

1 Eine wirklich kleine Minikamera von Canon. Kaum zu glauben, aber sie ist kleiner als eine Zigarettenschachtel.

2 Etwas größer, aber immer noch mini, eine Kamera von Sony mit einem relativ großen Display.

Die Minis sind superklein und leicht und passen praktisch in jede Tasche, egal ob Hemd- oder Hosentasche. Wer also seine Kamera immer mit dabei haben möchte und auf erhöhte Ausstattung keinen besonderen Wert legt, liegt mit den Minis völlig richtig.

WISSEN

3

4

3 Weil sie so klein und leicht ist, lässt sich die Mini wunderbar in der Hemdtasche unterbringen.

4 Auch für Damen kein Problem. Die Mini passt in jede noch so kleine Handtasche.

Ende

Minis sind zwar praktisch, aber die Optik bzw. das Zoom sind im Vergleich zu ihren größeren Nachbarn qualitativ eingeschränkt.

HINWEIS

Der **LCD-Display** (liquid crystal display) ist die Anzeige auf der Rückseite Ihrer Kamera. Durch Flüssigkeitskristalle wird die Anzeige erzeugt.

FACHWORT

Minis sind in der Regel einfach in der Handhabung. Allerdings ergibt sich daraus natürlich eine reduzierte Ausstattung. Die Funktionen beschränken sich auf die wichtigsten Einstellungen.

HINWEIS

Start

1

Quelle: Panasonic

3

Quelle: Canon

2

Quelle: Nikon

1 Die Panasonic Lumix ist eine Mittelklassekamera mit einer sehr guten Brennweite.

2 Die Nikon COOLPIX P5000 liefert gestochen scharfe und detailreiche Bilder.

3 Die Mittelklassekameras von Canon zeichnen sich durch einfache Handhabung aus.

Der kompakte Allrounder in der Mittelklasse sorgt für gute Optik und ein vernünftiges Zoom. Hier können Sie nicht nur knipsen, sondern auch zoomen und individuelle Einstellungen vornehmen. Durch das robuste Gehäuse sind die Kameras schwerer als die Minis und können nicht in der Hemdtasche verstaut werden.

WISSEN

4

5

4 Gut ausgerüstet sein und doch nicht so schwer schleppen! Das erfüllt eine gute Mittelklassekamera.

5 Liegt gut in der Hand und hält durch die robusteren Gehäuse einiges aus.

Ende

Ein schwenkbares Zoom erweitert die Handhabung Ihrer Kamera, weil Sie so aus ungewöhnlichen Perspektiven gute Bilder schießen können.

HINWEIS

Die **Brennweite** eines Objektivs bestimmt zusammen mit dem Aufnahmeformat den Bildwinkel und somit den Bildausschnitt einer Aufnahme.

FACHWORT

Die Mittelklassekameras verfügen nicht nur über eine größere Auswahl an Programmautomatiken, sie lassen auch manuelle Einstellungen zu.

HINWEIS

Start

1

Quelle: Canon

3

Quelle: Panasonic

2

Quelle: Fuji

1 Wieder eine Canon, die durch das vielfältige Angebot an möglichem Zubehör besticht.

2 Die Fuji zeichnet sich besonders durch ihre Bedienerfreundlichkeit aus.

3 Die Panasonic Lumix eignet sich besonders für den Studioeinsatz.

Spiegelreflexkameras überzeugen durch tolle Optik. Umfangreiches Zubehör lässt das Herz der Profifotografen höher schlagen. Die Aufnahmen bestechen durch sehr gute Bildqualität. Das alles muss natürlich bezahlt werden, weshalb die Spiegelreflexkameras in der Preisklasse eindeutig am höchsten liegen.

WISSEN

4

5

4 Der Profifotograf kommt nicht umhin, seine gesamte Ausrüstung immer mit sich herumzuschleppen: verschiedene Objekte, Filter usw.

5 Da hat's der Semiprofi ein bisschen leichter, ihm genügen in der Regel weniger Objektive und sonstiges Zubehör.

Ende

TIPP

Die Speicherkapazität ist erweiterbar durch mehrere Steckplätze. Dadurch bleibt genügend Speicherplatz für qualitativ hochwertige Fotos.

FACHWORT

Als **Auflösung** wird die Anzahl der Pixel (Bildpunkte) bezeichnet, aus denen ein Foto besteht. Je höher die Auflösung, umso besser das Bild.

HINWEIS

Wie bei der „alten“ analogen Fotografie lassen sich die gewünschten individuellen Einstellungen manuell einrichten. Die Kameraautomatik wird dann ausgeschaltet.

Was bedeuten die Symbole auf der Kamera?

Start

Wer hat schon Lust, ständig in seinem Kamera-Handbuch zu suchen und zu lesen, was die einzelnen Symbole bzw. Einstellungen auf der Kamera bedeuten. Deshalb hier eine kleine Übersicht der gängigsten Symbolbildchen, die Sie auf dem Rädchen jeder Kamera wiederfinden.

WISSEN

AUTO	**Automatik:** Die Kamera ermittelt selbst die optimale Belichtungszeit und Blende sowie die richtige Einstellung für das Umgebungslicht (Weißabgleich).
P	**Programmautomatik:** Im Prinzip die gleiche Funktion wie „Automatik", nur dass Sie mittels eines Rädchens oder den entsprechenden Tasten an der Kamera die Belichtungszeit (länger oder kürzer) einstellen können.
	**Autofokus:** Die Schärfeeinstellung ist auf unendlich fixiert (z.B. für Landschaftsaufnahmen) und lässt sich auch durch ein Objekt im Vordergrund (Ast oder Person) nicht beeinflussen.
	**Porträt:** Hier fokussiert die Kamera die Schärfe im Nahbereich und der Hintergrund bleibt unbeachtet. Manche Kameras haben bereits eine Automatik, die bei dieser Einstellung den Hautton des „Porträtierten" optimieren.
	**Nachtaufnahme:** Verlängert entsprechend die Belichtungszeit und passt auch die Lichtempfindlichkeit bei geringem Lichteinfall an.
	**Filmkamera:** Fast jede Digitalkamera verfügt über diese Einstellung, die es ermöglicht, Filmsequenzen mit Originalton aufzunehmen.
	**Blitz ein/aus und Augenblitz:** Vor der Aufnahme blitzt die Kamera in kurzen Impulsen, damit sich die Pupille der fotografierten Person verkleinert und somit der störende Rote-Augen-Effekt vermieden wird.
	**Serie:** Mit dieser Einstellung nehmen Sie mehrere Bilder hintereinander auf und speichern sie zeitverzögert ab. Für Sportaufnahmen eine tolle Funktion, um den optimalen Moment einzufangen.
	**Selbstauslöser:** Eine Gruppenaufnahme, bei der der Fotograf auf dem Bild nicht fehlen darf. Die Verzögerung bis zum Auslösen beträgt ca. 10 Sekunden. Ein optisches Signal am Kameragehäuse zeigt den Countdown an.
	**Makro:** Diese Einstellung ermöglicht das Fotografieren aus allernächster Nähe, um Objekte oder Strukturen in starker Vergrößerung abzulichten.

Ende

TIPP

Am besten verwenden Sie ein Stativ, wenn Sie mit dem Selbstauslöser fotografieren.

HINWEIS

Wenn Sie die Kamera ausschalten, deaktivieren Sie automatisch die Einstellung *Macro.*

2

Das 1x1 des digitalen Bildes

Start

1

2

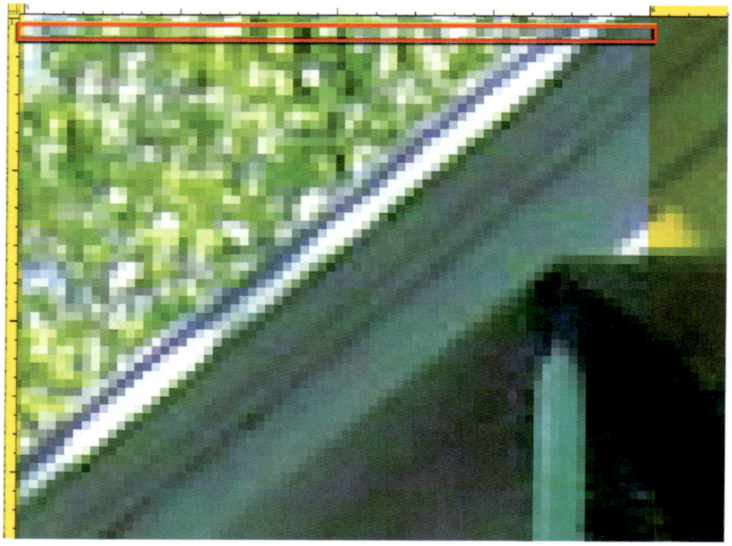

1 Bei einer schlechten Auflösung wie hier sind ganz deutlich die quadratischen Bildpunkte zu sehen. Aus diesen sogenannten Pixeln setzt sich jedes digitale Bild zusammen.

2 Wussten Sie schon, dass sich bei jedem digitalen Bild im Originalzustand auf einer Länge von einem Inch (2,54cm) 72 Pixel in einer Reihe nebeneinander befinden?

Die Auflösung schnellt mit jeder Kamera-Generation in die Höhe: 7, 8, 9, 10 Millionen Pixel! Aber was bedeutet das? Jedes Foto setzt sich aus Bildpunkten (Pixeln) zusammen. Je höher die Anzahl der Pixel, desto detailgetreuer erscheint das Motiv. Allerdings steigt dadurch die Informationsdichte des Bildes und benötigt immer mehr Speicherplatz.

WISSEN

3

4

3 Die Kamera hält ein Foto in einem Verhältnis von 4 zu 3 fest, zum Beispiel in einer Größe von 1240 Pixel x 930 Pixel. Das wiederum entspricht einer Größe von 43,7 cm x 32,8 cm (bei 72 dpi).

4 Und hier das umgekehrte Verhältnis 3 zu 4: ein Bild im Hochformat.

Ende

FACHWORT

Die Auflösung eines Bildes wird in **dpi = dots (Pixel) per inch** angegeben, wobei 1 Inch einem Wert von 2,54 cm entspricht.

HINWEIS

Ein Bild, das z.B. aus 1,15 Mio. Pixel (1240 x 930 Pixel) besteht, benötigt eine Speicherkapazität von 3,3 Megabyte im geöffneten Zustand.

HINWEIS

Ein Bild, das z.B. mit einer Auflösung von 2400 Pixel in der Breite und 1800 Pixel in der Höhe aufgenommen wurde, beinhaltet 4,3 Millionen Pixel.

Start

1

9,1 Mio Pixel (3488x2616)

1 Zum Vergleich ein Foto mit 2 Millionen, 3,1 Millionen, 5 Millionen und 9,1 Millionen Pixel. Die Größe des Fotos wächst mit zunehmender Pixelzahl. Die Speicherkapazität (Dateigröße) natürlich auch (siehe Checkliste).

Die Leistungsfähigkeit einer Kamera hängt in erster Linie davon ab, wie viel Pixel der eingebaute Prozessor erkennen und speichern kann. Als Regel gilt: Je mehr Pixel die Kamera für ein Bild erfasst und speichert, desto schärfer und detailreicher ist das Bild.

WISSEN

Checkliste

Das sollte eine Digitalkamera für den Normalgebrauch erfüllen:

Anzahl der Pixel	Format	Größe	Dateigröße nicht komprimiert	Dateigröße komprimiert
2 Mio. px	1600x1200 px	56x42 cm	5,49 MB	624 KB
3,1 Mio. px	2048x1536 px	72x54 cm	9,0 MB	768 KB
5 Mio. px	2592x1944 px	91x69 cm	14,4 MB	1,1 MB
9,1 Mio. px	3488x2616 px	132x92 cm	26,1 MB	2 MB

2

Merkzettel

- ☑ 1 Inch = 2,54 cm
- ☑ DPI = Dots per inch
- ☑ Dots = Bildpunkte oder Pixel

3

2 Gut zu sehen: Je mehr Pixel ein Foto aufweist, desto größer die physikalische Größe und Speicherkapazität des Bildes. Unkomprimierte Fotos „platzen" aus allen Nähten, die Dateigröße ist enorm.

3 Kleiner Merkzettel zu den Maßen und Begriffen in der Fotografie.

Ende

Hinweis zur Checkliste: Dateigröße nicht komprimiert = geöffneter Zustand; Dateigröße komprimiert = Jpeg-Datei mit Komprimierung (je nach Einstellung).

HINWEIS

Wenn die Datenmenge eines Bildes reduziert wird, spricht man von **Komprimieren**. Bestimmte Dateiformate wie z.B. Jpg lassen sich nicht komprimieren.

FACHWORT

Für Bilder im normalen Fotoformat (10x15 cm) reicht eine Auflösung von 2 Mio. Pixel. Für größere Posterabzüge bis DIN A3 benötigen Sie eine Auflösung ab 5 Mio. Pixel.

HINWEIS

Start

1

2

3

1 Die Schaufensterpuppe wurde mit hoher Lichtempfindlichkeit bei geringem Umgebungslicht aufgenommen.

2 In diesem Bildausschnitt sehen Sie das Motiv in einer hohen Auflösung aufgenommen.

3 Im Gegensatz dazu der gleiche Bildausschnitt, aufgenommen mit niedriger Auflösung.

Klingen ähnlich und sind leicht zu verwechseln: die beiden Begriffe Bildgröße und Dateigröße.
Die Bildgröße ist das Format des Bildes, also die Breite mal Höhe in Zentimeter gemessen.
Die Dateigröße bezeichnet die Speicherkapazität, die ein Bild benötigt und die in MByte angegeben wird.

WISSEN

4

4 Für die Qualität und Schärfe eines Bildes sind nicht nur die Pixel verantwortlich. Einen großen Einfluss darauf nimmt das Objektiv bzw. die Linse der Kamera. Billige Objektive (bzw. Kameras) bringen oft nicht die gewünschten Ergebnisse. Links im Bild sehen Sie beispielsweise eine Spiegelung (minderwertiges Objektiv) im Bild, die mit einem hochwertigen Objektiv (rechtes Bild) nicht entsteht.

Ende

Der **Prozessor** (Chip) ist der elektronische Baustein, der das Motiv in den drei Farben Rot, Grün, Blau und in entsprechender Auflösung als Foto aufzeichnet.

FACHWORT

Für detaillierte Ausschnittvergrößerungen und Großformatposter sind hochqualitative Optiken und Auflösungen ab 9 Mio. Pixel zu empfehlen.

HINWEIS

Möchten Sie möglichst viele Fotos auf Ihrer Speicherkarte unterbringen und die Qualität spielt keine entscheidende Rolle, dann stellen Sie eine mittlere Auflösung bei Ihrer Kamera ein.

TIPP

Zoom: Unterschiedliche Brennweiten

Start

1

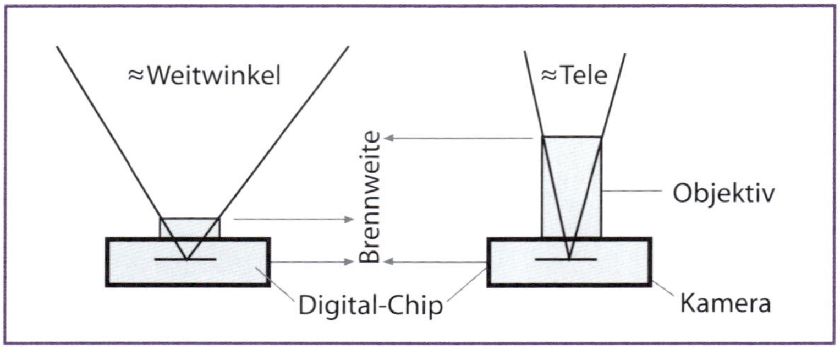

2

3

1 Fast jede digitale Kamera verfügt inzwischen über ein Zoom von ca. 30 – 200 mm. Häufig fehlt die Angabe der Brennweite auf dem Objektiv. In der Grafik sehen Sie die Funktionsweise der Brennweite (Weitwinkel und Tele).

2 Diese Aufnahme wurde mit einer Einstellung des Weitwinkels und der Brennweite von 28 mm abgelichtet.

3 Gleicher Standort: Der Ausschnitt ist herangezoomt und mit einer Brennweite von 300 mm aufgenommen.

Im Gegensatz zu einer festen Brennweite kann ein Zoom mit unterschiedlichen Brennweiten arbeiten, z.B. mit einem Brennweitenbereich von 35-80 mm oder 80-200 mm. Mit Zoomobjektiven sparen Sie sich einen ständigen Objektivwechsel und reagieren spontan auf sich schnell ändernde Motive (relevant nur für Spiegelreflexkameras).

WISSEN

4

5

4 Hier kam das digitale Zoom zum Einsatz: Leider interpoliert es die Aufnahme und rechnet die Pixelzahl künstlich hoch, sodass die Bildschärfe darunter leidet.

5 Eine Aufnahme mit hoher Bildqualität (10 Mio. Pixel) und der Objektiveinstellung 28 mm (Weitwinkel). Das Bild wurde oben und unten mit einem Bildbearbeitungsprogramm beschnitten. So erzeugen Sie schnell den „Look“ eines einfachen Panoramabildes.

Ende

In nahezu jeder Mittelklassekamera ist inzwischen ein Zoom integriert. Es hängt natürlich vom Preis ab, wie leistungsstark das Zoom arbeitet.

HINWEIS

Wie Sie beispielsweise ein Panoramabild in einem Bildbearbeitungsprogramm zusammenfügen, lesen Sie auf Seite 142 in Kapitel 10 nach.

HINWEIS

Interpolation: Das digitale Zoom zerteilt digitale Bildpunkte und berechnet sie neu, um das Bild dadurch künstlich zu vergrößern.

FACHWORT

Teil 2

So machen Sie gute Bilder

3

Perspektive & Bewegung: Kinder und Tiere

Start

1

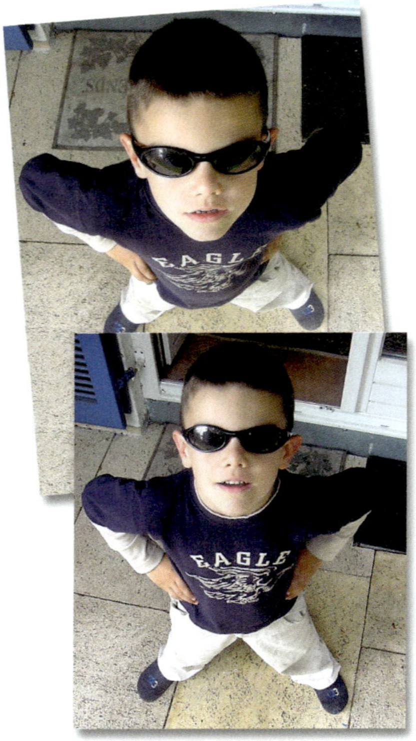

2

1 Warum nicht? Knipsen Sie Ihren „Knirps“ doch mal von oben nach unten aus der Vogelperspektive.

2 So sieht's aus, wenn der Fotograf sich über sein Motiv beugt.

Welches Kind möchte nicht groß und gigantisch erscheinen? Knien Sie sich vor Ihr Kind und halten Sie die Kamera extrem tief. Passen Sie das Motiv in das Display ein. Am besten geht das mit einem schwenkbaren Display. Knipsen Sie drauflos, das macht auch den „kleinen Modellen“ viel Spaß.

WISSEN

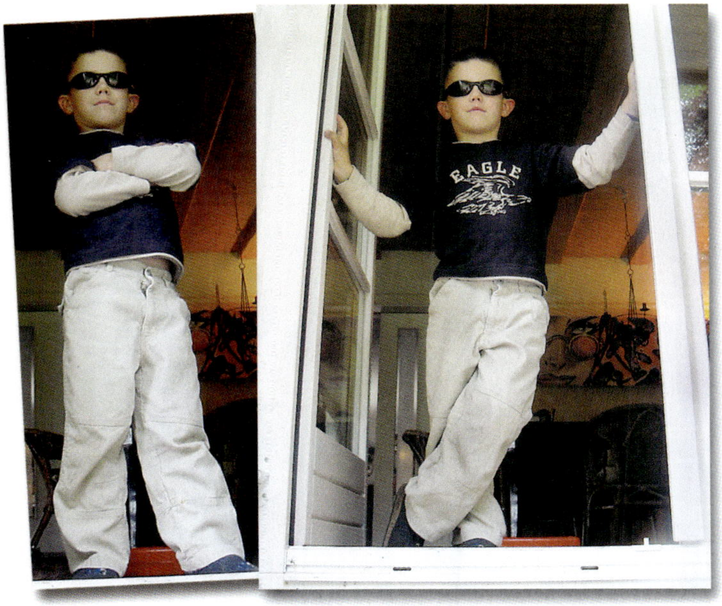

3

4

3 Und jetzt die Froschperspektive: Der „Knabe“ erscheint riesengroß.

4 Hier heißt's in die Knie gehen! Und wer die Perspektive noch ein bisschen extremer haben möchte, kann die Kamera auch noch „zu Boden lassen“. Dank des verstellbaren Displays muss sich der Fotograf nicht mehr auf den Boden legen.

Ende

FACHWORT

Mit der **Blende** (engl. aperture = Öffnung) regeln Sie den Lichteinfall durch das Objektiv.

HINWEIS

Je weniger Sie Ihr Motiv heranzoomen, desto mehr Licht nimmt die Kamera durch das Objektiv auf. Daraus ergibt sich eine kürzere Belichtungszeit und mehr Tiefenschärfe.

FACHWORT

Tiefenschärfe bezeichnet den Bereich innerhalb eines räumlichen Motivs, der abhängig von der Blende scharf abgebildet wird.

Start

1

2

1 Das wippende Kind wurde mit einer kurzen Belichtungszeit (560stel Sekunde) und der Einstellung „Sport-Automatik“ aufgenommen. Die Bewegung ist in voller Schärfe eingefangen.

2 Im Gegensatz dazu ein Bild, das einfach nur mit der Automatikeinstellung der Kamera geschossen wurde, ohne auf Belichtungszeiten zu achten. Sie sehen ganz deutlich die Unschärfe im Bild.

Kinder und Tiere haben eines gemeinsam: Sie sind sehr aktiv und schnell in ihren Bewegungen. Deshalb achten Sie auf eine kurze Belichtungszeit. Unter Umständen finden Sie an Ihrer Kamera die Einstellung „Sport-Automatik“ oder es lässt sich eine höhere Lichtempfindlichkeit wählen.

WISSEN

3

4

3 Versuchen Sie mal Folgendes: Stellen Sie auf Automatik, halten Sie die Kamera auf das Motiv und folgen Sie der Bewegung ...

4 ... während der Bewegung drücken Sie den Auslöser. Verfolgen Sie das Motiv so lange weiter, bis der Autofokus und der Aufzeichnungsvorgang der Kamera abgeschlossen sind. Das Ergebnis: Das Motiv erscheint scharf und der Hintergrund verschwommen.

Ende

Um das Foto nicht zu verwackeln, sollte die Belichtungszeit möglichst kurz sein, z.B. 250stel oder 500stel Sekunden (siehe Bild 1).

HINWEIS

Verfolgen Sie das Motiv etwa eine Sekunde, bevor Sie den Auslöser bei fortführender Bewegung betätigen (siehe Bild 4).

TIPP

Die **Belichtungszeit** ist die Zeitspanne, die zur Aufzeichnung eines Bildes beim Auslösen der Kamera benötigt wird, abhängig vom vorherrschenden Licht und der Blende.

FACHWORT

Entspanntes Motiv durch starkes Zoom

Start

1

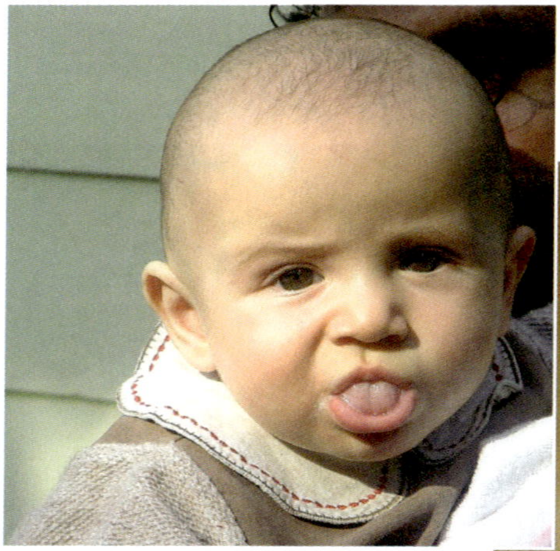

2

1 Hier hat sich der Fotograf im Hintergrund gehalten und das Motiv mit einer Brennweite von 200 mm herangezoomt. Der Papa weiß nichts davon, das Baby auch nicht. Deshalb setzen beide ihr fröhliches und unbeobachtetes Spielchen fort.

2 Zoom und knips! Hat nichts gemerkt, der Knabe aus dem Restaurant. Der Fotograf saß ein paar Tische weiter und hat sich hinter den anderen Gästen verborgen. Hier wurde mit einer Brennweite von 350 mm gearbeitet.

Kinder fühlen sich sehr schnell beobachtet, wie die meisten Erwachsenen auch. Deshalb nutzen Sie Ihr Zoom, ziehen Sie Ihr Motiv heran und knipsen Sie aus einem versteckten Blickwinkel heraus. Dank des Zooms lassen sich ungestellte und entspannte Situationen leichter einfangen.

WISSEN

3

4

3 Entspannte Zweisamkeit beim Eisschlecken ...

4 ... und der „versteckte Fotograf" in den Büschen. Gut getarnt konnte er Bild 3 mit einer Brennweite von 250 mm schießen.

Ende

FACHWORT

Interpolation bedeutet, dass die digitalen Bildpunkte (Pixel) zerteilt und neu berechnet werden, um das Bild künstlich zu vergrößern.

HINWEIS

Ein digitales Zoom interpoliert das aufgenommene Bild und macht es dadurch unschärfer.

TIPP

Schalten Sie das digitale Zoom aus, falls Ihre Kamera das anbietet. Dadurch vermeiden Sie unscharf gezoomte Bilder. Die Funktion hierfür finden Sie im Menü Ihrer Kamera.

Start

1

2

1 Kind und Hund wurden bei helllichtem Tag mit der Standardeinstellung der Kamera aufgenommen.

2 Im Gegensatz dazu: Hier ist der Blitz noch mit im Spiel. Der eingesetzte Blitz erfüllt seinen Zweck aber nur, wenn der Fotograf sein Motiv aus unmittelbarer Nähe fotografiert.

Starkes und direktes Sonnenlicht sorgt für kontrastreiche und schattige Motive. Bessere Ergebnisse erzielen Sie, wenn Sie trotz Tageslicht den Blitz verwenden. Umgekehrt funktioniert's genauso: Knipsen Sie mal Motive im Halbdunkel, ohne den Blitz einzusetzen. Gerade Digitalkameras verfügen in der Regel über gute Lichtstärken.

WISSEN

3

4

3 Die Fische wurden ohne Blitzlicht im Halbdunkel fotografiert. Deaktivieren Sie im entsprechenden Menü den Blitz, so verwendet Ihre Kamera automatisch eine sehr hohe Lichtempfindlichkeit.

4 Auch bei diesem Fisch kam das Blitzlicht nicht zum Einsatz. Allerdings braucht eine Aufnahme im Halbdunkel eine längere Belichtungszeit, die wiederum den Einsatz eines Stativs erfordert, um Unschärfe zu vermeiden.

Ende

Bei starker Sonneneinstrahlung: Wenn Sie Ihr Motiv positionieren, achten Sie darauf, dass Sie die Sonne „im Rücken“ haben.

TIPP

Bildrauschen (körniges Bild) tritt bei geringem Licht, hoher verwendeter Lichtempfindlichkeit oder interpolierten Bildern (Digitalzoom) auf.

FACHWORT

Schalten Sie den Blitz aus, wenn Sie gegen eine Glasscheibe fotografieren. Auch bei Aufnahmen im Halbdunkel (z.B. Fußballstadion, Konzert) vermeiden Sie dadurch ein „Rauschen“ des Bildes.

HINWEIS

Start

2

1

1 Locken Sie beispielsweise die Kuh mit einem frischen Grasbüschel an. Die Kuh ist verfressen und neugierig und wird vorsichtig näherkommen.

2 Sieht ganz so aus, als ob das Känguru eine kleine Pause einlegt. Mit dem Zoom (Brennweite 280 mm) konnte der Fotograf das Känguru wunderbar einfangen.

Die Erfahrung hat jeder bestimmt schon selbst gemacht: Das Tier mag nicht so wie Sie.
Tierfotografie verlangt vom Fotografen viel Geduld und Ausdauer, um den richtigen Moment abzupassen. Nichts also für Ungeduldige.

WISSEN

3

4

3 Wenn es geht, gehen Sie so nah wie möglich an Ihr Motiv ran und fotografieren so, dass das Tier den ganzen Bildausschnitt ausfüllt, oder Sie setzen Ihr Zoom verstärkt ein.

4 Ein Pferd können Sie leicht mit einer Karotte anlocken. Bleiben Sie auf jeden Fall hinter dem Zaun, wenn Sie die Tiere nicht kennen. Nur wenn der Besitzer „grünes Licht“ gibt, können Sie die Koppel betreten.

Ende

Vorteil der Digitalkamera: Sie können knipsen, knipsen, knipsen. Nur die Speicherkarte schränkt die Zahl der Fotos ein. Ein gutes Foto ist bestimmt mit dabei.

TIPP

Oft ist es einfacher, wenn Sie sich Unterstützung von einer zweiten Person holen, die die Aufmerksamkeit des Tieres auf sich zieht.

TIPP

Wichtig beim Umgang mit Tieren: Unter Umständen erschrecken die Tiere beim Gebrauch von starkem Blitzlicht. Überlegen Sie es sich also gut, bevor Sie loslegen.

HINWEIS

4

Freunde und Familie fotografieren

Start

1

2

1 Ein gelungenes Selbstporträt der beiden. Der Fotograf hält die Kamera selbst in der Hand und verdreht das Display, bis das Motiv zu sehen ist (nur bei ausklappbarem Display möglich).

2 Und so sieht's aus, wenn der Fotograf sich selbst und seine Freundin fotografiert. Mit der Weitwinkelfunktion bekommt der Fotograf alles drauf. Er hält die Kamera verkehrt herum in der Hand.

Schon mal probiert? Selbstporträts schießen mithilfe des schwenkbaren Displays? Einfach die Kamera auf sich selbst und die Freunde richten und das Display verdrehen, bis Sie das Motiv im Display sehen. Drücken Sie so oft auf den Auslöser, bis ein gelungenes Foto dabei entsteht.

WISSEN

3

4

3 Selbstverständlich machen Kinder da auch gerne mit. Stellen Sie auf Automatik und drücken Sie Ihrem Sprössling die Kamera verkehrt herum in die Hand.

4 Wer hat die längsten Arme? Alle Beteiligten mit der Automatikeinstellung der Kamera vernünftig auf das Bild zu bekommen ist nicht ganz einfach. Hier muss einer dran glauben (lange Nase).

Ende

Weitwinkel bezeichnet eine kürzere Brennweite bei größerem Sichtfeld. Nahe gelegene Objekte werden dadurch verzerrt (siehe Bild 4).

FACHWORT

Testen Sie mal ein Weitwinkel beim Selbstporträt. Das kann lustige bis unschöne Effekte hervorrufen. Wenn Sie nahe an das Gesicht herangehen, tritt z.B. die Nase in den Vordergrund.

HINWEIS

Start

1

3

2

1 Eine Entfernung von ca. 10 Metern zwischen Fotograf und Modell und eine Brennweite von 300 mm sorgen für ein entspanntes Lächeln.

2 Ein Freund beobachtete völlig vertieft und schmunzelnd einen Straßenkomödianten. Er bemerkte dabei nicht, dass der Fotograf genau hinter dem Akteur stand, auf den sich alle Blicke richteten.

3 Abgelenkt durch Straßenmusikanten: Nutzen Sie so einen Moment, um unbemerkt ein Porträt aus etwa 3 Metern Entfernung mit einer Brennweite von 150 mm zu schießen.

Wie fangen Sie die Mimik Ihres Freundes am besten ein? Setzen Sie doch einfach das stärkste Zoom ein, das in der Kamera eingebaut ist, um so unbemerkt wie möglich einen natürlichen Moment abzuwarten und die Mimik Ihres Freundes oder Ihrer Freundin einzufangen.

WISSEN

4

4 Gar nicht so einfach, ein „strahlendes“ Foto von Freunden oder Freundinnen zu erhalten. Geben Sie klare Anweisungen, wie z.B. „Köpfe zusammenstecken“. Erzählen Sie einen guten Witz, um für Stimmung und Lockerheit zu sorgen. Und schon strahlen Ihnen die Gesichter entgegen.

Ende

HINWEIS

Kameras mit Vollautomatik gleichen die vorherrschenden Lichtverhältnisse durch die entsprechende Lichtempfindlichkeit bzw. Belichtungszeit aus. Bevor das Bild verwackelt, schaltet sich automatisch der Blitz ein.

TIPP

Zoomen schluckt Licht, deshalb fotografieren Sie am besten mit einer höheren Lichtempfindlichkeit und einer kürzeren Belichtungszeit. Sie wirkt der Verwackelung entgegen.

Start

1

1 Achten Sie darauf, dass alle Freunde auf dem Display zu sehen sind und so viel Spielraum bleibt, dass sich einer aus der Gruppe bewegen kann, ohne „aus dem Bild zu fallen“. Montieren Sie die Kamera auf dem Stativ. Versammeln Sie Ihre Freunde und stellen Sie die Zeit des Selbstauslösers ein. Gesellen Sie sich zu Ihren Freunden und warten Sie ab, bis die Kamera nach der eingestellten Zeit von selbst fotografiert.

Der Selbstauslöser ermöglicht dem Fotografen, selbst auf dem Foto mit dabei zu sein, und lässt ihm Zeit, sich zu den anderen zu gesellen, bevor die Kamera auslöst. Bereiten Sie am besten alles vor, bevor Sie Ihre Freunde zusammentrommeln. Sind Sie fertig, dann holen Sie Ihre Freunde und gesellen sich zu ihnen.

WISSEN

2

2 Sorgen Sie wie immer für gute Stimmung, damit die Atmosphäre locker und entspannt bleibt. Schießen Sie so lange Fotos per Selbstauslöser, wie alle ihren Spaß dabei haben. Das Ergebnis könnte dann so aussehen.

Ende

Sollte der Ausschnitt beim Fotografieren per Selbstauslöser zu großzügig gewählt sein, schneiden Sie später den Rand mit einem Bildbearbeitungsprogramm ab (siehe Seite 132).

TIPP

Normalerweise muss der Selbstauslöser vor jedem Foto neu eingestellt werden. Es gibt inzwischen aber schon Digitalkameras, die dem Fotografen ermöglichen, mehrere Bilder hintereinander per Selbstauslöser zu schießen.

HINWEIS

5

Gelungene Porträts im selbstgebauten Studio

Start

1

2

1 Das brauchen Sie für ein Studio: Ein paar Quadratmeter dunklen oder hellen Stoff, Reißnägel zum Befestigen des Stoffs und am besten einen Reflektorschirm mit Stativhalterung (gibt's aus verschiedenen Materialien, z.B. Gold, Silber, Weiß usw.).

2 Außerdem einen externen Blitz auf einem Stativ. Der Blitz sollte über ein Blitzkabel (5 oder 10 Meter) mit der Kamera verbunden und fernauslösbar sein. Statt des Blitzes können Sie auch zwei 500-Watt-Fluter aufbauen, günstig erhältlich in jedem Baumarkt.

Leicht und billig eingerichtet ist ein Heimstudio mit folgenden Dingen: dunkler oder heller Stoff, ein externer Blitz oder 500-Watt-Fluter, zwei Schirme und ein Schminkkoffer. Ob im Wohnzimmer, im Keller oder im Speicher, überall lässt sich das Heimstudio schnell auf- und wieder abbauen.

WISSEN

3

4

3 Achten Sie beim Fotografieren darauf, dass keine der Lichtquellen Sie direkt anstrahlt oder innerhalb des Bildausschnittes sichtbar ist. Das führt zu einer Unterbelichtung des Motivs. Das Modell sollte ebenfalls nicht direkt angestrahlt werden.

4 Wäre nicht schlecht, wenn Sie noch einen kleinen Schminkkoffer zur Verfügung hätten. Oder zumindest einen matten Puder verwenden, um glänzende Hautstellen zu verdecken.

Ende

TIPP

Mehr Licht ermöglicht das Arbeiten mit einer niedrigeren Lichtempfindlichkeit (ASA), was sich in der Feinheit der Körnung und Schärfe positiv auswirkt.

FACHWORT

Körnung: Grobe bzw. feine Bildbeschaffenheit, die je nach verwendeter Lichtempfindlichkeit des Prozessors variiert.

HINWEIS

Das Blitzlicht erzeugt kaltes Licht. Strahler und Lampen hingegen erzeugen warmes, künstliches Licht mit einem leichten Gelb- bzw. Braunstich.

Start

1

2

1 Viele Kameras bieten einen Schwarzweißmodus an. Schalten Sie auf den Schwarzweißmodus um, und nehmen Sie interessante und aussagekräftige Porträtbilder auf. Sie finden die Einstellung Schwarzweiß (SW) im Menü Ihrer Kamera z.B. unter dem Stichwort *Effekte* oder *Modus*.

2 Oder Sie bleiben bei den ganz „normalen" Farbaufnahmen mit folgenden Einstellungen: *Kunstlicht* oder *Lampe* bei der Arbeit mit Scheinwerfer oder *Externer Blitz* bei der Arbeit mit externem Blitz (hier: Blitz mit Reflektorschirm auf einem Stativ).

Schwarzweißfotos sind natürlich nicht nur schwarz und weiß, sondern aus vielen verschiedenen Grautönen aufgebaut. Manche Fotografen ziehen in der Porträtfotografie die Schwarzweiß- der Farbfotografie vor. Hier ergeben sich weitaus mehr künstlerische Möglichkeien als in der Farbfotografie.

WISSEN

3

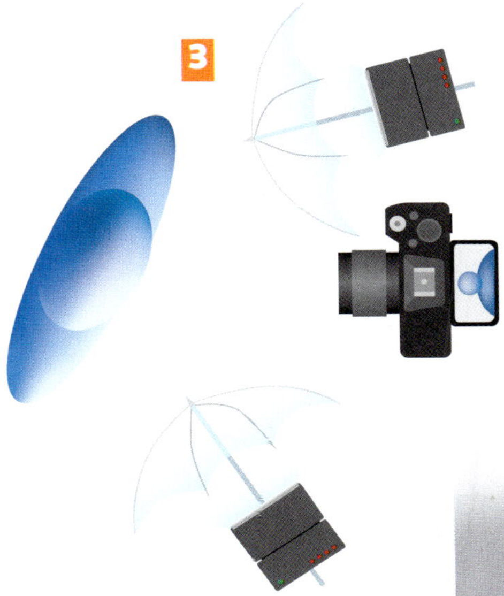

4

5

3 In der Grafik sehen Sie, wie das Licht, die Kamera und das Modell positioniert wurden.

4 Trick 17: Sie produzieren ganz viele Farbbilder und ...

5 ... wandeln sie später mithilfe eines Bildbearbeitungsprogramms in Schwarzweißbilder um (siehe Seite 136).

Ende

Ein **Schwarzweißfoto** ist eine Aufnahme, die neben Schwarz und Weiß nur Graustufen zeigt. Weitere Farben sind im Bild nicht enthalten.

FACHWORT

Um Haare, Wimpern, Poren und Details möglichst scharf wiedergeben, verwenden Sie eine möglichst niedrige Lichtempfindlichkeit.

TIPP

Schwarzweißfotos wirken oft stärker auf den Betrachter und leben vom Kontrast, unscharfen oder scharfen Bildelementen und der Beschaffenheit (Körnung) des Bildes.

HINWEIS

Start

1

2

3

1 Bei diesem Porträt wurde die Brennweite 250 mm gewählt. Vorteil: Das Modell wirkt natürlich und nicht verzerrt.

2 Bei gleicher Position des Fotografen sehen Sie eine Einstellung der Brennweite von 55 mm. Das Modell rückt ein Stück näher.

3 Hier wurde dagegen mit einer Brennweite von 28 mm gearbeitet. Nachteil: Das Modell wirkt unnatürlich und verzerrt.

Wussten Sie eigentlich, dass mit Einsetzen der Fotografie die Porträtfotografie den Porträtmaler nach und nach verdrängte? Das geschah so um 1850.
Zu dieser Zeit etablierte sich außerdem die Porträtfotografie immer mehr im mittelständischen Bürgertum und gehörte bald zum guten Ton.

WISSEN

4

5

4 Stellen Sie beim Objektiv Ihrer Kamera die „größte Brennweite“ ein (z.B. 25 mm). Mit dieser Einstellung gehen Sie ganz nah an das Motiv heran und drücken erst ab, wenn Ihr Display voll ausgefüllt ist.

5 Bei einer Brennweite von ca. 25-35 mm (je nach Kameratyp) entstehen die ulkigsten Porträts. Der Abstand zum Motiv beträgt dabei nur wenige Zentimeter.

Ende

Am natürlichsten wirken Porträtaufnahmen mit einer Einstellung der Brennweite von 75 bis 150 mm.

TIPP

Aktivieren Sie bei nahen Porträtaufnahmen aus einem Abstand unter 2 Metern die Einstellung Makro (Nahaufnahme), um die automatische Schärfeeinstellung der Kamera zu optimieren.

TIPP

Um ein Gefühl für die richtige Brennweite zu bekommen, fotografieren Sie immer von der gleichen Position und immer das gleiche Motiv mit unterschiedlichen Brennweiten.

HINWEIS

Start

1

2

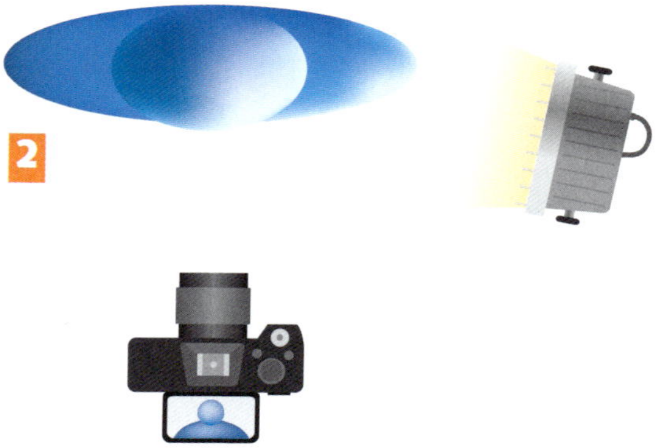

1 Stellen Sie die Lichtquelle links oder rechts neben Ihr Motiv, um die eine Gesichtshälfte im Schatten verschwinden zu lassen (hier: die Lichtquelle kommt von rechts).

2 Und so sieht das Foto aus, wenn die Lichtquelle auf der rechten Seite aufgebaut ist.

Wussten Sie schon, dass in privaten Haushalten das elektrische Licht, also die Glühbirne, schon ab dem Jahr 1880 eingesetzt wurde? Das elektrische Licht verdrängte die damals übliche Gaslampe. Aus der einfachen Glühbirne entwickelten sich ausgereifte Beleuchtungssysteme für verschiedene Einsatzgebiete, unter anderem für die Fotografie.

WISSEN

3

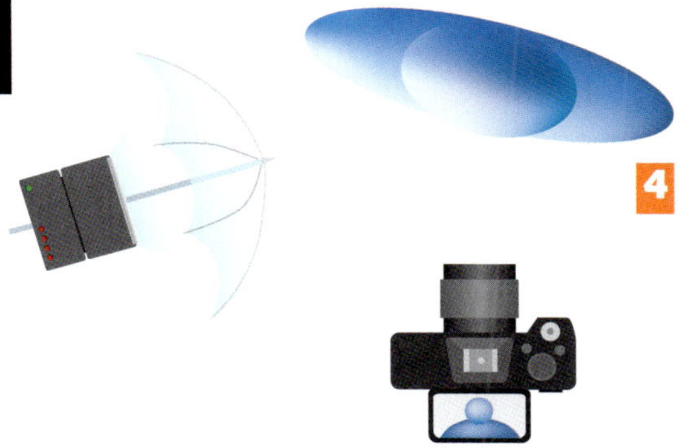

4

3 Ein „weiches“ Porträt erhalten Sie, wenn Sie weiche Lichtquellen, einen Blitzschirm oder „Diffuser“ (Aufsatz für den Blitz, der das Licht zerstreut) einsetzen. Übrigens wurde das Bild im Schwarzweißmodus der Kamera aufgenommen.

4 Und so bauen Sie Ihre Materialen rund um Ihr Motiv auf. Die Lichtquelle muss hinter dem Reflektorschirm platziert werden.

Ende

TIPP

Mit einer Beleuchtung links *und* rechts vom Modell erhalten Sie einen Doppelschatten an der Nase. Bauen Sie also die Beleuchtung links *oder* rechts auf.

FACHWORT

Diffuses Licht vermindert Kontraste und Falten in der Porträtfotografie. Dieser Effekt bzw. diese Art von Licht wird übrigens Beauty-Light genannt.

TIPP

Mit einer großen Blendenöffnung und einer kurzen Belichtungszeit erhalten Sie eine Tiefenunschärfe und somit ein weiches Porträt.

Start

2

1 Positionieren Sie Licht, Kamera und Modell so, wie in der Grafik angeordnet, und porträtieren Sie Ihr Modell.

2 Jetzt probieren Sie einen Weichzeichner aus. Voraussetzung ist, dass das Objektiv Ihrer Kamera mit einem Gewinde ausgerüstet ist. Den Weichzeichner gibt es als Aufsatz zum Aufschrauben auf das Objektiv in verschiedenen Stärken und unterschiedlichen Durchmessern, je nach Objektiv.

Zu Beginn des 20. Jahrhunderts war es modern und weit verbreitet, seine Porträts weichzuzeichnen. Die Fotografen der damaligen Zeit wendeten sich damit bewusst gegen die naturalistischen (scharfen, kontrastreichen und detailgetreuen) Aufnahmen.

WISSEN

3

4

3 Wer keinen Filter zur Hand hat, oder kein Objektiv, auf das ein Filter aufgeschraubt werden kann, der nutzt am besten die internen Filter der Kamera, z.B. den *Sepia*-Effekt.

4 Ein weiterer interessanter Effektfilter: Diese Aufnahme entstand mit der Einstellung *Fehlfarben* in einem sehr warmen Kunstlicht.

Ende

HINWEIS

Der Sepia-Effekt lässt sich nachträglich in einem Bildbearbeitungsprogramm auf das Bild anwenden (siehe Seite 138).

FACHWORT

Ein **Weichzeichner** ist ein Filter, der Konturen und harte Kanten abmildert und somit den Kontrast eines Bildes reduziert.

TIPP

Wer keinen Weichzeichner auf sein Objektv aufschrauben kann, zeichnet sein Bild in einem Fotobearbeitungsprogramm weich (siehe Seite 140).

Start

1

2

1 Hübsch, aber nicht so spannend ist das Porträt im Ganzen.

2 Im Gegensatz dazu dieser Ausschnitt. Kinn und Stirn wurden vom Fotografen bewusst abgeschnitten. Zoomen Sie Ihr Motiv heran, bis der Ausschnitt im Display sichtbar ist.

Ganz spannende Bilder entstehen, wenn Sie sich trauen, starke Ausschnitte Ihres Motivs zu fotografieren, also nicht das Gesicht in voller Größe, sondern nur einen Teil, beispielsweise nur die Augenpartie mit Nase und Mund und Stirn und Kinn bewusst abschneiden.

WISSEN

3

5

4

3 Lockern Sie die Stimmung auf, indem Sie selbst lachen. So fällt es Ihrem Modell leichter, sich ungezwungen zu präsentieren.

4 Oder muntern Sie Ihr Modell auf, mal ein ungewöhnliches Gesicht zu machen.

5 Wenn Ihr Modell die Kamera fixiert, dann hilft folgende Anweisung: „Schau doch bitte mal da links oben auf die Vorhangstange".

Ende

Die **Blende** ist der technische Mechanismus im Objektiv, der die Stärke des Lichteinfalls durch Öffnen und Schließen des „Iris-Rings" reguliert.

FACHWORT

Fordern Sie Ihr Modell immer wieder auf, sich zu bewegen, die Position zu wechseln und die Mimik zu verändern. Drücken Sie dabei lieber öfters auf den Auslöser, so entstehen natürlichere Porträts.

TIPP

Start

1

2

1 Hier wurde das Studio nach draußen verlegt und an der Hauswand ein blauer Seidenstoff aufgehängt und drappiert. Bei optimalen Lichtbedingungen fällt die künstliche Beleuchtung natürlich weg.

2 Drücken Sie Ihrem Modell verschiedene Requisiten in die Hand und geben Sie genaue Anweisungen, wie sich Ihr Modell positionieren soll (hier: „bitte hinknien und über das Schild schauen").

Mit unterschiedlichen Requisiten lassen sich Bildkompositionen gestalten. Requisiten können zum Beispiel Blumen, Armreife, Bilder, Degen, Aktentaschen usw. sein. Das Theater wäre ohne Requisiten unvorstellbar. Dem Requisiteur kommt deshalb die wichtige Aufgabe zu, alle Requisiten aufzubewahren und zu verwalten.

WISSEN

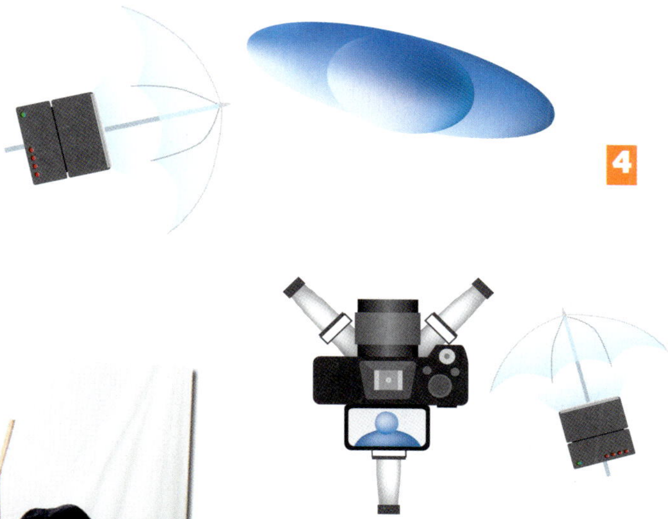

4

3

3 Fordern Sie Ihr Modell immer wieder auf, in verschiedenen Positionen zu posieren. Schießen Sie immer aus der gleichen Perspektive eine ganze Serie von einem Stativ aus mit gleichbleibenden Lichtquellen und zwei Blitzen.

4 Folgende Aufstellung der Ausrüstung, wie in der Grafik abgebildet, wäre für ein Posieren mit Requisiten möglich.

Ende

Ein **Requisit** (lat. requisitum = erforderliches Ding) ist ein beweglicher Gegenstand, der zur Komposition von Bildern dient.

FACHWORT

Geben Sie Ihrem Modell einfach etwas in die Hand, mit dem es sich in seiner Freizeit gerne beschäftigt: einen Fußball, eine Kamera, einen Kochlöffel, einen Tennisschläger usw.

TIPP

6

Objekte präsentieren: Produktfotos & Stillleben

Start

1

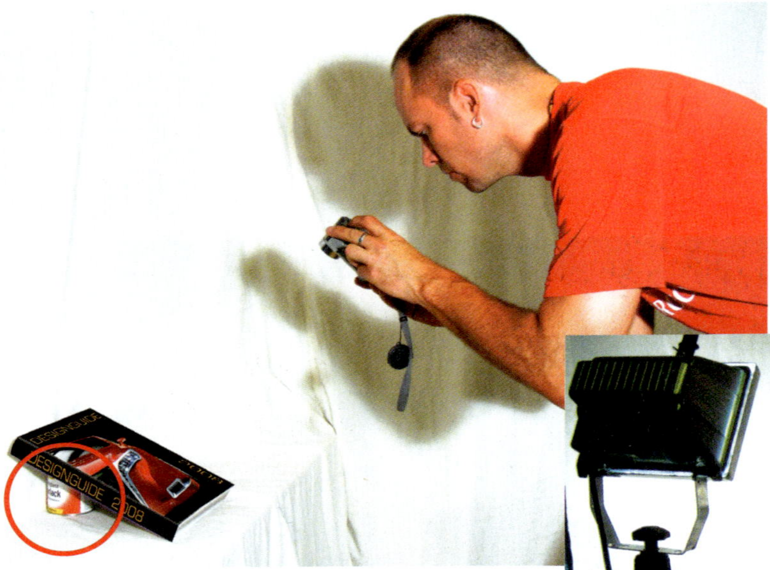

2

1 Mit einem hellen Hintergrund und einem 500-Watt-Baustrahler leuchten Sie die arrangierte Szene aus. Legen Sie einen Gegenstand unter das Motiv, um es vom Hintergrund abzuheben.

2 Achten Sie beim Aufbau des Scheinwerfers darauf, dass auf dem Gegenstand (hier: ein Buch) keine Lichtreflexionen entstehen.

In der Werbefotografie spielt die Produktfotografie eine große Rolle. Dabei geht es in erster Linie um die verkaufsfördernde Präsentation der verschiedensten Dinge. Ob Bücher, Autos, Kleidung, alle Waren sollen sich von ihrer besten Seite zeigen. Dafür baut der Fotograf ein Arrangement auf und setzt damit das Produkt in Szene.

WISSEN

3

4

3 Eine ungewollte Lichtreflexion entsteht, wenn Sie einfach den automatischen Blitz verwenden.

4 Vergessen Sie nicht, ein weiteres Detail des Artikels zu fotografieren, wie z.B. die Innenseite des Buches. Damit wecken Sie die Neugier des Betrachters.

Ende

FACHWORT

Mit dem **Fernauslöser** drücken Sie sozusagen den Auslöser Ihrer Kamera, ohne sie aber direkt zu berühren.

HINWEIS

Je näher Sie das Motiv zoomen, desto eher tritt eine Tiefenunschärfe auf. Reduzieren Sie deshalb die Blende (möglich bei Spiegelreflexkameras).

HINWEIS

Bei reduzierter Blende verwenden Sie am besten ein Stativ und einen Fernauslöser für die Kamera.

Start

1

2

3

1 Diese Aufnahme wurde ohne automatischen Blitz aufgenommen. Leuchten Sie die Szene lieber mit einem Scheinwerfer gleichmäßig aus, um eine natürliche Wirkung zu erzielen.

2 Blitz und Scheinwerfer verursachen ein farbliches Durcheinander: Der Vordergrund ist zu hell, der Hintergrund zu dunkel.

3 Um eine wirkungsvolle Perspektive zu erreichen, gehen Sie ruhig nah an den Gegenstand heran.

Wussten Sie schon, dass es eBay erst seit 1995 gibt? Pierre Omidyar aus Kalifornien gründete das inzwischen größte Internetauktionshaus der Welt. Zu Beginn erinnerte eBay eher an einen Flohmarkt, inzwischen nutzen aber auch sehr viele gewerbliche Anbieter den Internetmarktplatz.

WISSEN

4

5

4 Fotografieren Sie verschiedene Details Ihres Objekts (hier: die Armatur des Autos).

5 Vergessen Sie nicht, das Objekt auch mal aus einer anderen Perspektive (hier: von oben hinten) zu fotografieren, um dem Betrachter einen Gesamteindruck zu vermitteln.

Ende

Anstelle eines Fernauslösers können Sie auch bei Verwendung eines Stativs den Selbstauslöser einschalten. Damit fotografieren Sie zeitverzögert und ohne zu wackeln.

TIPP

Je neutraler der Hintergrund (am besten einfarbig), umso weniger lenken Sie von Ihrem Produkt ab, das Sie in eBay verkaufen möchten.

HINWEIS

Start

1

2

3

1 Der Stoff wurde an der Wand aufgehängt und „fällt" über den Tisch. So entsteht keine Kante zwischen dem horizontalen und vertikalen Hintergrund.

2 Diesmal wurde ein dunkler Hintergrund bzw. ein grüner Samtstoff ausgewählt. Die Farbe passt besonders schön zu Leder. Das Motiv wurde aus der Vogelperspektive aufgenommen.

3 Und gleich nochmal: wieder der grüne Samtstoff, dieses Mal aber als passender Hintergrund für eine Ritterrüstung.

Eigentlich stammt der Begriff Stillleben (Zusammensetzung aus still + Leben) ursprünglich aus der Malerei und entwickelte sich bereits im Altertum. Dieser Zweig der Malerei widmet sich der Darstellung von leblosen Gegenständen, wie z.B. toter Tiere, Früchten, Blumen, Küchengeräten, Kostbarkeiten usw.

WISSEN

4

5

4 Die Aufnahme entstand bei Tageslicht auf einem Schreibtisch vor einer Pinnwand, die mit Stoff bezogen wurde.

5 Die gleiche Blume nochmal auf dem Boden (hier: auf einem Teppich) und aus der Vogelperspektive aufgenommen. Achten Sie darauf, dass Sie keinen Schatten auf das Motiv werfen. Also, eventuell die Position wechseln.

Ende

TIPP

Falls Sie einen schönen Boden zu Hause haben, stellen Sie Ihr Objekt auf den Boden und fotografieren es dort.

HINWEIS

Gegensätze ziehen sich an! Achten Sie bei Ihren Arrangements auf die nötige „Spannung“ der Objekte zueinander.

Start

1

2

1 Die Kerzen wurden in einer Kirche ohne Blitz aufgenommen. Durch den treppenformigen Aufbau erhält das Bild eine einfache und spannungsreiche Struktur.

2 Gehen Sie nah an Ihr Motiv heran, um einen interessanten Ausschnitt festzuhalten, und testen Sie immer wieder die Vogel- bzw. Froschperspektive (hier: Vogelperspektive).

Wie in der Malerei bedeutet Stillleben das Fotografieren von Gegenständen. Allerdings ist diese Kunst in der Fotografie besser bekannt unter dem englischen Begriff „still-life photography“. Einer der bekanntesten Fotografen, die das Stillleben in der Fotografie bis zur Perfektion gebracht haben, ist Robert Mapplethorpe.

WISSEN

3

4

3 „Still-life“ vor der großen Andacht auf dem Petersplatz in Rom. Hinter den Stühlen, die Kamera, leicht schräg angesetzt, positionierte sich der Fotograf.

4 Testen Sie Folgendes: Halten Sie die Kamera schief, gehen Sie in die Knie und fotografieren Sie von unten nach oben. So entstand dieses Bild, übrigens mit der Automatikeinstellung der Kamera.

Ende

Ein nahes Herangehen, extreme Perspektiven und klare Strukturen im Motiv bringen einen spannungsreichen Bildaufbau.

TIPP

Dort, wo Sie von ein und demselben Gegenstand viele vorfinden, ergeben sich für die Fotografie oft sehr interessante Motive.

HINWEIS

Auf der Suche nach Stillleben: Nehmen Sie Ihre Kamera auf Schritt und Tritt mit. Sie werden staunen, wie viel brauchbare Motive Ihnen „über den Weg laufen“.

TIPP

7

Traumhaft: Landschaft und Architektur

Start

1

2

1 Auch ein trüber Tag mit Nebel kann für den Fotografen interessant sein. Übrigens wurden hier keine speziellen Einstellungen gewählt: Das Bild ist mit normaler Belichtungsautomatik aufgenommen.

2 Etwas für Frühaufsteher: Stellen Sie sich unter einen Baum, in den die morgendliche Sonne scheint, und fotografieren Sie die Baumkrone von unten nach oben. Auch hier mit der Automatikeinstellung der Kamera.

Nebel, Schnee, Regen oder düstere Wolken sorgen für beeindruckende Stimmungen. Nutzen Sie diese Gelegenheit und machen Sie sich auf den Weg: Es entstehen Bilder, die auf den Betrachter magisch wirken und ihn weit mehr in den Bann ziehen als eine Sommerwiese unter wolkenlosem Himmel.

WISSEN

3

4

3 Schauen Sie sich in der Grafik an, wo der Fotograf steht, wo das Licht herkommt und in welchem Winkel es einfällt ...

4 ... dann ist es ein Leichtes, ein Bild in diesem Stil zu fotografieren.

Ende

TIPP

Legen Sie Wert auf Stimmung im Bild, dann fotografieren Sie nicht zur Mittagszeit. Das Licht wirkt hart und kontrastlos und die Farben hell und blass.

HINWEIS

Morgens oder abends, wenn die Sonne schräg steht, erhalten Ihre Aufnahmen Schatten und Konturen und lassen das Bild dadurch interessanter und plastischer erscheinen.

Start

1

2

1 **Vormittag:** Schönes, warmes Licht erhalten Sie, wenn Sie Ihr Foto gleich in der Früh schießen.

2 **Mittag:** Ganz deutlich der Unterschied: Die Sonne steht sehr hoch und erzeugt ein kaltes, bläuliches Licht.

Lichtquellen geben Wärme ab, deshalb ergeben geringe Farbtemperaturen gelbliches bis rötliches Licht. Höhere Farbtemperaturen, beispielsweise bei praller Mittagssonne, ergeben bläuliches Licht. Das Auge gleicht den Farbstich aus. Die Farbtemperatur wird in Kelvin (K) gemessen. Dabei entspricht mittleres Tageslicht einem Wert von 5000 – 5500K.

WISSEN

3

5

4

3 **Vormittag:** An den Stufen leicht erkennbar: Die Morgensonne erzeugt rötliche angenehme Farben.

4 **Mittag:** Im Vergleich dazu die Stufen mittags: Die am Zenit stehende Sonne bringt durch harte Schatten zwar einen großen Kontrast ins Bild, zeichnet jedoch nur wenige farbliche Nuancen.

5 **Abend:** Ganz anders als in der Früh, trotzdem spannend und kontrastreich werden die Aufnahmen, die Sie am Abend schießen.

Ende

Farbtemperatur: Erhitzt man einen Körper, beginnt er rot zu glühen. Erhitzt man ihn weiter, glüht er gelb, dann weiß, und schließlich blau.

FACHWORT

Die heutigen Digitalkameras gleichen den Farbstich, der durch die Farbtemperatur entsteht, automatisch aus. Der Fachbegriff dafür lautet **Weißabgleich**.

FACHWORT

Start

1

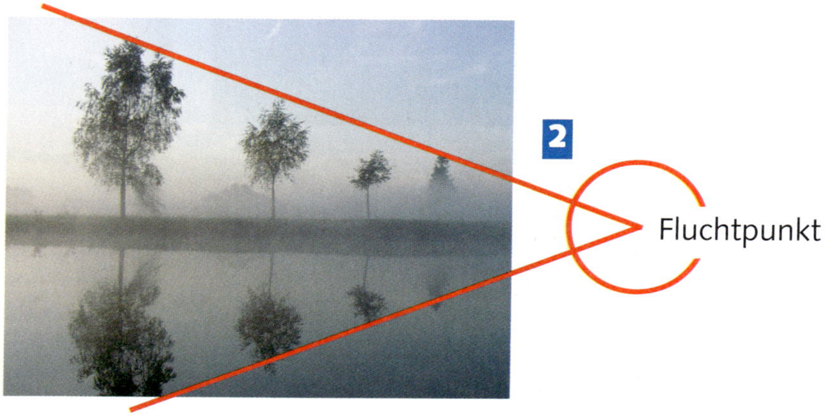

2

1 In der Grafik sehen Sie, wie sich der Fluchtpunkt aus der Sicht des Betrachters aufbaut.

2 In diesem Bild ist die Perspektive ganz klar erkennbar. Denkt man sich zwei Linien, liegt der Fluchtpunkt außerhalb des Bildes.

Schon die Römer wussten, wie sie räumliche Situationen mithilfe von perspektivischen Darstellungen abbilden mussten. Leider verlor sich dieses Wissen wieder. Erst Jahrhunderte später beschäftigte sich Albrecht Dürer 1525 in seinem Buch wieder mit der Zentralperspektive und legte damit den Grundstein zur räumlichen Darstellung.

WISSEN

3

4

3 Der Fotograf stand hier direkt vor den Pfosten, wodurch sich eine ganz klare Linie bzw. Flucht im Foto ergibt.

4 Bei einem Feld (hier das Kohlfeld) am besten die Furchen als perspektivische Gestaltung nutzen, also nicht quer zu den Furchen stehen, sondern längs.

Ende

Zeichnet man in einem perspektivischen Bild Linien ein, so laufen diese Linien im gemeinsamen **Fluchtpunkt** zusammen (siehe Bild 1).

FACHWORT

Alles, was hintereinander steht oder wie Perlen auf einer Schnur „aufgefädelt" ist, lässt sich wunderbar als perspektivisches Gestaltungsmittel nutzen (siehe Bild 3).

HINWEIS

Start

1

1 Der Goldene Schnitt begegnet uns nicht nur in der Malerei, er lässt sich auch eins zu eins auf die Fotografie anwenden. Auf dieses Bild wurde der Goldene Schnitt aufgezeichnet und Sie sehen sofort, dass das Motiv auf der linken Linie und nicht in der Mitte „sitzt“. Sobald das Motiv auf den Linien bzw. Schnittpunkten positioniert wird, wirkt das Bild spannender.

Jeder, der mit dem Fotografieren anfängt, rückt automatisch sein Motiv in die Mitte des Bildes. Später sind Sie dann entäuscht, weil die Bilder langweilig wirken. Mit folgendem Trick entstehen spannungsreichere Bildkompositionen: Versetzen Sie Ihr Motiv ganz bewusst etwas nach rechts, links, oben oder unten.

WISSEN

2

3

2 Wieder wurde der Goldene Schnitt angewandt. Das Motiv liegt im rechten Bereich des Bildes.

3 Bei dieser beiden Bildern wurde sogar noch etwas mehr übertrieben. Die Baumstämme sind fast an den Rand des Bildes gerutscht. Also schon außerhalb des Goldenen Schnitts.

Ende

Versuchen Sie das Motiv auf den Schnittpunkten des eingezeichneten Rasters von Bild 2 zu positionieren. Dabei ist es egal, ob das Motiv auf dem ersten, zweiten, dritten oder vierten Schnittpunkt liegt.

TIPP

Der **Goldene Schnitt** entstammt der Harmonielehre der Antike und besagt Folgendes: „Ein Punkt muss eine Strecke so teilen, so dass sich das längere Stück zum Ganzen verhält, wie das kürzere Stück zum längeren“. Die Aufteilung sollte also bei 60 zu 40 Prozent liegen.

FACHWORT

Start

1

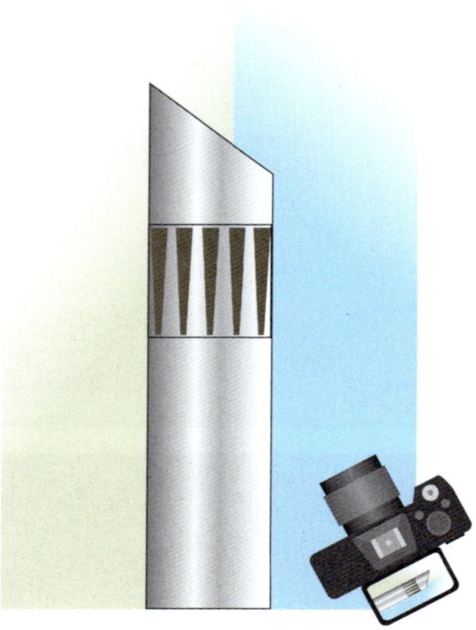

2

1 Falls Ihnen keine besonderen Objektive zur Architekturfotografie bereitstehen, dann versuchen Sie es doch mit folgendem Trick: Gehen Sie so nah wie möglich an das Gebäude ran.

2 Hier stand der Fotograf ganz dicht am Gebäude, um die extreme Höhe besser einfangen zu können.

In der Fotografie gibt es einen interessanten Zweig, der sich nur mit der Abbildung von Gebäuden befasst, nämlich die Architekturfotografie. Allerdings geht es in der Architekturfotografie meistens nur um die reine Dokumentation der Bauwerke. Was Sie aber nicht davon abhalten sollte, eigene Architekturfotos zu schießen.

WISSEN

3

4

3 Auch hier der Standpunkt des Fotografen ganz dicht am Gebäude. Ein Foto aus der Ferne hätte die Plattform des Gebäudes nicht zur Geltung gebracht.

4 Ein typisches Foto mit einem Fisheye-Objektiv: Alle vier Gebäude sind mit im Bild. Dabei ist aber ganz deutlich zu erkennen, dass das Objektiv die Kanten verbiegt. Die Gebäude wirken wie „Kaugummigebäude".

Ende

Mit einem sogenannten **Fisheye-Objektiv** bringen Sie sehr viel von Ihrem Gebäude aufs Bild. Der Blickwinkel beträgt bis zu 180° und die Linien im Bild werden dadurch extrem gebogen.

FACHWORT

Start

1

2

1 Die Position des Fotografen ist fast zwischen den Säulen. Dadurch ergibt sich eine extreme Perspektive aus der Sicht von unten nach oben: Halten Sie die Kamera „normal“, also im Querformat in der Hand, so wirkt die Säulenhalle wuchtig und breit.

2 Halten Sie jetzt die Kamera hochkannt, also im Hochformat, so wirken die Säulen schlank und rank.

Sollten Sie um die Mittagszeit auf den Spuren alter Gemäuer sein und trotz der ungünstigen Lichtverhältnisse gute Architekturfotos schießen wollen, dann wählen Sie ganz bewusst Ausschnitte der Gebäude (siehe Bild 4) oder verlegen Ihre Fotografie vorübergehend ins Innere der Gebäude.

WISSEN

3

4

3 Fotografieren Sie eine Gasse oder einen Straßenzug hinunter oder hinauf, und positionieren Sie sich dabei am Beginn der Gasse bzw. Straße.

4 Auch hier trotz Mittagshitze ein gelungenes Foto: Richten Sie Ihr Augenmerk auf Details und halten Sie sie im entsprechenden Ausschnitt fest.

Ende

Wenn Sie Ihre Fotos zur Mittagszeit aufnehmen, dann wählen Sie den Ausschnitt so, dass kein Himmel zu sehen ist.

TIPP

Wer es schafft, seine Architekturfotos morgens bzw. abends zu schießen, erhält allein durch die vorteilhafte Belichtung automatisch warme und stimmungsreiche Bilder.

HINWEIS

8

Ausstattung für daheim und unterwegs

Start

1

2

1 Im Fachhandel finden Sie jede Menge Stative in allen Größen und für alle Ansprüche. Für Minikameras bis hin zur Profi-Spiegelreflexkamera.

2 Superpraktisch sind Klemmstative. Sie können an ein Gerüst, einen Zaun oder Ähnliches geklemmt werden.

Mithilfe eines Stativs stellen Sie Kameras, Beleuchtung oder einen Blitz stabil auf. Stative werden eingesetzt, um Verwacklungen beim Fotografieren zu vermeiden. Meistens besitzen Stative ausziehbare Beine und sind somit in der Höhe verstellbar.

WISSEN

3

4

5

3 Ziemlich spannend ist die Saugbefestigung für Glasscheiben. So „saugt“ sich die Kamera an der Autoscheibe fest.

4 Vielseitig einsetzbar sind die Erdhaken für Wanderer und Outdoor-Freaks. Wer viel in der Natur unterwegs ist, lernt diese Art von Befestigung schätzen.

5 Immer mit dabei sind die Ministative für kleine Kameras.

Ende

TIPP

Immer wenn „Verwacklungsgefahr“ herrscht, denken Sie daran, ein Stativ einzusetzen. So können Sie mit kleiner Blende und längeren Belichtungszeiten arbeiten.

TIPP

Achten Sie beim Kauf eines Stativs darauf, dass es mit einem Schnappverschluss ausgerüstet ist. Die Kamera kann schnell auf- und abgenommen werden.

HINWEIS

Stative können eingesetzt werden bei:
- Langzeitbelichtung
- Makroaufnahmen
- Nacht- und Studioaufnahmen
- Sportaufnahmen und Stillleben

Start

1

2

1 Diese Aufnahme wurde mit dem integrierten Blitz der Kamera aufgenommen. Der hintere Bereich des Bildes verschwindet im Dunkeln.

2 Anders in diesem Bild. Hier wurde ein starker, externer Blitz eingesetzt. Die Säulen im hinteren Bereich und auch die Person sind klar erkennbar.

In die Kamera integrierte Blitze hellen nur den Nahbereich der Kamera auf. Weitere Reichweiten des Blitzes erhalten Sie nur mit externen Blitzgeräten. Wenn Sie bei Nacht arbeiten oder große Innenräume für gezoomte Bilder aufhellen möchten, ist ein externer Blitz unerlässlich.

WISSEN

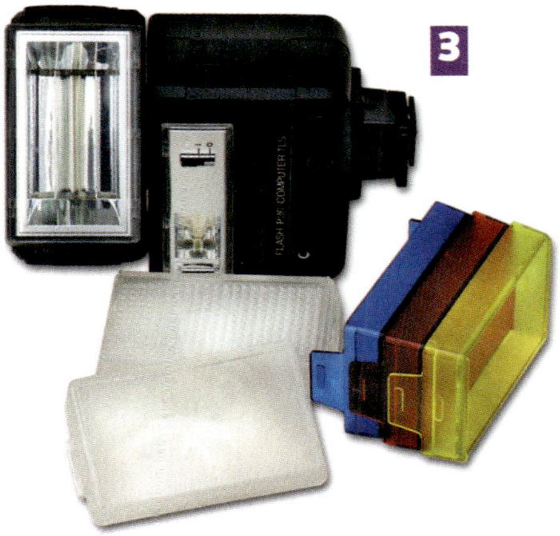

3

4

5

3 Für den Studioeinsatz lassen sich externe Blitze über Blitzkabel, Slave-Blitzschuh oder Diodenauslöser „fernzünden". So können auch zwei Blitze gleichzeitig zum Einsatz kommen.

4 Hier ein Beispiel eines Blitzes auf dem Slave des Stativs mit „übergestülptem" Diffuser.

5 Der Slave-Blitzauslöser ist nützlich, wenn Sie den Blitz von der Ferne auslösen möchten.

Nur größere Mittelklassekameras besitzen einen externen Blitzanschluss (Kabelverbindung externer Blitz) bzw. einen Blitzschuh (externes Blitzgerät direkt aufstecken).

HINWEIS

Als **Blitzschuh** wird die Vorrichtung an einer Kamera bezeichnet, an der Sie beispielsweise ein externes Blitzgerät anstecken können.

FACHWORT

Slave oder Diodenauslöser
Eine Fotozelle registriert das Licht beim Auslösen einer nahe befindlichen Blitzquelle und aktiviert zeitgleich das im Blitzschuh aufgesetzte, blitzbereite Gerät.

FACHWORT

Start

1

2

1 Viele Digitalkameras, übrigens auch sehr viele Mittelklasse- und Minikameras, verfügen über ein Gewinde am Objektiv. Auf solche Objektive können Sie verschiedene Filter aufschrauben: Nahlinsenfilter, Weitwinkelvorsatz, Rotfilter, Grünfilter, Weichzeichner usw.

2 Das linke Bild ist die Originalaufnahme. Das rechte Bild wurde mit aufgeschraubtem Grünfilter aufgenommen.

Haben Sie einen Filter auf das Objektiv aufgeschraubt, verändert sich das Bild, bevor es überhaupt auf das Objektiv auftrifft. Wie es sich verändert, hängt von dem jeweiligen Filter ab: Beispielweise gibt es Filter mit Sternchen oder Wolken usw.

WISSEN

3

4

3 Ungewöhnliche und spannende Verfärbungen erreichen Sie mit dem Horizont-Effektfilter.

4 Verwenden Sie den Polfilter, um die Reflektion im Fenster zu reduzieren und die Farben stärker hervorzuheben. Oben sehen Sie das Originalfoto ohne Polfilter. Unten das gleiche Motiv mit Polfilter fotografiert.

Ende

TIPP

Polfilter eignen sich besonders zum Intensivieren des Himmelblaus.

HINWEIS

Ein Polfilter schluckt reflektierendes Licht und reduziert Spiegelungen auf dem Wasser und im Fenster. Außerdem werden die Farben kräftiger.

HINWEIS

In manchen Fällen ist der Einsatz von Filtern nicht mehr nötig, denn in einem Bildbearbeitungsprogramm lassen sich viele Effekte im Nachhinein hinzufügen.

Start

1

2

1 Makroaufnahmen mit Nahlinsen: Nahlinsen vergrößern das Motiv mit den unterschiedlichsten Vergrößerungsfaktoren: 1, 2, 3 und 4.

2 Das obere Bild wurde mit der Automatikeinstellung der Kamera aufgenommen. Im unteren Bild hat der Fotograf eine Nahlinse auf das Objektiv geschraubt.

Bei der Makrofotografie geht es um die Abbildungsmaßstäbe, die beim Fotografiern erreicht werden können. Normalerweise erzielen Sie einen maximalen Maßstab von 1:7 bis 1:10. Wenn Sie mit der Makroeinstellung Ihrer Kamera oder einer Nahlinse fotografieren, können Sie einen Maßstab von 1:10 erreichen.

WISSEN

3

4

5

3 Wer viel fotografiert, verbraucht viel Energie, deshalb legen Sie sich einen Vorrat an Akkus und ein Ladegerät zu.

4 Verwenden Sie zum Pflegen und Entstauben einen Luftpinsel. Mit anderen Materalien verkratzen Sie unter Umständen Ihr Objektiv.

5 Ein klassischer Fernauslöser zum wackelfreien Auslösen.

Ende

FACHWORT

Ein Speicher für Energie ist der sogenannte **Akku** (Akkumulator). Die Besonderheit: Eine Akku-Batterie lässt sich jederzeit wieder aufladen.

TIPP

Wer keine Nahlinse besitzt oder kein Objektiv, auf das die Nahlinse geschraubt werden kann, benutzt die Makroeinstellung der Kamera (siehe Seite 23).

Teil 3

Praxis-Workshops mit Bildbearbeitung

9

Fotos auf den Computer übertragen

Start

1

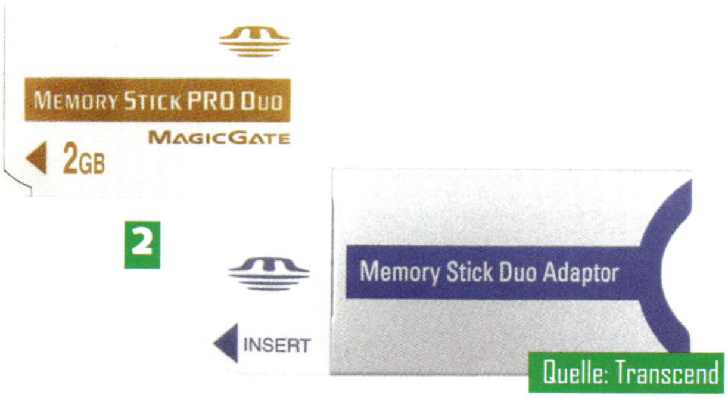

Quelle: Transcend

2

3

Quelle: Transcend

1 An dieser Kamera ist ein USB-Kabel angeschlossen, das Sie wiederum an den Computer anschließen.

2 Einige Kameras sind mit Memory Sticks ausgestattet. Mit einem Adapter (Lesegerät) lässt sich die Karte problemlos über den USB-Anschluss an Ihren Computer anschließen.

3 Wieder andere Kameras speichern ihre Daten auf einer CompactFlash-Karte. Falls ein Steckplatz im Computer integriert ist, führen Sie die Karte dort ein.

Je nachdem, welchen Kameratyp Sie verwenden, speichert die Kamera Ihre Fotos auf einem Speicherchip, beispielsweise auf einem Memory Stick oder einer CompactFlash-Karte. In manchen Kameras finden Sie inwischen sogar schon eigene kleine Festplatten integriert.

WISSEN

4

5

4 Schließen Sie die Kamera an den Strom und an das USB-Kabel an und stellen Sie die Kamera auf USB-Betrieb.

5 Schalten Sie die Kamera ein und stecken Sie den USB-Stecker in eine USB-Schnittstelle am Computer.

Ende

Wenn die Kamera USB nicht automatisch erkennt, dann muss sie auf USB-Betrieb umgestellt werden. Wie das geht, entnehmen Sie der Anleitung zu Ihrer Kamera.

HINWEIS

Manche Computer sind mit Steckplätzen für Speicherkarten ausgerüstet. Wenn Sie nicht mit dem USB-Kabel arbeiten möchten, verwenden Sie die Steckplätze.

HINWEIS

Start

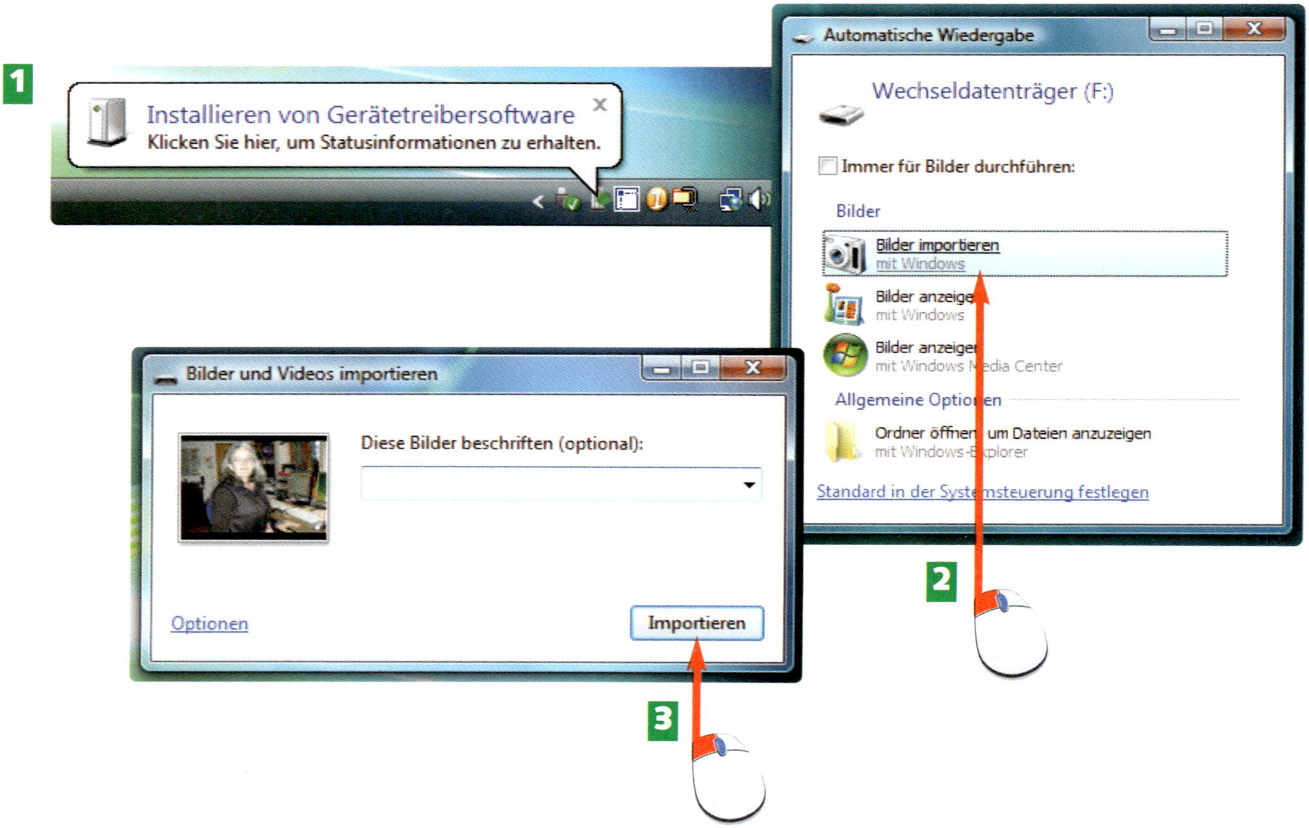

1. Nachdem Sie die Kamera mit dem Computer verbunden haben, erscheint rechts unten der Hinweis auf die Installation der Gerätetreibersoftware.
2. Nach ein paar Sekunden erscheint automatisch folgendes Dialogfenster: *Automatische Wiedergabe*. Klicken Sie auf *Bilder importieren.*
3. Entweder Sie klicken anschließend gleich auf *Importieren* ...

Egal, ob Sie die Kamera per USB-Kabel angeschlossen haben oder eine der Karten einlegen: Nach der Auswahl des Scanner- und Kamera-Assistenten landen Sie im selben Fenster. Nur die ersten Schritte unterscheiden sich geringfügig.

WISSEN

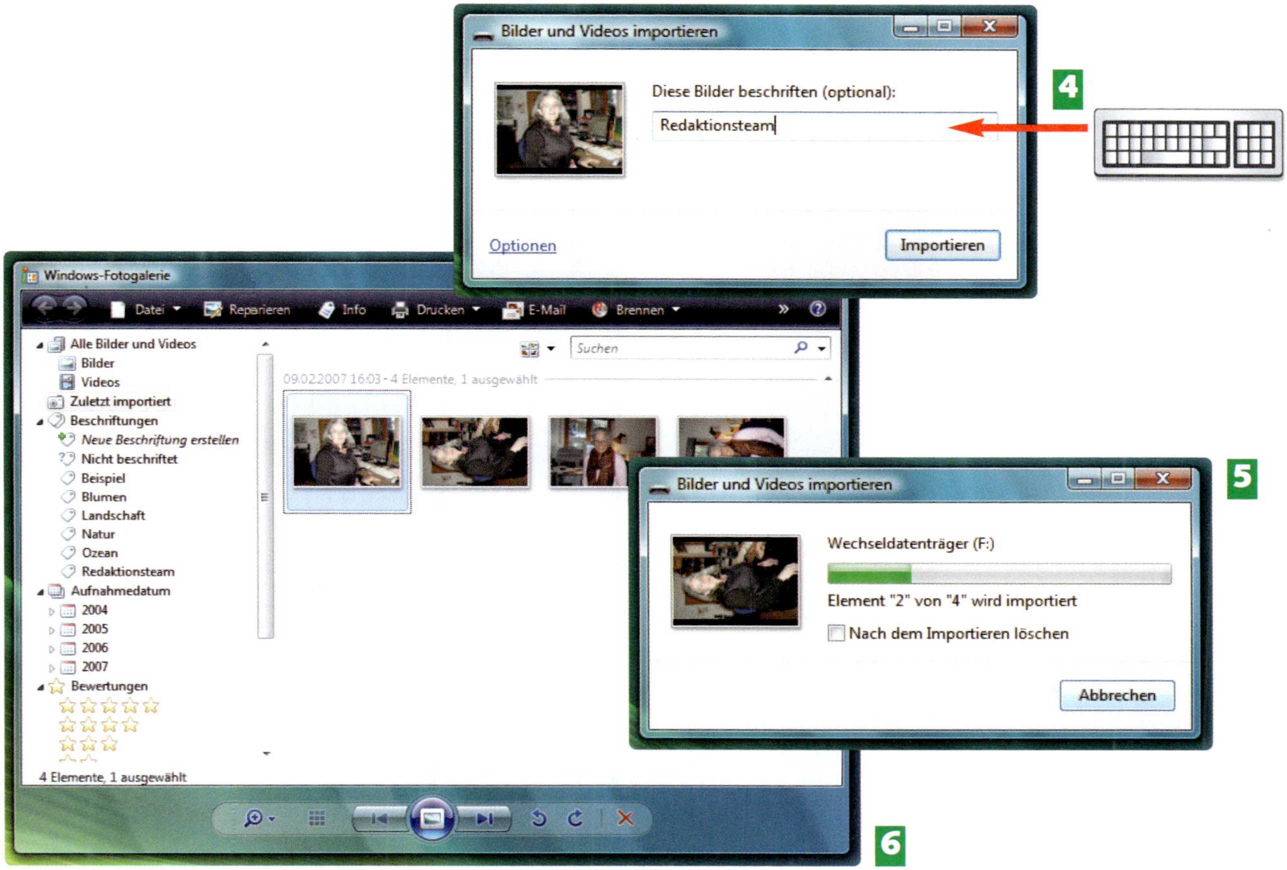

4 ... oder Sie geben hier einen Namen ein, der später in der Fotogalerie unter *Beschriftungen* erscheint.

5 Die Bilder werden von der Kamera auf den Computer übertragen.

6 Es öffnet sich die Windows-Fotogalerie und Sie sehen sofort Ihre importierten Bilder unter dem Punkt *Zuletzt importiert*.

Ende

Um Ihre Fotos zu verwalten, sollten Sie die Fotogalerie von Windows Vista nutzen. Sie bietet Ihnen eine übersichtliche Struktur an.

HINWEIS

Wer mit einer Fotobearbeitungssoftware wie z.B. Photoshop Elements arbeitet, kann natürlich auch diese zum Verwalten der Fotos verwenden.

HINWEIS

Start

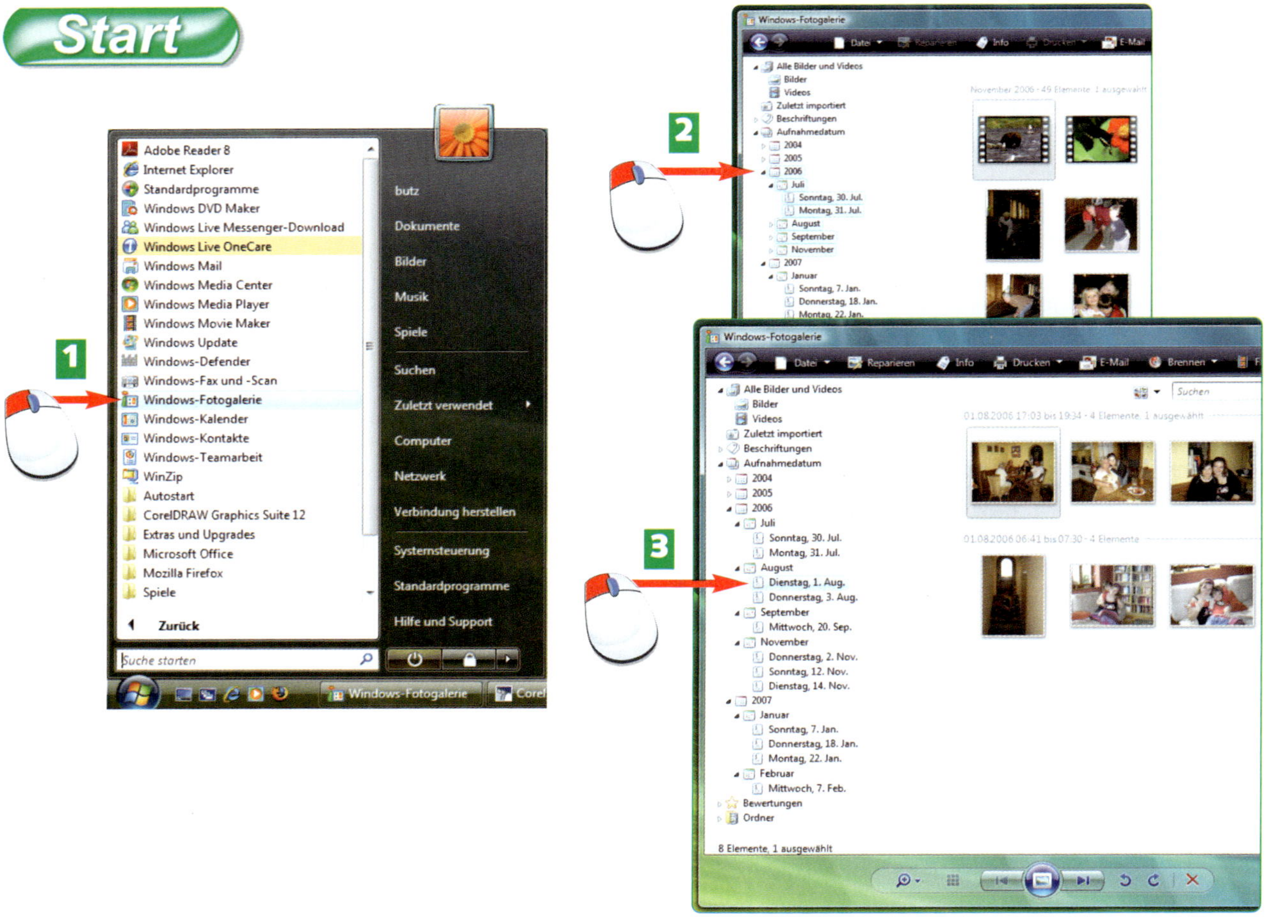

1 Übrigens: Die Fotogalerie finden Sie unter *Start/Alle Programme/Windows-Fotogalerie.*

2 Die Bilder ordnet die Fotogalerie beispielsweise nach dem *Aufnahmedatum*. Wenn Sie also auf *2006* klicken, öffnen Sie die angelegte Struktur und blenden in der rechten Fensterhälfte die Fotos von 2006 ein.

3 Klicken Sie hingegen auf einen bestimmten Tag (hier: *Dienstag, 1. Aug.*), blendet die Fotogalerie nur die Fotos dieses Tages ein. Alle anderen sind nicht zu sehen.

Einen ersten Eindruck von einem Ihrer Fotos machen Sie sich, wenn Sie die Maus auf das Bild bewegen und einige Sekunden ruhig halten. Das Bild poppt als größere Ansicht mit allen Angaben wie Dateiname, Speicherdatum usw. auf.

WISSEN

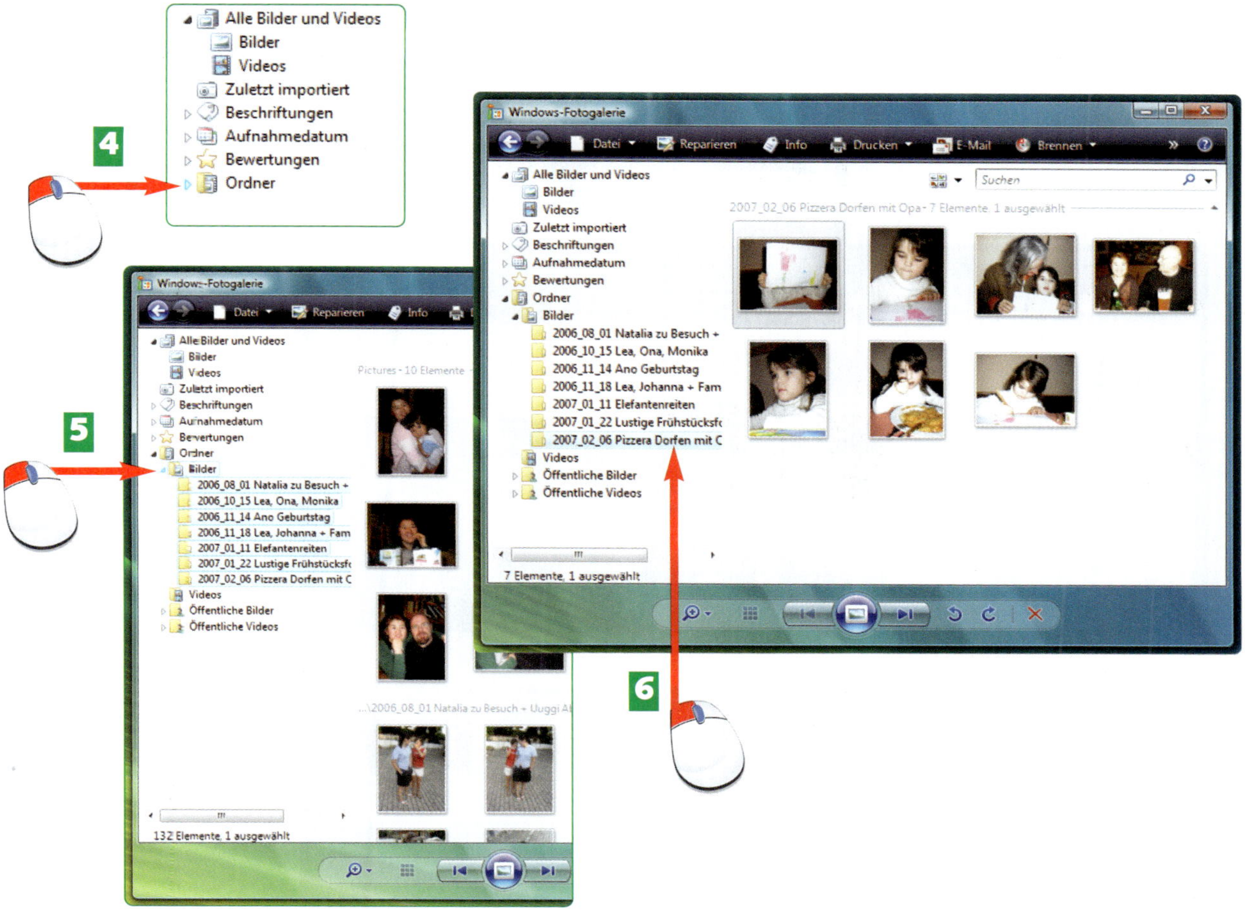

4 Wer eigene Ordner angelegt hat, blendet als Erstes die Struktur der Ordner mit einem Klick auf das vorangestellte Dreieck ein.

5 Anschließend klicken Sie auf *Bilder*. Jetzt sehen Sie die von Ihnen angelegten Ordner.

6 Mit einem Klick auf den entsprechenden Ordner blenden Sie die Bilder ein, die sich in diesem Ordner befinden.

Ende

Klicken Sie auf  das runde Symbol, um eine Diashow mit den zuvor ausgewählten Fotos zu starten.

HINWEIS

Wer gleich die Bilder aus der Fotogalerie auf CD oder DVD brennen möchte, klickt in der Fotogalerie auf *Brennen*.

HINWEIS

Oft sind bei den Kameras eigene Fotoverwaltungsprogramme dabei. Sie funktionieren alle nach demselben Prinzip. Mit Photoshop Elements lassen sich die Bilder ebenfalls verwalten (siehe S. 126).

HINWEIS

Start

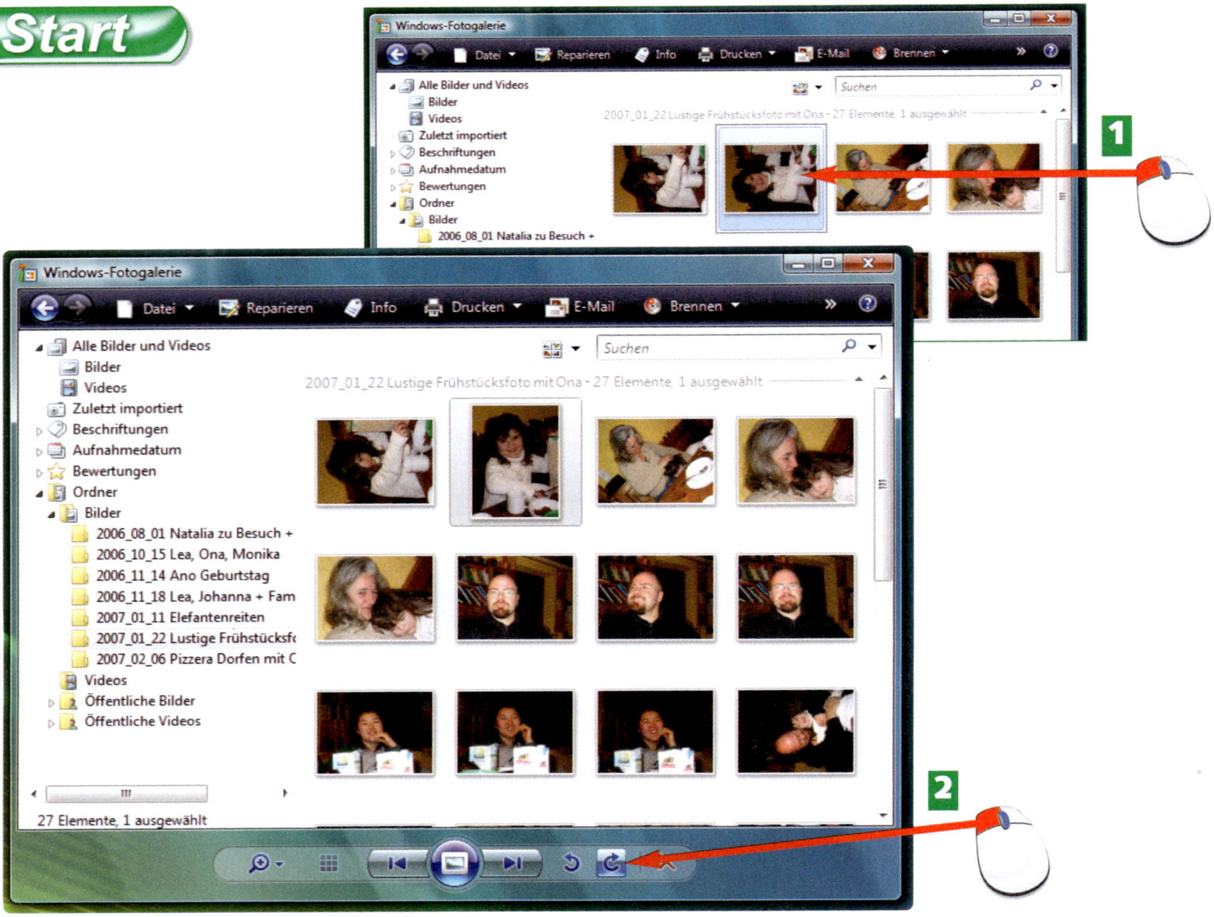

1 Ein Foto steht quer: Markieren Sie es mit einem Klick und ...

2 ...klicken Sie auf *Im Uhrzeigersinn drehen* oder *Gegen den Uhrzeigersinn drehen*. Fertig!

Beim Fotoschießen vergibt jede Kamera für die Bilder anstelle eines vernünftigen Namens eine Nummer, wie z.B. IMG_3727.JPG. Die Kamera hält die Daten fest und nummeriert dabei einfach durch. Das heißt, Sie sollten den Fotos später einen geeigneten Namen geben (siehe Schritte 3-6).

WISSEN

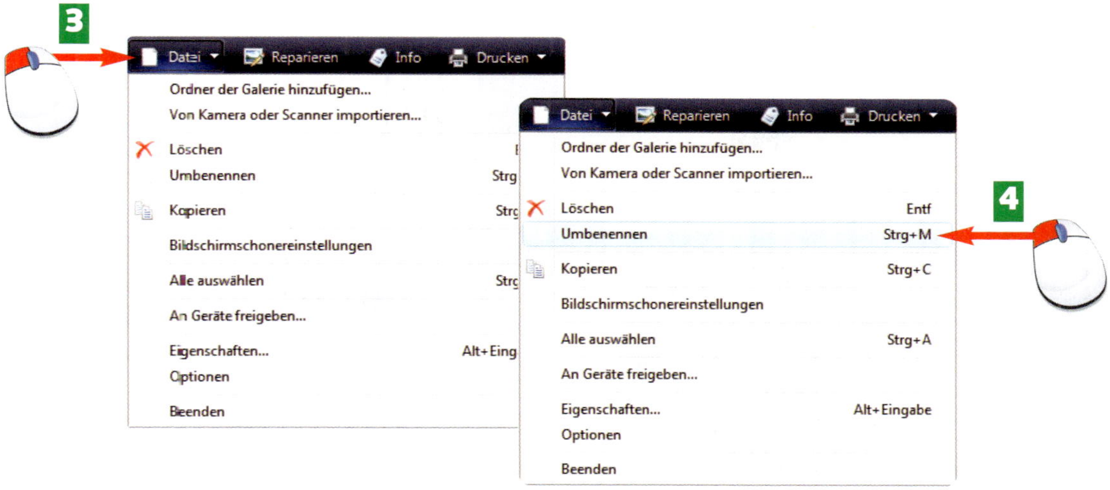

3 Markieren Sie ein Bild, das Sie umbenennen möchten. Klicken Sie auf *Datei*.

4 Wählen Sie aus dem Menü *Umbenennen*.

5 Das Bild erscheint in der rechten Fensterhälfte. Klicken Sie dort auf den Dateinamen.

6 Tippen Sie den Namen Ihrer Wahl ein und drücken Sie zur Bestätigung auf [↵].

Ende

HINWEIS

Wer für die Fotogalerie und ihre Sortierfunktionen noch genauere Einstellungen vornehmen möchte, der klickt auf *Datei/Optionen*.

TIPP

Ein Bild ist nicht gelungen? Dann löschen Sie es doch einfach mit einem Klick auf das rote *X*!

Start

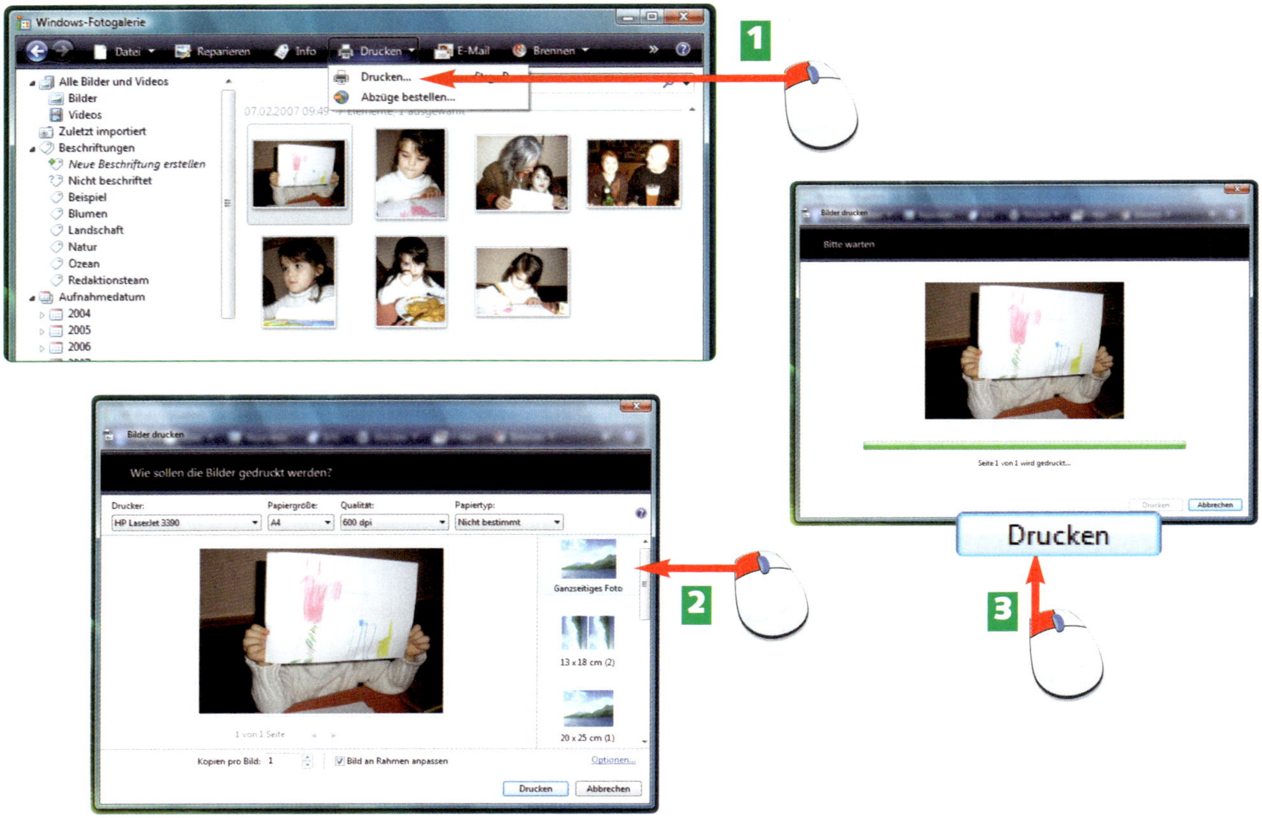

1 Markieren Sie das Bild, das Sie drucken möchten, und klicken Sie auf *Drucken/Drucken*.

2 Wählen Sie im folgenden Dialog die Größe aus, in der Sie das Bild drucken möchten (hier: *Ganzseitiges Foto*).

3 Bestätigen Sie mit *Drucken*.

Es lohnt sich, die Preise der Fotolabors zu vergleichen. Teilweise schwanken die Preise enorm.
Unter folgenden Internetadressen vergleichen Sie schnell die Preise:
www.bilder-dienste.de
www.billige-fotos.de

WISSEN

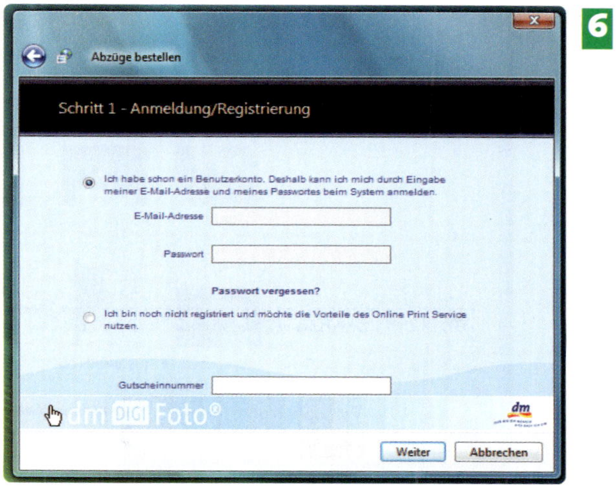

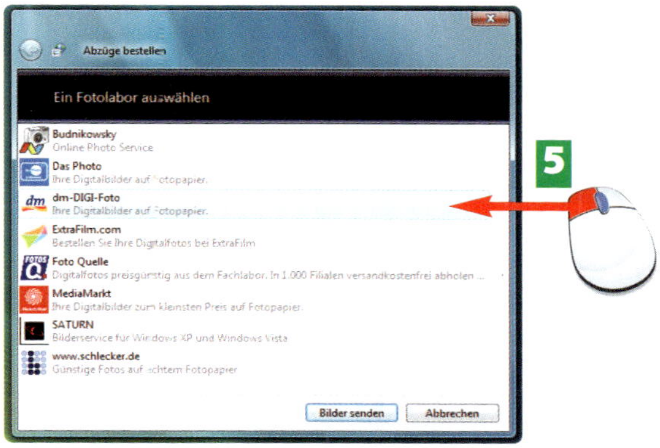

4 Oder Sie bestellen sich Abzüge von Ihren Fotos. Markieren Sie sie und wählen Sie *Drucken/Abzüge bestellen.*

5 Wählen Sie eines der Fotolabors aus und klicken Sie auf *Bilder senden.*

6 Anschließend werden Sie nach Ihren Daten gefragt. Lassen Sie sich registrieren und folgen Sie den Anweisungen des Fotolabors.

Ende

HINWEIS

Falls Sie unter Windows XP („altes Windows") arbeiten rufen Sie das Fotolabor direkt über Ihren Browser auf und bestellen dort Ihre Abzüge (siehe Seite 230).

HINWEIS

Die Fotos werden Ihnen vom Fotolabor in der Regel zugeschickt. Wie Sie bezahlen, hängt vom jeweiligen Fotolabor ab.

HINWEIS

Wer sich einmal registrieren lässt, muss dies kein zweites Mal tun. Mit den entsprechenden Zugangsdaten können Sie sofort Ihre Bilder online bestellen.

Fotos auf CD/DVD brennen

Start

1 Klicken Sie auf den Ordner, dessen Inhalt Sie auf CD oder DVD brennen möchten, oder markieren Sie die entsprechenden Dateien. Starten Sie den Vorgang mit *Brennen*.

2 Das Laufwerk wird automatisch geöffnet und Windows fordert Sie auf, eine CD oder DVD einzulegen.

3 Legen Sie die CD oder DVD in das geöffnete Laufwerk und schließen Sie es.

Wer sich detaillierte Einstellungen beim Brennen einer CD oder DVD wünscht, muss auf spezielle Brennsoftware zurückgreifen. Eine der bekanntesten und am weitesten verbreiteten Software hierfür ist Nero. Nähere Informationen dazu finden Sie unter www.nero.com.

WISSEN

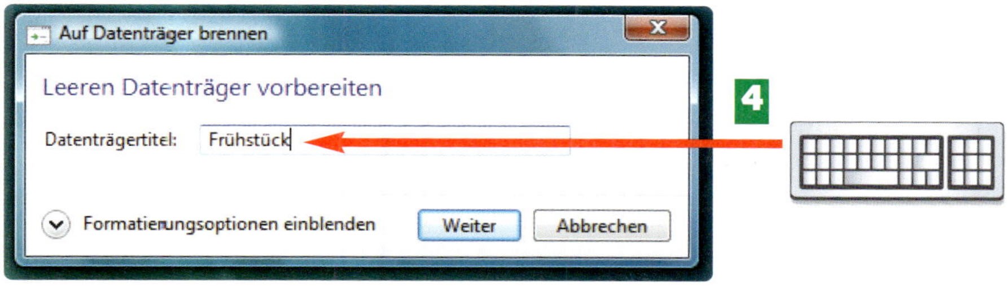

4

5

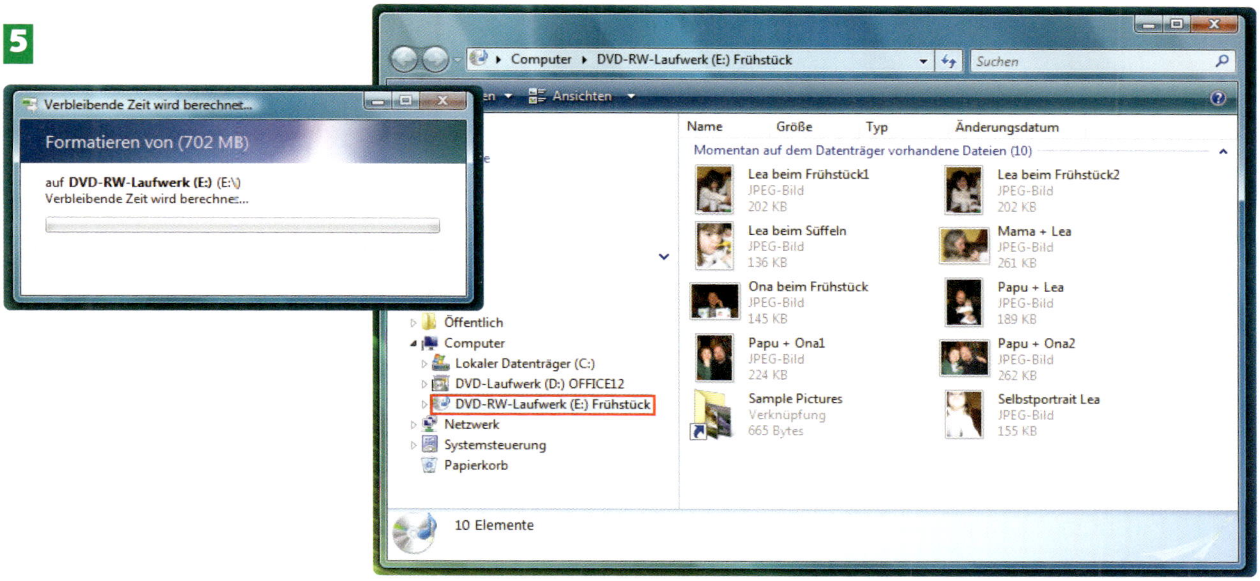

6

4 Geben Sie der CD oder DVD einen Namen und bestätigen Sie mit *Weiter*.

5 Windows zeigt Ihnen an, wie lange Sie warten müssen, bis die CD oder DVD beschrieben ist.

6 Nach dem Brennen sehen Sie sofort den Inhalt der CD oder DVD.

Ende

Mithilfe eines Lasers brennt der CD- oder DVD-Brenner die Daten auf den CD- oder DVD-Rohling. Bei CDs und DVDs mit der Bezeichnung CD-R bzw. DVD-R ist dieser Vorgang irreversibel, während die Daten von CDs und DVDs mit der Bezeichnung CD-RW und DVD-RW wieder gelöscht werden können.

HINWEIS

10

Wichtige Funktionen in Photoshop Elements

Start

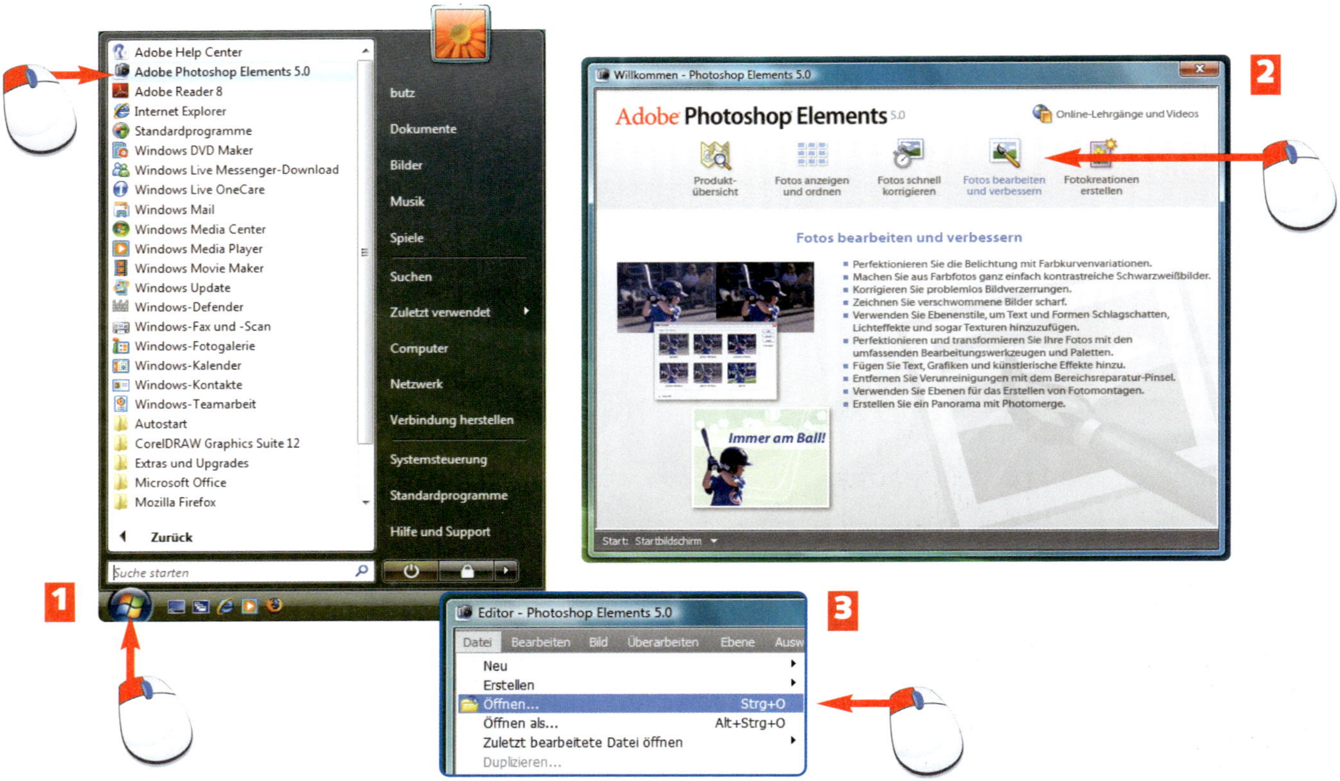

1 Rufen Sie Photoshop Elements über *Start/Alle Programme/Adobe Photoshop Elements* auf.

2 Jetzt kommt es darauf an, was Sie tun möchten, beispielsweise ein Foto bearbeiten, dann klicken Sie auf *Fotos bearbeiten und verbessern*.

3 Sofern Sie noch keine Fotos im Organizer von Photoshop Elements aufgenommen haben, öffnen Sie das gewünschte Bild über *Datei/Öffnen*.

Inzwischen gibt es Fotobearbeitungsprogramme wie Sand am Meer. Die Entscheidung für Photoshop Elements entstand aus folgendem Grund: Photoshop Elements ist günstig in der Anschaffung, vielseitig einsetzbar und in der Handhabung an seinen großen Bruder Photoshop angelehnt. Damit erzeugen Sie überzeugende Ergebnisse.

WISSEN

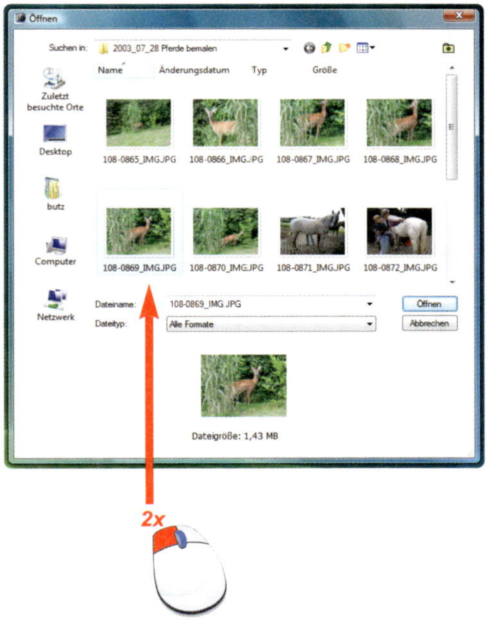

4

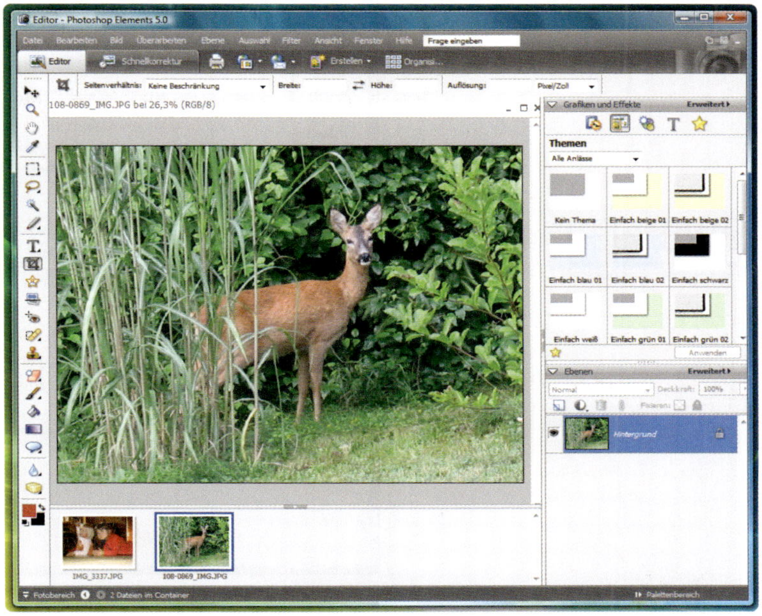

5

4 Im folgenden Dialogfenster öffnen Sie den Ordner, in dem das zu bearbeitende Foto gespeichert ist. Sie finden es wahrscheinlich im Ordner *Bilder*. Mit Doppelklick auf das Bild holen Sie es auf den Bildschirm.

5 Und so präsentiert sich Photoshop Elements.

Ende

HINWEIS

Meist gibt es jedes Jahr eine neue Version von Photoshop Elements. Aber die Grundfunktionen bleiben immer gleich.

TIPP

Sollten Sie die Werkzeugleiste am linken Rand nicht mehr sehen, dann klicken Sie auf *Bearbeiten* und wählen *Gehe zu Schnellkorrektur* oder Gehe zu *Editor*.

HINWEIS

Die Ansichten können gewechselt werden: Mit einem Klick auf *Editor* bearbeiten Sie Ihr Bild. Mit einem Klick auf *Schnellkorrektur* führen Sie automatische Korrekturen durch.

Start

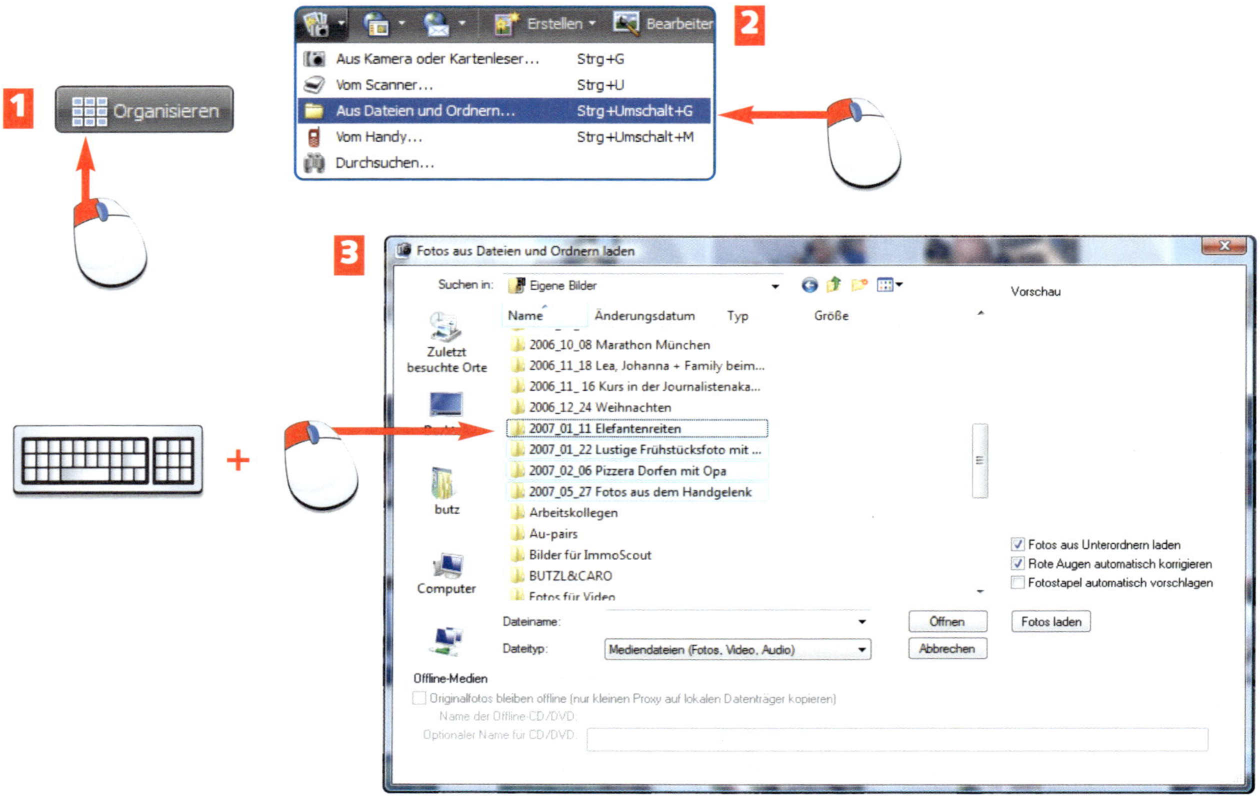

1 Wechseln Sie in den Organizer über die Schaltfläche *Organisieren*. Sollten Sie diese Schaltfläche nicht sehen, befinden Sie sich schon im Organizer.

2 Klicken Sie auf das Kamerasymbol und wählen Sie *Aus Dateien und Ordnern.*

3 Wählen Sie im folgenden Dialog aus, welche Ordner bzw. Bilder Sie importieren möchten. Mit gedrückter ⇧-Taste und linkem Mausklick markieren Sie mehrere Ordner bzw. Bilder. Klicken Sie auf *Fotos laden*.

Alle Fotos können natürlich auch unter Windows Vista mithilfe der Fotogalerie (siehe Seite 114) geordnet werden. Dazu ist kein eigenes Programm notwendig. Arbeiten Sie allerdings sehr viel mit Photoshop Elements, ist es natürlich bequemer, die Bilder gleich dort zu ordnen und zu verwalten.

WISSEN

4

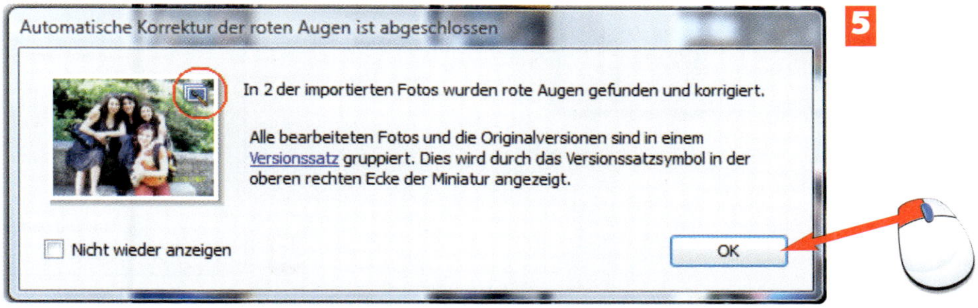

5

4 Photoshop Elements importiert die Bilder in den Organizer.

5 Außerdem werden rote Augen automatisch korrigiert, wenn Sie die entsprechende Option (siehe Bild 3) aktiviert haben. Photoshop Elements zeigt Ihnen an, dass in zwei Fotos die roten Augen korrigiert wurden.

TIPP

Ob Sie sich im Organizer oder Editor (Fotos bearbeiten) befinden, lesen Sie ganz schnell in der Titelleiste von Photoshop Elements ab.

HINWEIS

Zwischen Organizer und Editor wechseln Sie mit den Symbolen *Bearbeiten* und *Organisieren*. Oder Sie klicken in der Taskleiste am unteren Bildschirmrand auf *Editor* bzw. *Organizer*.

6

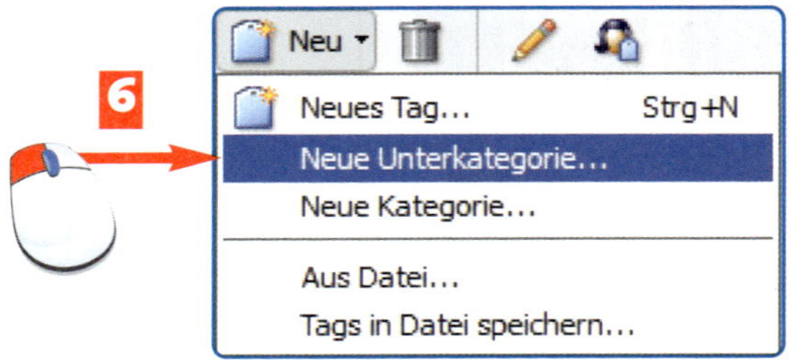

7

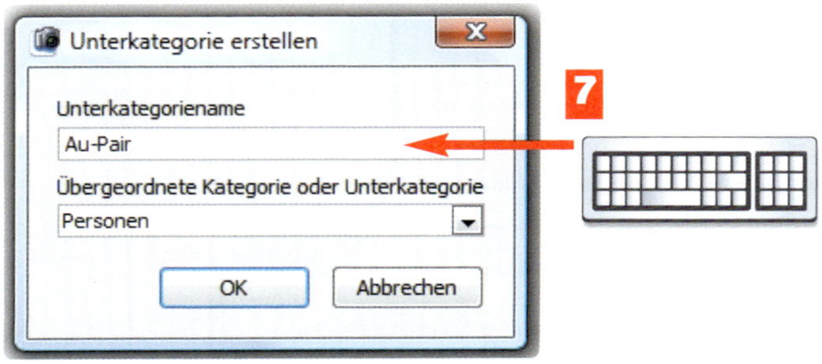

8

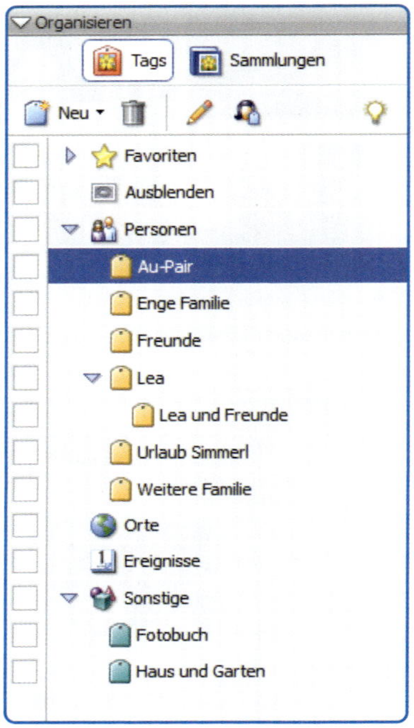

6 Am rechten Rand legen Sie eigene Kategorien und Unterkategorien fest. Klicken Sie dazu beispielsweise auf *Neu/Neue Unterkategorie.*

7 Geben Sie der neuen Unterkategorie einen Namen (hier: *Au-Pair)* und wählen Sie die übergeordnete Kategorie aus. Bestätigen Sie mit *OK*.

8 In meinem Beispiel erscheint *Au-Pair* als Unterkategorie von *Personen*.

Kategorien und Unterkategorien könnte man mit Ordnern vergleichen. Allerdings legen Sie die Bilder nicht wirklich in die Ordner, sondern kennzeichnen stattdessen die Bilder mit der gewünschten Kategorie. So lässt sich schnell Ordnung in die Bildersammlung bringen. Mit einem Klick blenden Sie die Bilder ein, die Sie im Moment sehen möchten.

WISSEN

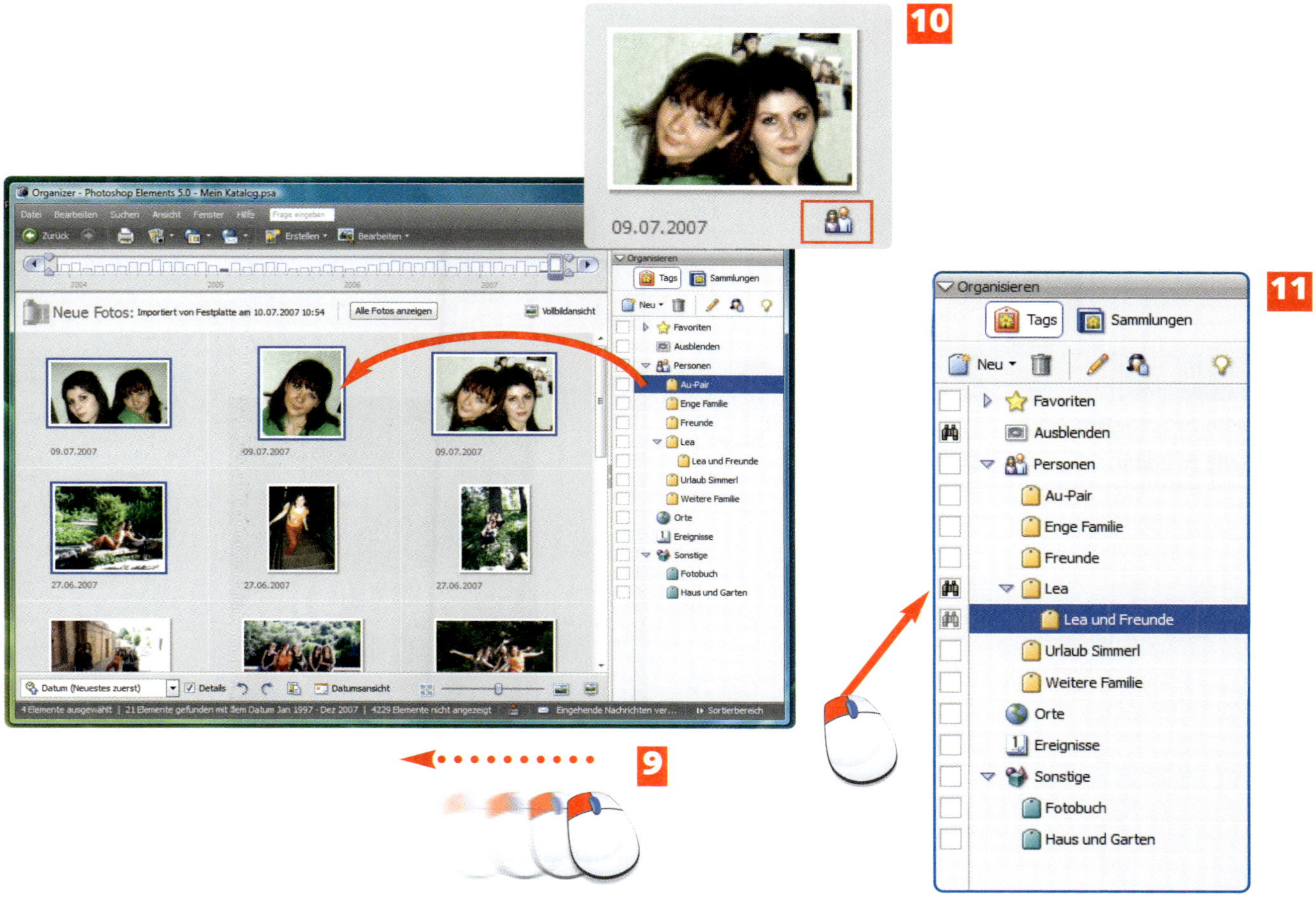

9 Um den Bildern die richtige Kategorie zuzuweisen, ziehen Sie mit gedrückter linker Maustaste die Kategorie auf die zuvor markierten Bilder.

10 Das Bild wird mit dem entsprechenden Symbol der Kategorie gekennzeichnet.

11 Sind alle Bilder kategorisiert, lassen sich bestimmte Fotos mit einem einzigen Klick ein- bzw. ausblenden.

Ende

HINWEIS

Falsche Kategorie gewählt? Kein Problem. Ziehen Sie die neue gewünschte Kategorie auf das Bild und löschen Sie mit rechtem Mausklick die „alte“ Kategorie.

HINWEIS

Um nicht jedes einzelne Bild zu kategorisieren, markieren Sie mit gedrückter [⇧]- oder [Strg]-Taste mehrere Bilder. Ziehen Sie erst jetzt die Kategorie auf eines der markierten Bilder.

Start

1

2

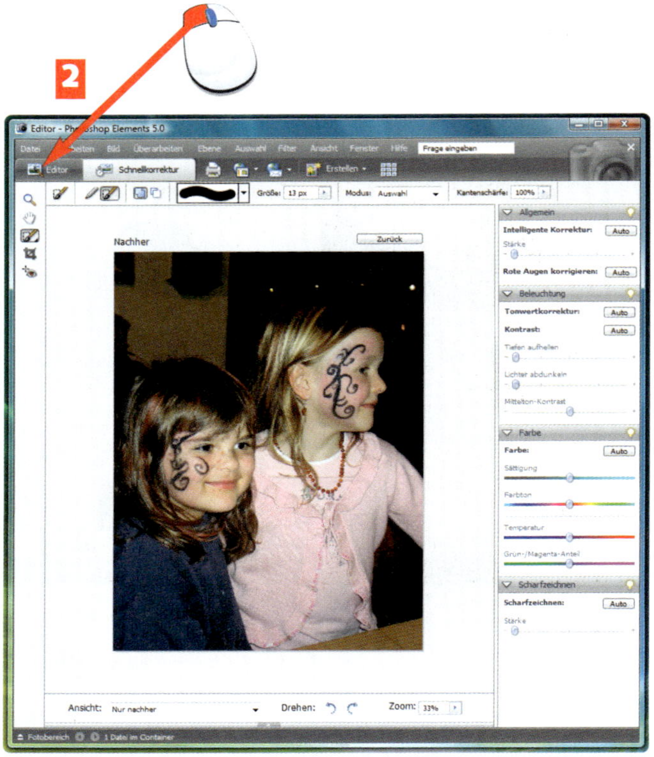

1 Befinden Sie sich im Organizer von Photoshop Elements und möchten ein markiertes Bild schnell korrigieren, dann klicken Sie auf *Bearbeiten/Gehe zu Schnellkorrektur.*

2 Mit einem Klick auf *Editor* wechseln Sie in einen professionellen Bearbeitungsmodus, in dem Ihnen viele weitere Möglichkeiten zur Bildbearbeitung zur Verfügung stehen.

Manchmal verwirrend sind die unterschiedlichen Modi, die Photoshop Elements bietet. Grundsätzlich gilt: Im Editor bearbeiten Sie Ihre Bilder (Retuschieren, Ausschneiden, Bildelemente hinzufügen). In der Schnellkorrektur stehen Ihnen nur wenige Bearbeitungsmöglichkeiten zur Auswahl, wie etwa das Entfernen von roten Augen.

WISSEN

3

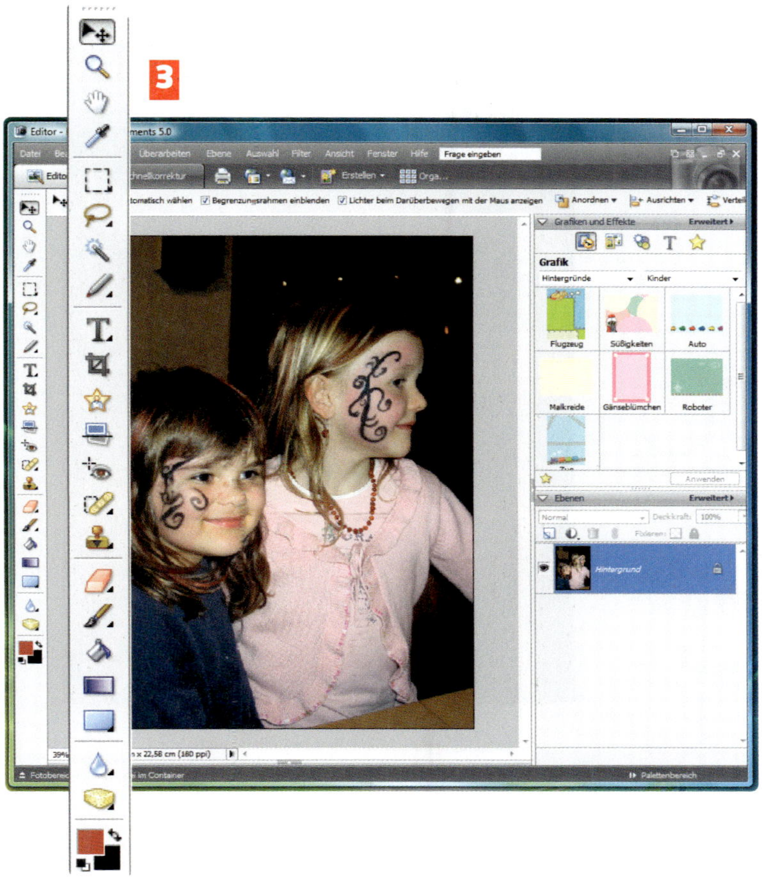

4

3 Die Werkzeuge im Editor sind der Schlüssel zur gelungenen Bildbearbeitung. Je nach ausgewähltem Werkzeug ändert sich das Aussehen der oberen Symbolleiste. Dadurch sind noch mehr Bearbeitungsfunktionen zugänglich.

4 Am rechten Fensterrand finden Sie interessante Funktionen und Filter, mit denen Sie beispielsweise einen Nostalgieeffekt erzielen können.

Ende

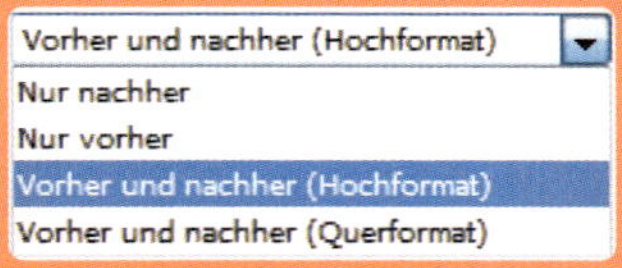

In der Schnellkorrektur lassen sich die Fotos nebeneinander anzeigen, und zwar in den Einstellungen vor und nach der Bearbeitung. Sie finden die beiden Optionen am unteren Fensterrand.

TIPP

Start

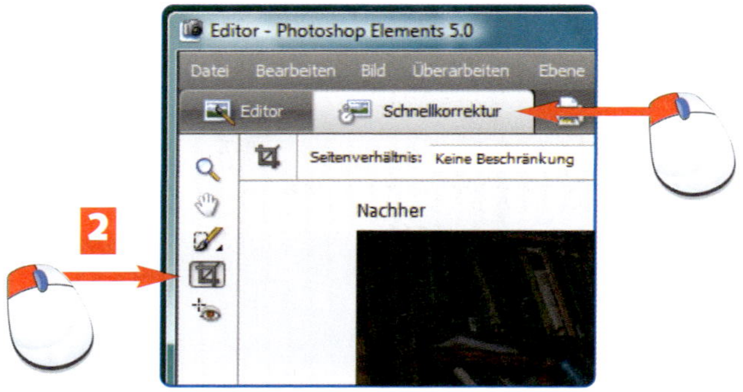

1 Falls Sie im Organizer sind, rufen Sie die Schnellkorrektur über *Bearbeiten/Gehe zu Schnellkorrektur* auf.

2 Aktivieren Sie in der Werkzeugleiste das *Freistellungswerkzeug*.

3 Ziehen Sie mit gedrückter linker Maustaste den Ausschnitt im Bild auf, den Sie ausschneiden möchten.

Keine Frage. Das Ausschneiden von herkömmlichen Fotos mit der Schere sieht stümperhaft aus. Es sei denn, Sie besitzen eine professionelle Schneidemaschine. Leichter und ohne erkennbare Schnittkante funktioniert das Schneiden von digitalen Bildern. Ein geschnittenes Bild ist von einem ungeschnittenen Bild nicht zu unterscheiden.

WISSEN

4

5

4 Passen Sie den Rahmen gegebenenfalls an den 8 Markierungspunkten an. Wenn Sie zufrieden sind, klicken Sie auf das grüne Pfeilchen.

5 Photoshop Elements schneidet den Rand weg. Wenn Sie die Ansicht *Vorher und nachher* gewählt haben, sehen Sie links das Orignal und rechts das Ergebnis.

Ende

TIPP

Mit einem Klick auf das rote Zeichen (siehe Bild 4) brechen Sie den Schneidevorgang ab. Starten Sie eine neue Aktion oder schneiden Sie Ihr Bild nochmals aus.

HINWEIS

Ein langweiliges Porträt lässt sich mit einem gelungenen „Schnitt“ ansprechend gestalten. Typisches Beispiel hierfür finden Sie in Kapitel 5 auf Seite 68.

Start

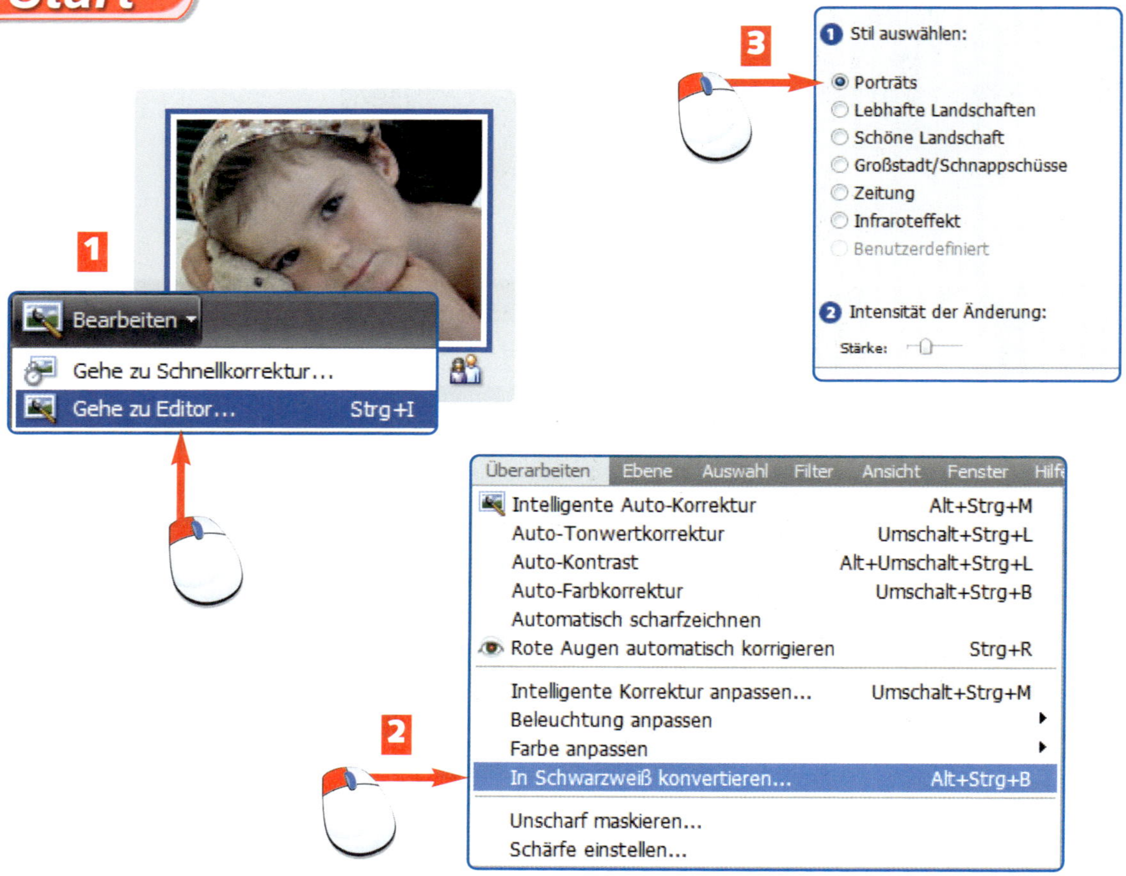

1 Falls Sie sich im Organizer befinden, rufen Sie den Editor über *Bearbeiten/Gehe zu Editor* auf.

2 Über den Befehl *Bearbeiten/In Schwarzweiß konvertieren* lässt sich Ihr Foto zu einem Schwarzweißbild umwandeln.

3 Im folgenden Dialogfeld wählen Sie mit einem Klick die entsprechende Option (hier: *Portrait*).

Gerade Porträtfotos sind in Schwarzweiß sehr ausdrucksstark. Ein Leichtes ist es deshalb, erst mal eine Serie von Porträts anzufertigen und sie später in Schwarzweiß umzuwandeln. Vorteil: Sie haben jeweils ein Farbfoto und ein Schwarzweißfoto Ihrer Serie zur Auswahl (siehe Seite 60).

WISSEN

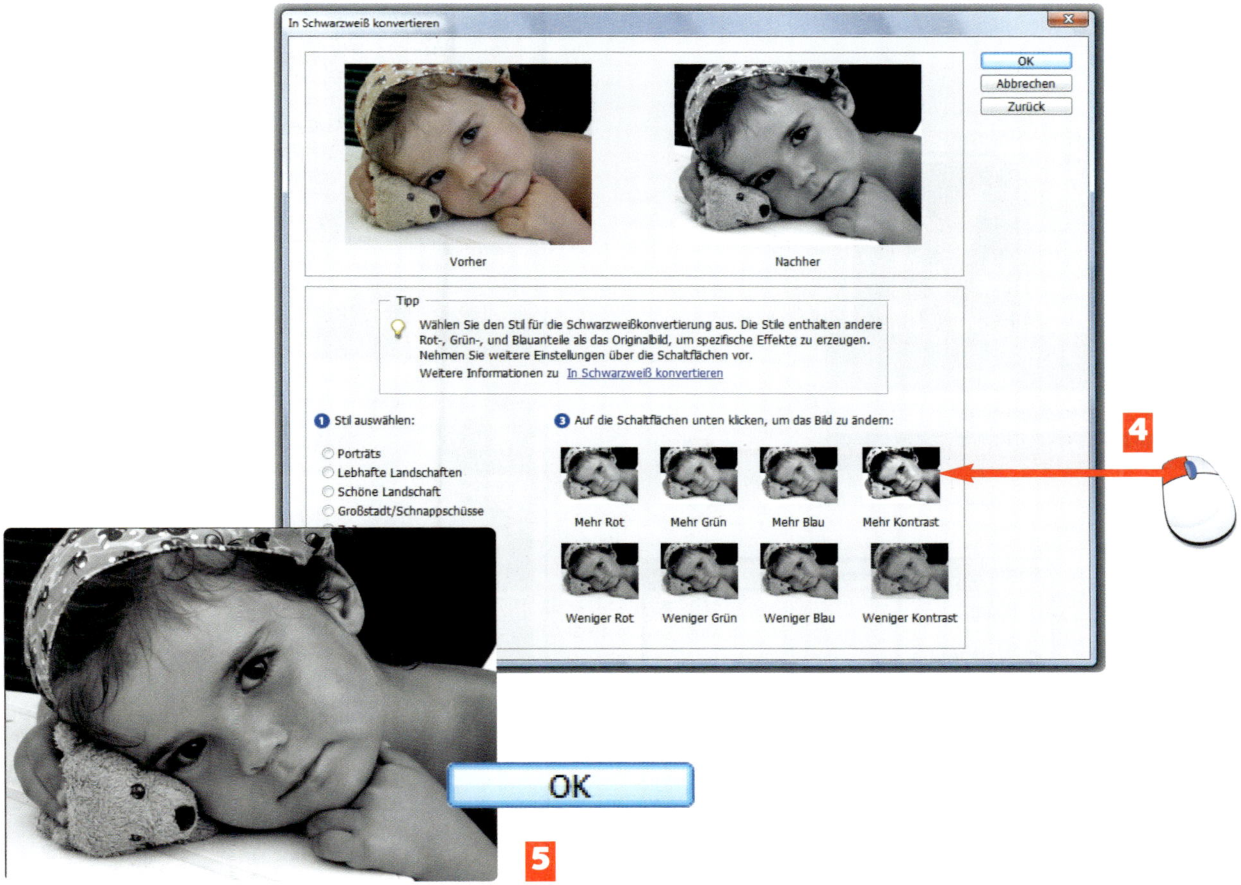

4 Klicken Sie unter Punkt 3 auf eine der Schaltflächen, um das Bild zu ändern. Die Änderungen sehen Sie sofort in der Vorschau *Nachher*.

5 Mit *OK* bestätigen Sie die Änderungen und sehen sofort das Ergebnis.

Ende

Ohne Einstellungsmöglichkeiten wandeln Sie Ihr Bild mit dem Befehl *Bild/Modus/Graustufen* in Schwarzweiß um.

HINWEIS

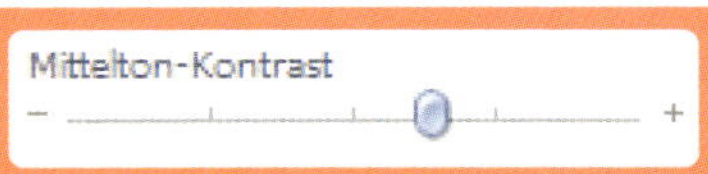

Vielleicht sieht das Schwarzweißfoto jetzt ein bisschen „flach" aus, dann korrigieren Sie es am besten mit dem Regler *Kontrast* unter der *Schnellkorrektur*. Ziehen Sie den Regler etwas nach rechts.

TIPP

Start

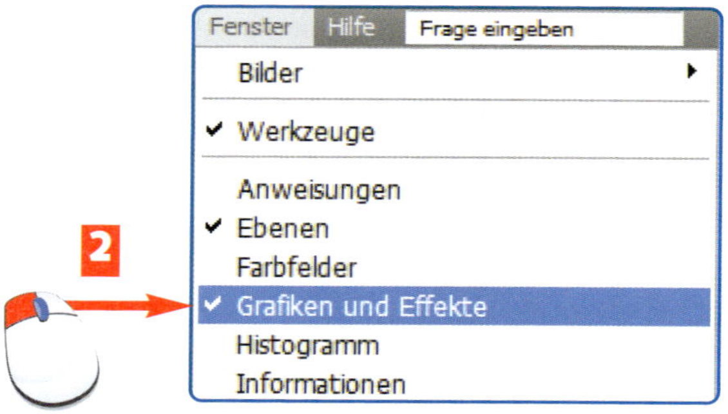

1. Falls Sie sich im Organizer befinden, rufen Sie den Editor über *Bearbeiten/Gehe zu Editor* auf.

2. Blenden Sie die Grafiken und Effekte über *Fenster/Grafiken und Effekte* ein.

3. Klicken Sie auf das Symbol *Effekte, Filter und Ebenenstile anwenden*.

Unter den Spezialeffekten von Photoshop Elements verstecken sich viele nützliche Tools. Wenn Sie einen Effekt anwenden, legt er sich wie ein Filter über das Originalbild. Dadurch wird das Originalbild nicht zerstört. In den Ebenen (siehe Seite 152) lässt sich so ein Effekt jederzeit wieder entfernen.

WISSEN

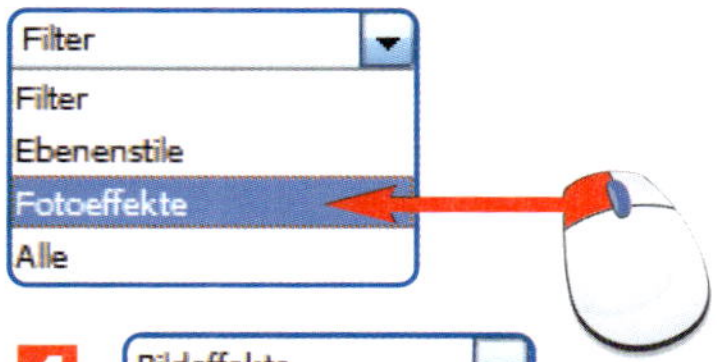

4

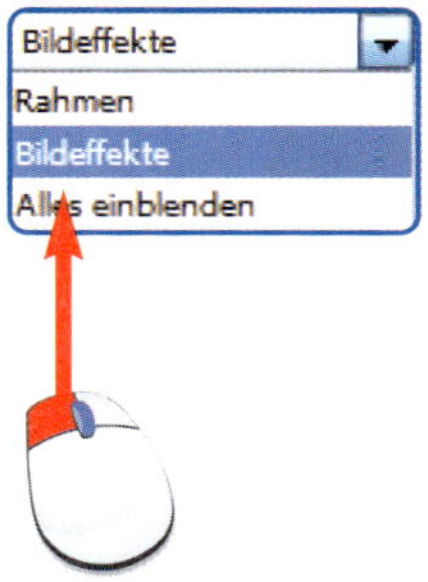

5

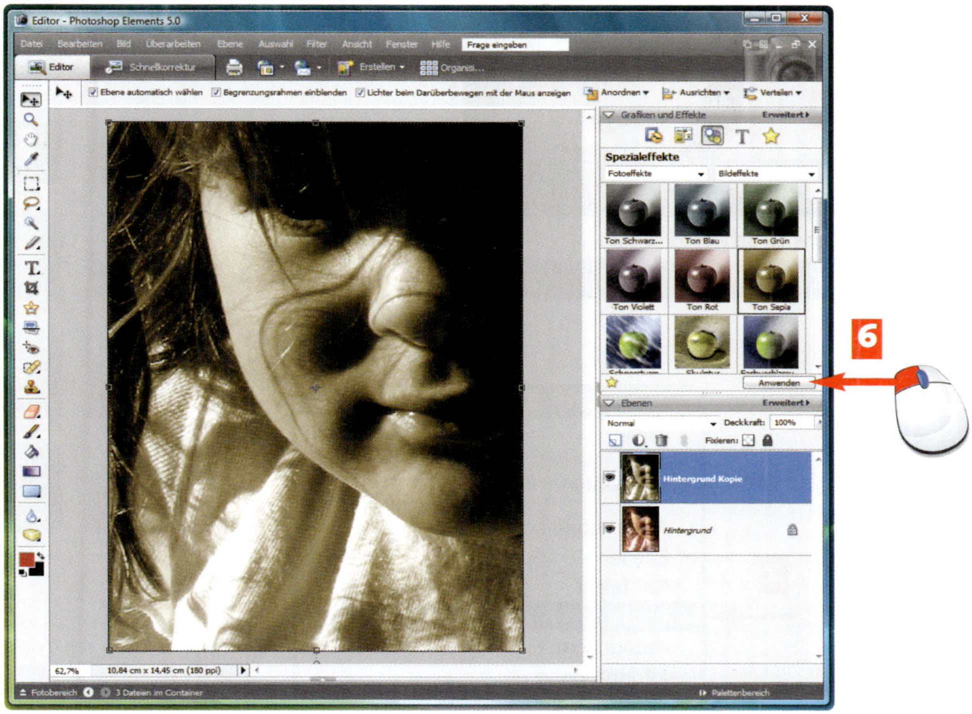

6

4 Wählen Sie unter *Spezialeffekte* die Option *Fotoeffekte* und rechts daneben *Bildeffekte* aus.

5 Klicken Sie auf das Symbol namens *Ton Sepia*.

6 Das Bild erhält seinen nostalgischen Touch, wenn Sie auf *Anwenden* klicken.

Ende

Der Sepia-Effekt legt sich als Ebene über das Originalbild. Mit einem Klick auf das Auge können Sie den Sepia-Effekt wieder ausblenden. Oder Sie klicken auf die Tonne, um den Sepia-Effekt zu löschen.

HINWEIS

Start

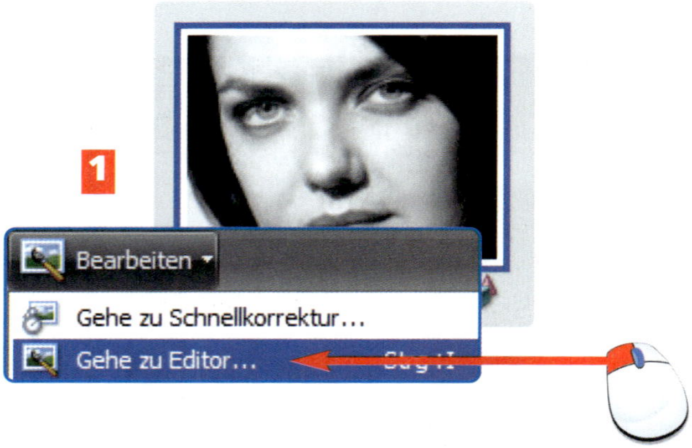

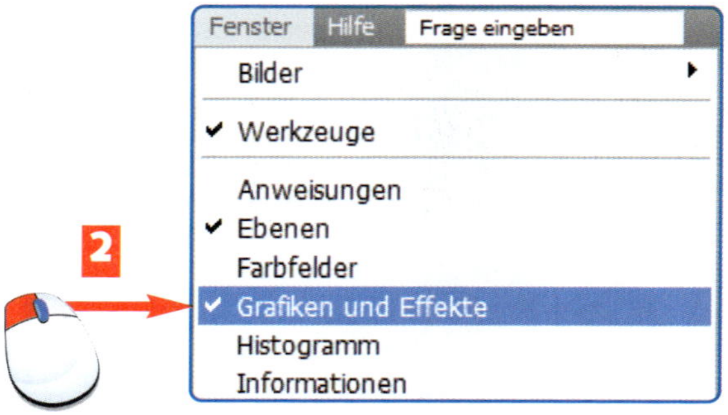

1 Falls Sie sich im Organizer befinden, rufen Sie den Editor über *Bearbeiten/Editor* auf.

2 Blenden Sie die Grafiken und Effekte über *Fenster/Grafiken und Effekte* ein.

3 Klicken Sie auf das Symbol *Effekte, Filter und Ebenenstile anwenden*.

Der Weichzeichnenfilter nimmt eigentlich etwas von der Schärfe des Bildes weg. Genauer gesagt passiert Folgendes: Der Weichzeichnungsfilter glättet Übergänge, indem er die Durchschnittswerte der Pixel berechnet, die sich neben harten Kanten von Linien und Schatten befinden.

WISSEN

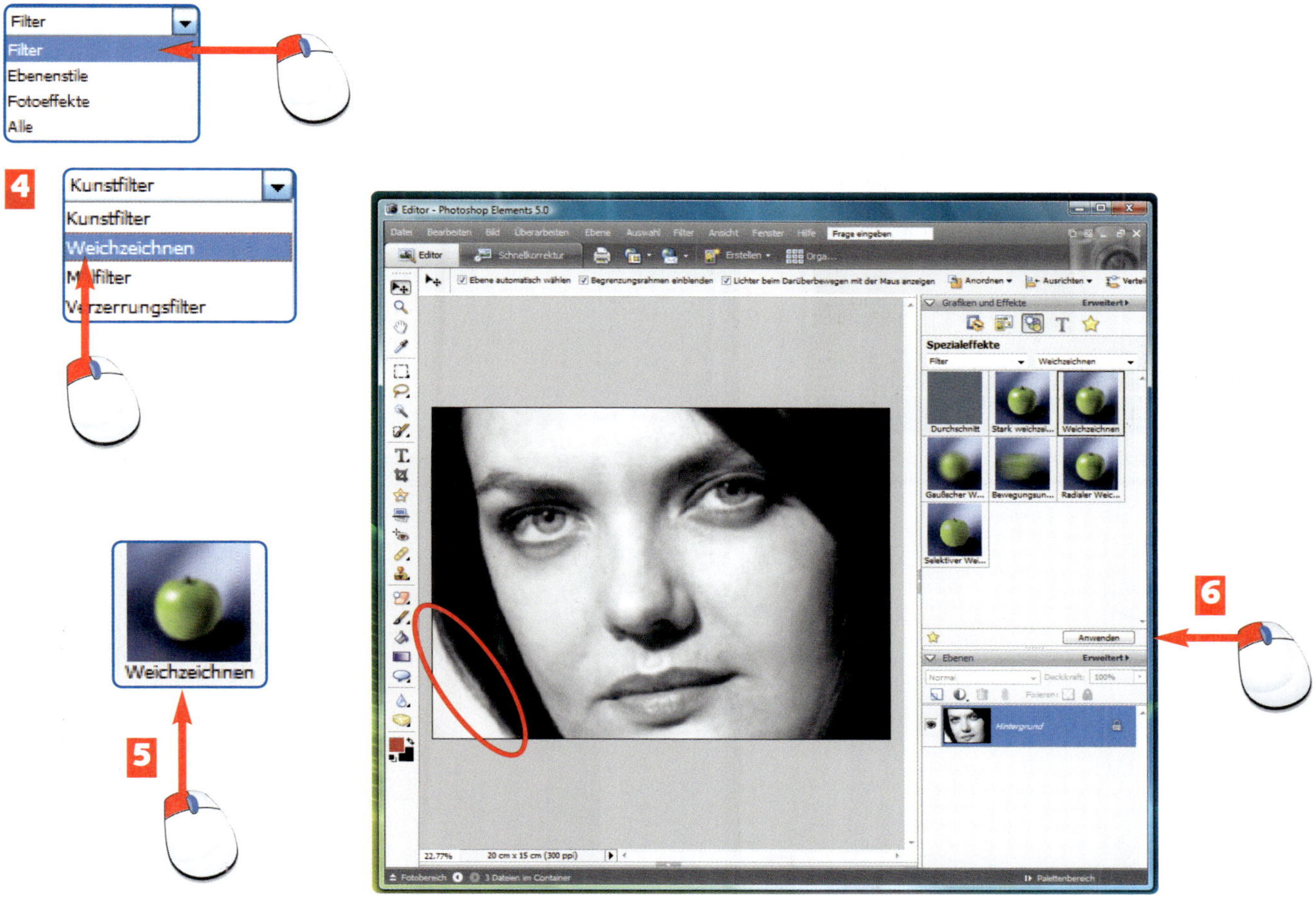

4 Wählen Sie unter *Spezialeffekte* die Option *Filter* und rechts daneben *Weichzeichnen* aus.

5 Klicken Sie auf das Symbol namens *Weichzeichnen.*

6 Mit einem Klick auf *Anwenden* erhalten Sie ein weichgezeichnetes Porträt. An den Kanten des Porträts erkennen Sie, dass der Übergang weicher geworden ist.

Ende

Der Unterschied zwischen aufgeschraubter Linse auf das Objektiv und Weichzeichnenfilter im Programm ist für Otto Normalverbraucher geringfügig.

HINWEIS

Wem der „normale" Weichzeichner zu schwach ist, probieren Sie es einfach mal mit dem Gaußschen Weichzeichner. Sie finden ihn ebenfalls unter den Weichzeichnern.

HINWEIS

Rote Augen komfortabel entfernen

Start

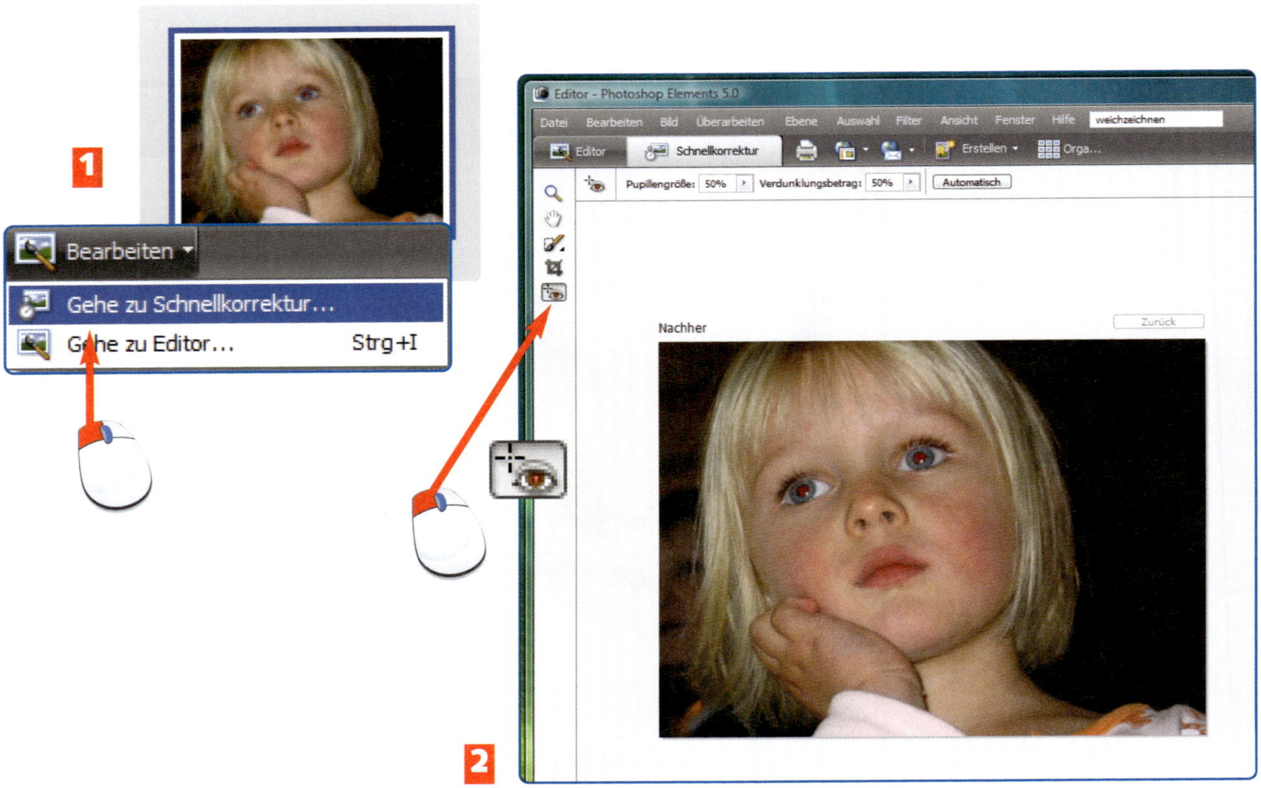

1 Falls Sie sich im Organizer befinden, rufen Sie die Schnellkorrektur über *Bearbeiten/ Gehe zu Schnellkorrektur* auf.

2 Aktivieren Sie in der Schnellkorrektur das Werkzeug *rote Augen entfernen.*

Ein altbekanntes Problem: die roten Augen bei einer Aufnahme mit Blitzlicht. Inzwischen lassen sich die roten Augen in jedem Bildbearbeitungsprogramm entfernen. Oder Sie wählen schon beim Fotografieren die richtige Einstellung gegen den Rote-Augen-Effekt aus (siehe Seite 23).

WISSEN

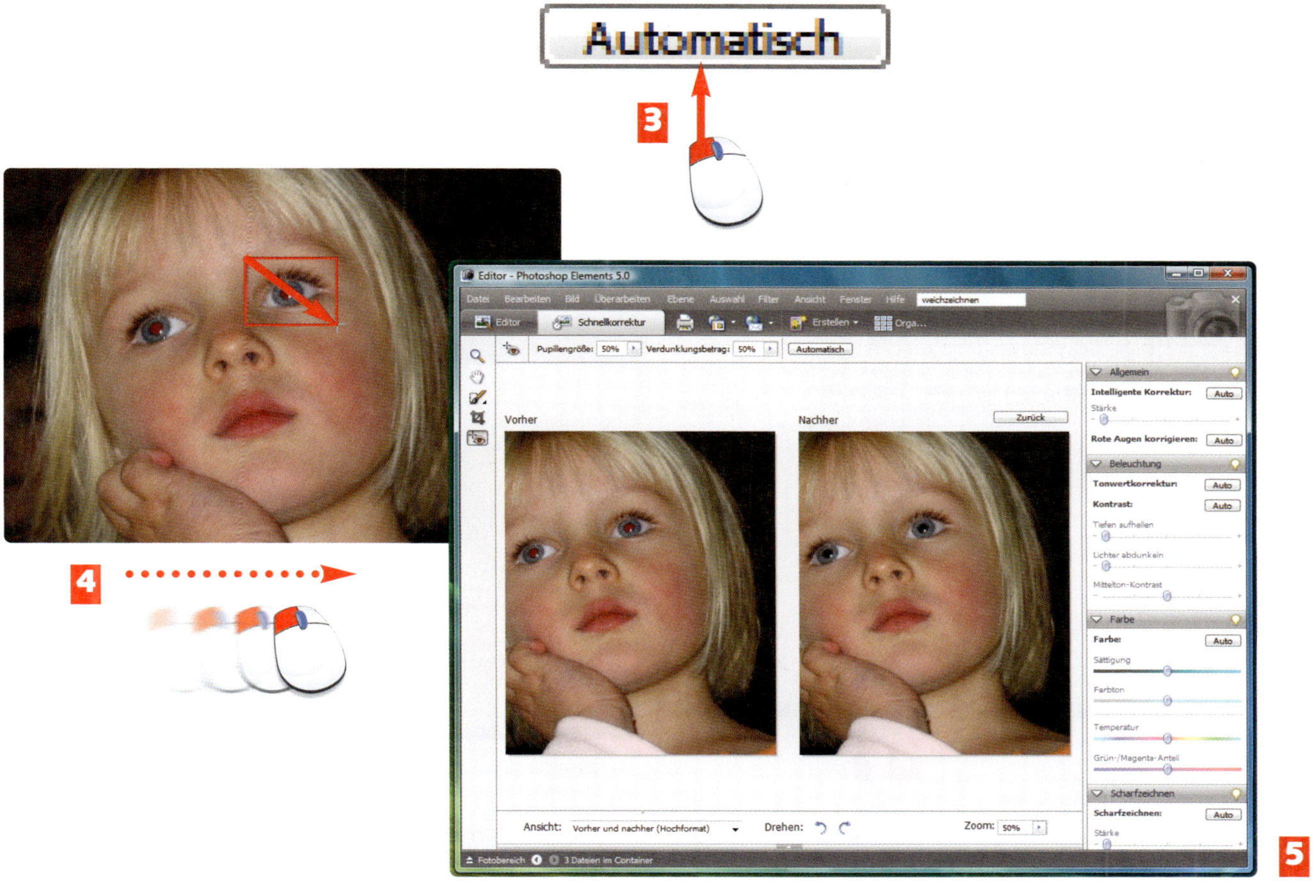

3 Klicken Sie auf *Automatisch*, um die roten Augen selbstständig von Photoshop Elements entfernen zu lassen.

4 Sollte das nicht gelingen, dann ziehen Sie mit gedrückter linker Maustaste über das rote Auge. Der rote Schimmer wird sofort entfernt.

5 Mit der Einstellung *Vorher und nachher* (links unten im Fenster) sehen Sie das Originalbild und das bearbeitete Bild im Vergleich.

Ende

Gefällt Ihnen das Ergebnis nicht, wählen Sie *Bearbeiten/Rückgängig: Rote-Augen-entfernen-Werkzeug.*

HINWEIS

Unter Pupillengröße und Verdunklungsbetrag beeinflussen Sie das Ergebnis nach dem Entfernen des Rote-Augen-Effekts. Die Werte müssen vor der Aktion eingestellt werden.

HINWEIS

Start

1

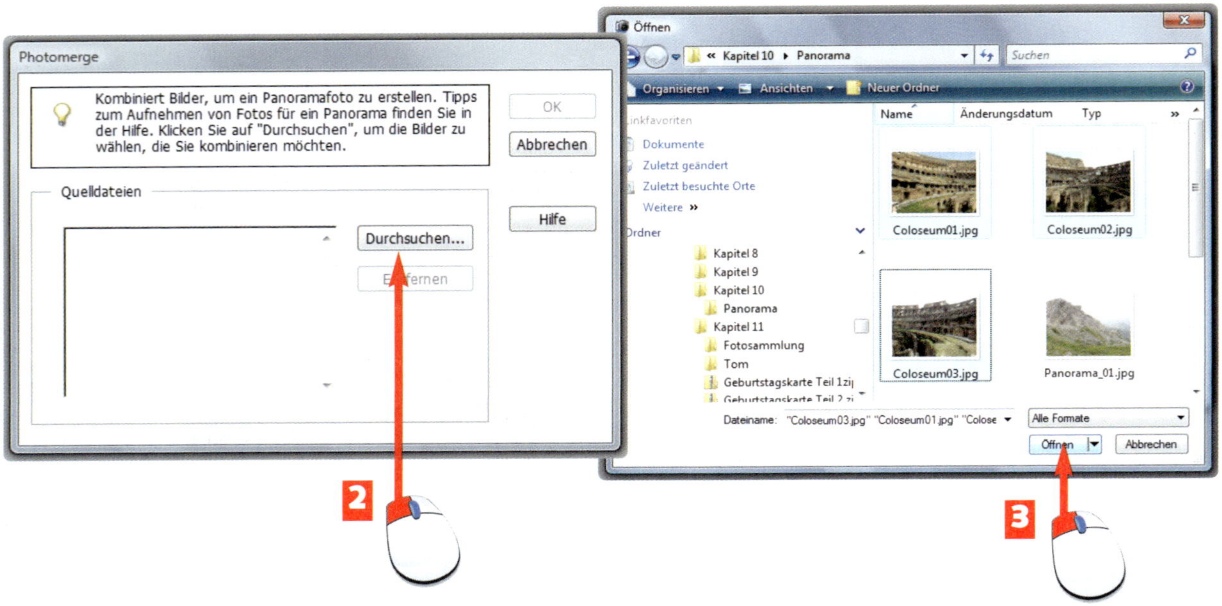

1 Hier sehen Sie die drei Einzelbilder, die zum Panoramabild zusammengefügt werden sollen.

2 Wählen Sie in PhotoShop Elements den Befehl *Datei/Neu/Photomerge-Panorama*. Klicken Sie im folgenden Dialog auf *Durchsuchen*.

3 Markieren Sie mit gedrückter Strg-Taste die Bilder, die Sie zu einem Panorama zusammenfügen möchten (hier: Coloseum 01, 02, 03). Bestätigen Sie mit *Öffnen*.

Die einzelnen Bilder lassen sich am einfachsten zusammenfügen, wenn Sie beim Fotografieren schon auf ein paar Dinge achten:

– Verwenden Sie ein und dieselbe Brennweite für jedes Bild.
– Versuchen Sie die Kamera gerade zu halten.
– Bleiben Sie immer an der gleichen Position stehen.

WISSEN

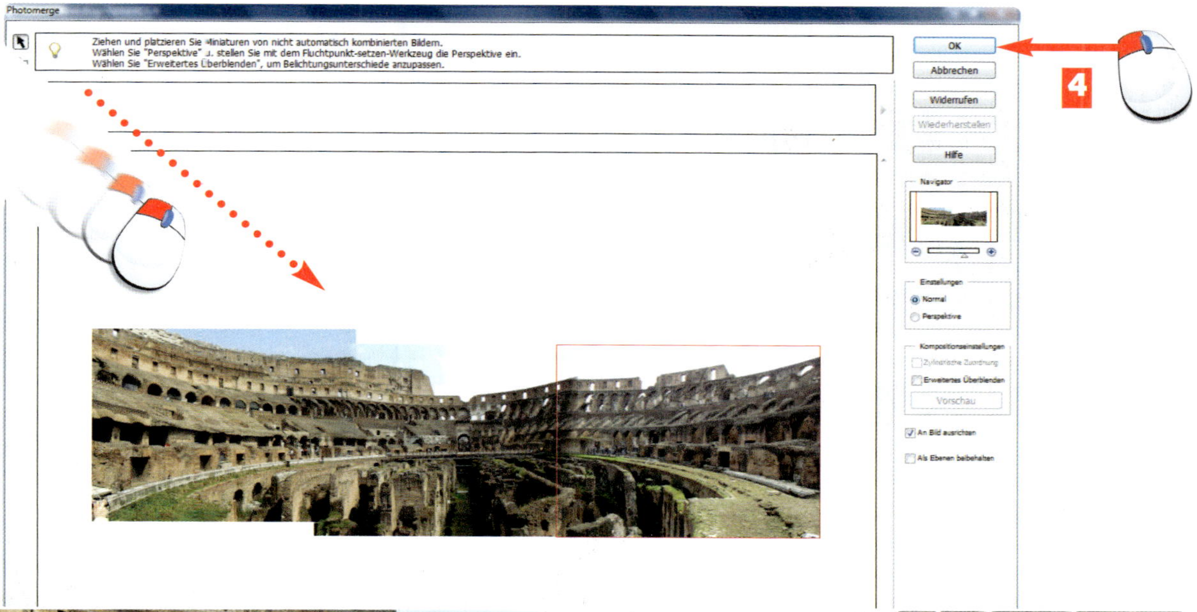

4

5

4 Erkennt Photoshop Elements die Kanten, fügt es die Bilder automatisch zu einem Panoramabild zusammen. Falls das misslingt, ziehen Sie die Bilder der Reihenfolge nach aus der oberen Leiste in den unteren Bereich. Versuchen Sie die Bilder so genau wie möglich an den Schnittstellen zu überlappen. Später schneiden Sie das Bild oben und unten einfach zu (siehe Seite 132). Bestätigen Sie mit *OK*.

5 Und so könnte das Ergebnis aussehen.

Ende

TIPP

Behalten Sie bei jedem Bild die gleiche Belichtung bei. Am besten stellen Sie sie manuell ein und schalten die Automatik ab.

TIPP

Um die Kamera möglichst gerade zu halten und nicht zu verdrehen, verwenden Sie beim Fotografieren ein Stativ.

HINWEIS

Photoshop Elements tut sich beim Zusammenfügen der Bilder leichter, wenn die Bilder Überlappungen im Bereich von 15 % bis 40 % aufweisen.

Start

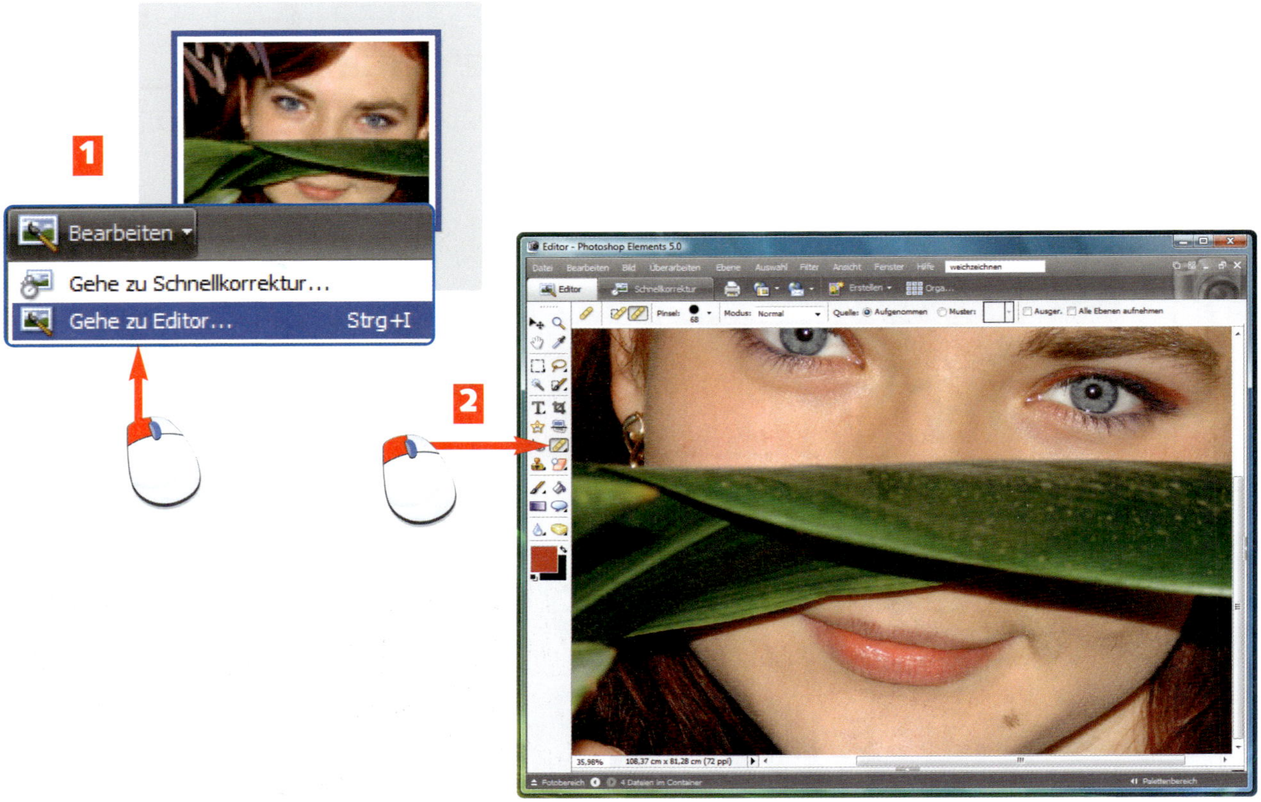

1 Falls Sie sich im Organizer befinden, rufen Sie den Editor über *Bearbeiten/Gehe zu Editor* auf.

2 Aktivieren Sie in der Werkzeugleiste das Werkzeug *Bereichsreperatur-Pinsel.*

So ein tolles Bild, und doch, eine Kleinigkeit stört. Ein Pickel, der gestern noch nicht da war, ein Muttermal oder die ersten Falten. In der herkömmlichen Fotografie gab's keine Chance, den Störenfried zu beseitigen. In der digitalen Fotografie ist das überhaupt kein Problem mehr.

WISSEN

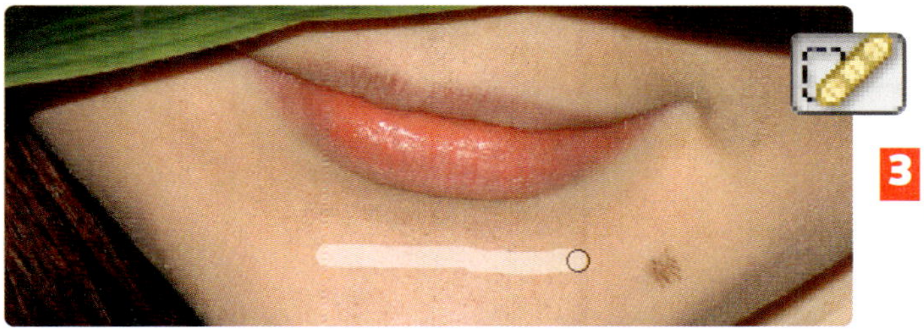

3

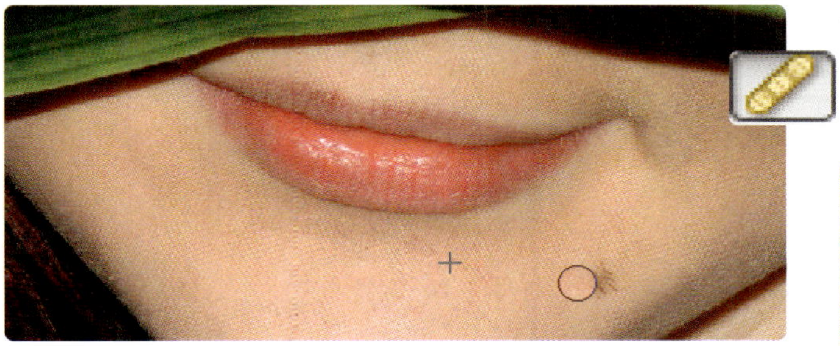

4

5

3 Aktivieren Sie den *Bereichsreparatur-Pinsel* in der oberen Symbolleiste und ziehen Sie mit gedrückter linker Maustaste über einen Bereich, der „störungsfrei“ ist.

4 Wechseln Sie auf das Symbol *Reparatur-Pinsel* und malen Sie bei gedrückter linker Maustaste über die „unreinen“ Partien.

5 Im Ergebnis sehen Sie keine Falten, Pickel und Muttermale mehr.

Ende

Die Breite des Reparatur-Pinsels lässt sich über die eingeblendete Symbolleiste im Feld *Größe* ändern, wenn Sie das Werkzeug *Bereichsreparatur-Pinsel* ausgewählt haben.

HINWEIS

11

Einladungspostkarte selbst kreieren

Richtiges Postkartenformat auswählen

Start

1 So könnte Ihre fertige Postkarte aussehen: Das Motiv ist mit einem Schatten versehen, die Postkarte selbst rot eingefärbt, die Schrift weiß und mittig ausgerichtet.

2 Falls Sie sich im Organizer von Photoshop Elements befinden, wechseln Sie mit *Bearbeiten/Gehe zu Editor* in den Bearbeitungsmodus. Ansonsten öffnen Sie das Bild über *Datei/Öffnen*.

3 Klicken Sie auf *Erstellen/Grußkarte*, um gleich das richtige Postkartenformat zu erhalten.

1869 erschien die erste österreichische Postkarte mit der Bezeichnung Correspondenzkarte. Die Karte war billiger beim Versand als ein Brief. Bereits im ersten Monat nach Erscheinen der Postkarte verkaufte sie sich 1,4 Millionen Mal. Zum Vergleich: Heute werden in Europa ca. 400 Millionen Postkarten pro Jahr verschickt.

WISSEN

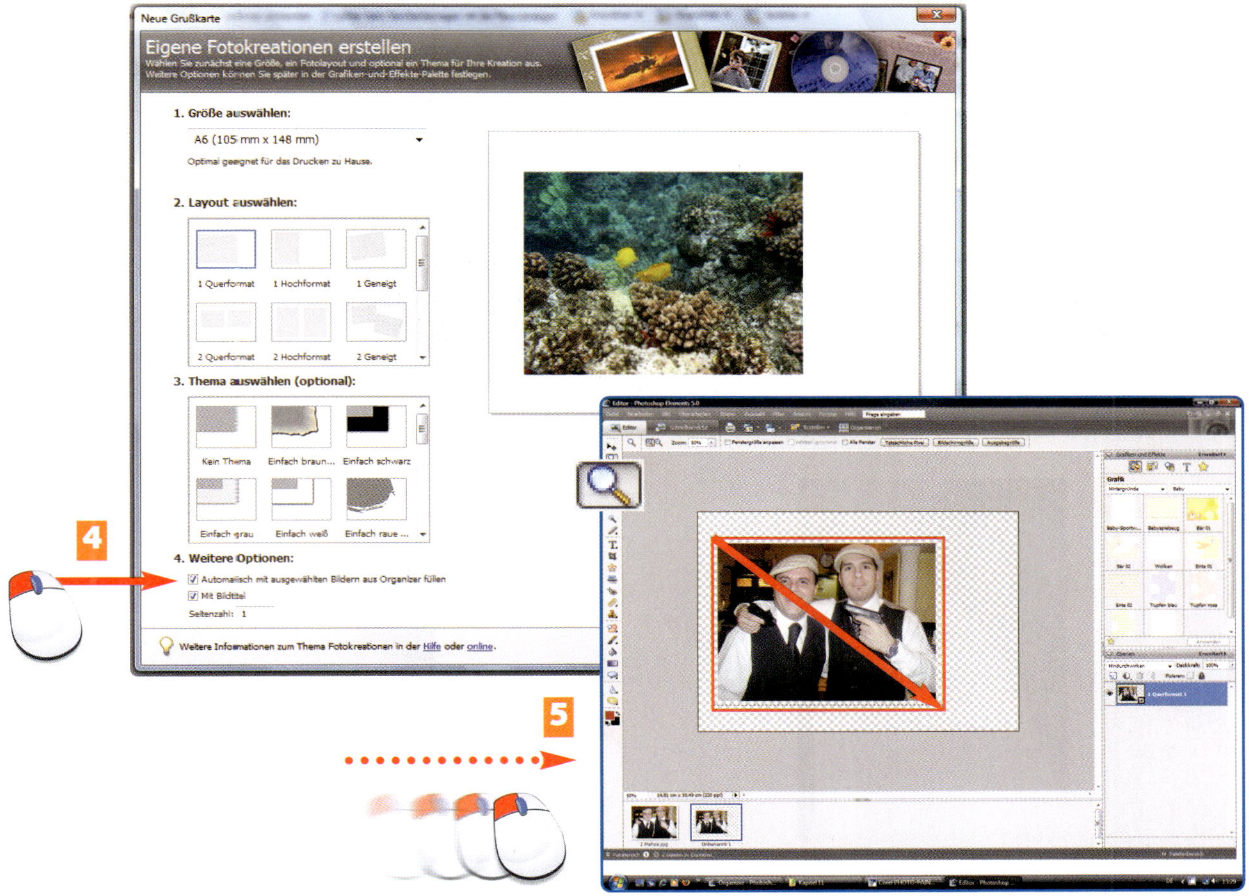

4 Unter *Layout auswählen* klicken Sie die gewünschte Aufteilung an, z.B. *1 Querformat*. Außerdem aktivieren Sie *Automatisch mit ausgewählten Bildern aus Organizer füllen*. Bestätigen Sie mit *OK*.

5 Wählen Sie in der Werkzeugleiste das *Zoom-Werkzeug* aus. Ziehen Sie mit gedrückter linker Maustaste über das Motiv, um es zu vergrößern.

Ende

Damit Sie das Motiv leichter bearbeiten können, zoomen Sie es am besten so stark wie möglich größer.

HINWEIS

Achten Sie darauf, das Photoshop Elements-Fenster mit einem Klick auf *Maximieren* so groß wie möglich aufzublasen.

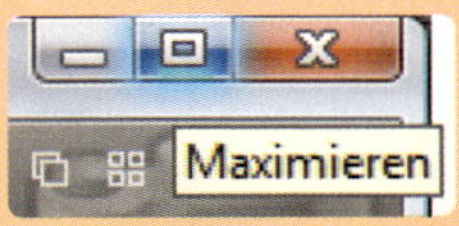

HINWEIS

Start

1

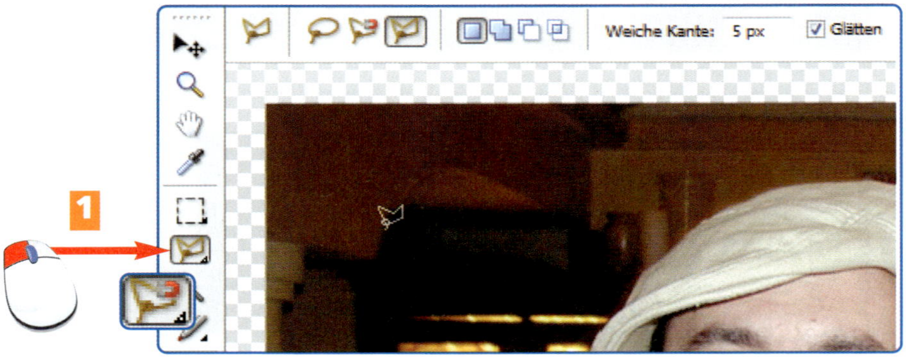

2

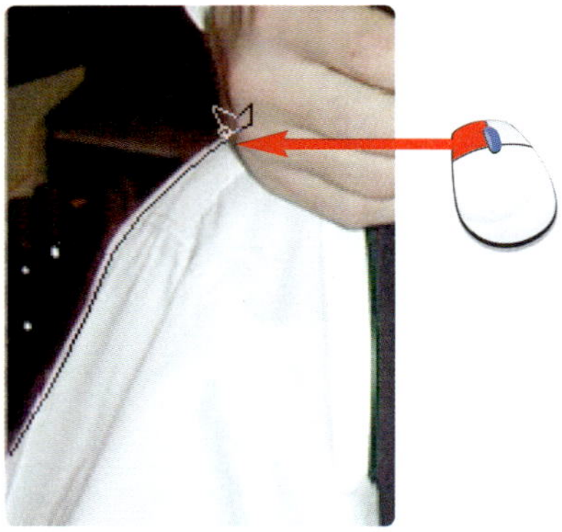

3

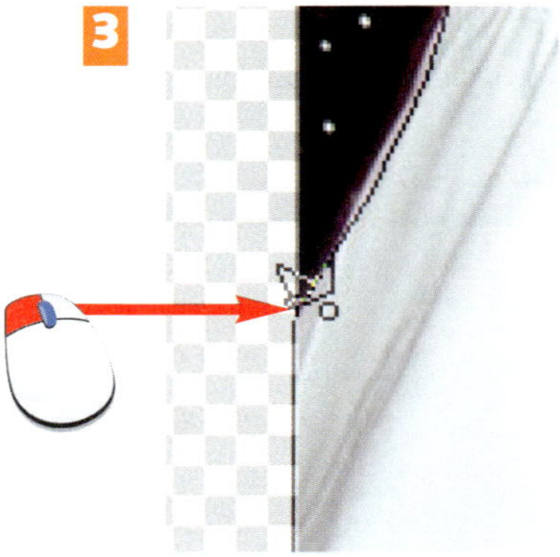

1 Wählen Sie unter dem Werkzeug *Lasso* das *Polygon-Lasso* aus. Oder Sie wählen das *Magnetische Lasso* aus, das die Kanten des Motivs besser erkennt.

2 Starten Sie mit einem Klick und bewegen Sie die Maus ein klein wenig weiter. Klicken Sie erneut. Wiederholen Sie die Aktion, bis das ganze Motiv ausgewählt ist (siehe Bild 4).

3 Wenn Sie am Startpunkt angelangt sind und die Maus darauf bewegen, sehen Sie am Lasso einen kleinen Kringel. Klicken Sie jetzt, um die Auswahl zu beenden.

Unter den Werkzeugen verstecken sich häufig noch weitere Werkzeuge, die nicht sofort sichtbar sind. Klicken Sie auf ein Werkzeug, das mit einem kleinen Pfeilchen ausgestattet ist, und halten Sie die Maus ein wenig gedrückt, um ein Menü aufzuklappen. Wählen Sie dort das passende Werkzeug.

WISSEN

4 Die Auswahl wird als gestrichelte Linie dargestellt und kann im Nachhinein verändert werden (siehe Hinweis).

5 Um mit dem ausgewählten Motiv weiterarbeiten zu können, muss es kopiert und als neue Ebene eingefügt werden. Klicken Sie dazu auf *Bearbeiten/Kopieren.*

6 Wählen Sie anschließend sofort *Bearbeiten/Einfügen.*

Ende

Möchten Sie der Auswahl etwas hinzufügen, dann aktivieren Sie in der Symbolleiste oben *Der Auswahl hinzufügen* oder *Von Auswahl abziehen.* Markieren Sie mit dem Lasso den Bereich, den Sie hinzufügen möchten.

HINWEIS

Start

1

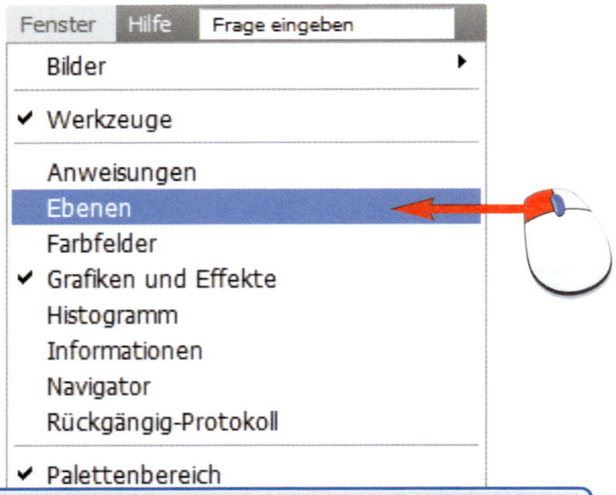

2

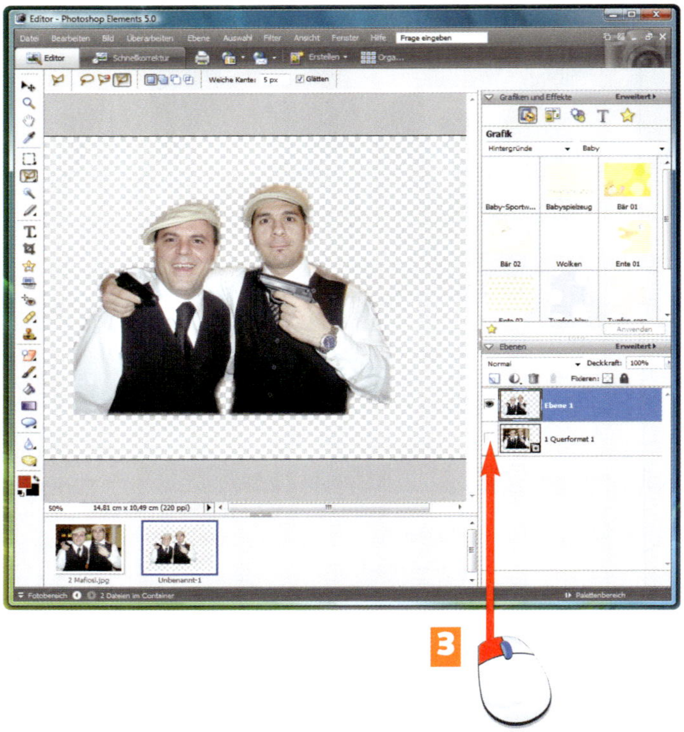

3

1 Falls Sie das Ebenen-Fenster am rechten Bildschirmrand nicht sehen, holen Sie es sich auf den Bildschirm über *Fenster/Ebenen*.

2 Nach dem Kopieren und Einfügen des zuvor ausgewählten Motivs sehen Sie eine neue Ebene mit der Bezeichnung *Ebene 1*. Sie legt sich über unsere Originalebene *Querformat 1*.

3 Mit Klick auf das Auge vor den Ebenen blenden Sie eine Ebene ein bzw. aus.

Ebenen sind nichts anderes als aufeinandergestapelte Schichten, die einzeln bearbeitet werden können. Die Ebenen lassen sich in der Stapelreihenfolge verändern, also nach oben oder nach unten verschieben. Dadurch ändern Sie die Reihenfolge und letztlich die Gestaltung Ihres Bildes.

WISSEN

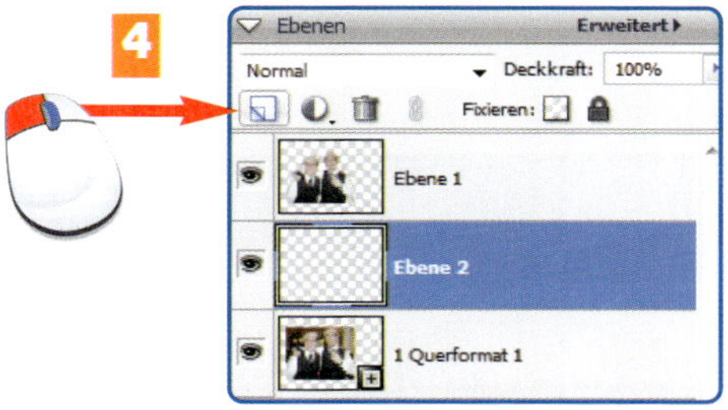

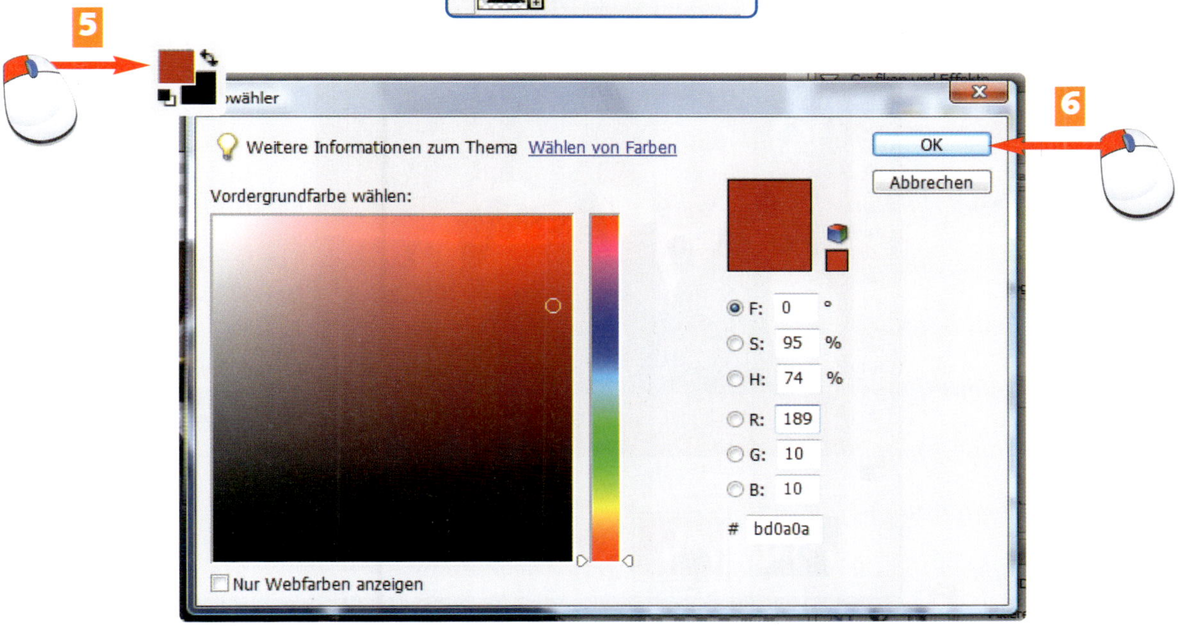

4 Markieren Sie die unterste Ebene (hier: *Querformat 1)* und fügen Sie über *Neue Ebene erstellen* eine neue leere Ebene ein. Die eingefügte Ebene ist automatisch markiert.

5 Um die neue Ebene einzufärben, klicken Sie in der Werkzeugleiste auf *Vordergrundfarbe einstellen.*

6 Im folgenden Dialog wählen Sie mit einem Klick in das Farbenfenster die Farbe aus, die Ihnen gefällt. Mit dem Schieber in der Mitte bestimmen Sie, in welchem Farbbereich Sie sich bewegen. Bestätigen Sie mit *OK*.

Ende

Um die Stapelreihenfolge der Ebenen zu ändern, packen Sie eine Ebene mit gedrückter linker Maustaste an und ziehen sie nach oben oder unten.

HINWEIS

Die Ebenen lassen sich umbenennen. Klicken Sie mit der rechten Maustaste auf einen Ebenennamen und wählen Sie *Ebene umbenennen.* Geben Sie einen neuen Namen ein.

HINWEIS

Start

1

2

1 Wählen Sie in der Werkzeugleiste den Farbeimer *(Füllwerkzeug)* aus.

2 Klicken Sie einfach mit dem Farbeimersymbol in das Bild. Die markierte Ebene (hier: *Ebene 2)* wird in der zuvor ausgewählten Farbe eingefärbt.

Wer viel mit Ebenen arbeitet ist gut beraten, den Ebenen einen vernünftigen Namen zu geben. Denn die automatische Benennung wie Ebene 1, Ebene 2, Ebene 3 usw. ist irgendwann nicht mehr aussagekräftig. Besser Sie benennen die Ebene nach Ihrer Funktion um (z.B. *Ebene 1 in Farbe*).

WISSEN

3 Wechseln Sie jetzt das Werkzeug *(Verschieben-Werkzeug)*, um das ausgeschnittene Motiv an die richtige Position zu schieben. Bewegen Sie die Maus auf das ausgeschnittene Motiv, bis ein blauer Rahmen erscheint. Verschieben Sie das Motiv jetzt mit gedrückter linker Maustaste.

4 Wenn Sie mit der Positionierung zufrieden sind, bestätigen Sie das mit einem Klick auf das grüne Häkchen.

Ende

TIPP

Ist beim Füllen die falsche Ebene markiert, füllen Sie Teilbereiche des Bildes ein. Über *Bearbeiten/Rückgängig* heben Sie das wieder auf.

HINWEIS

Falls Sie etwas anderes verschieben, als Sie gerade meinen, dann kontrollieren Sie im Ebenenfenster, welche Ebene markiert ist. Markieren sie die richtige Ebene und versuchen Sie es erneut.

Start

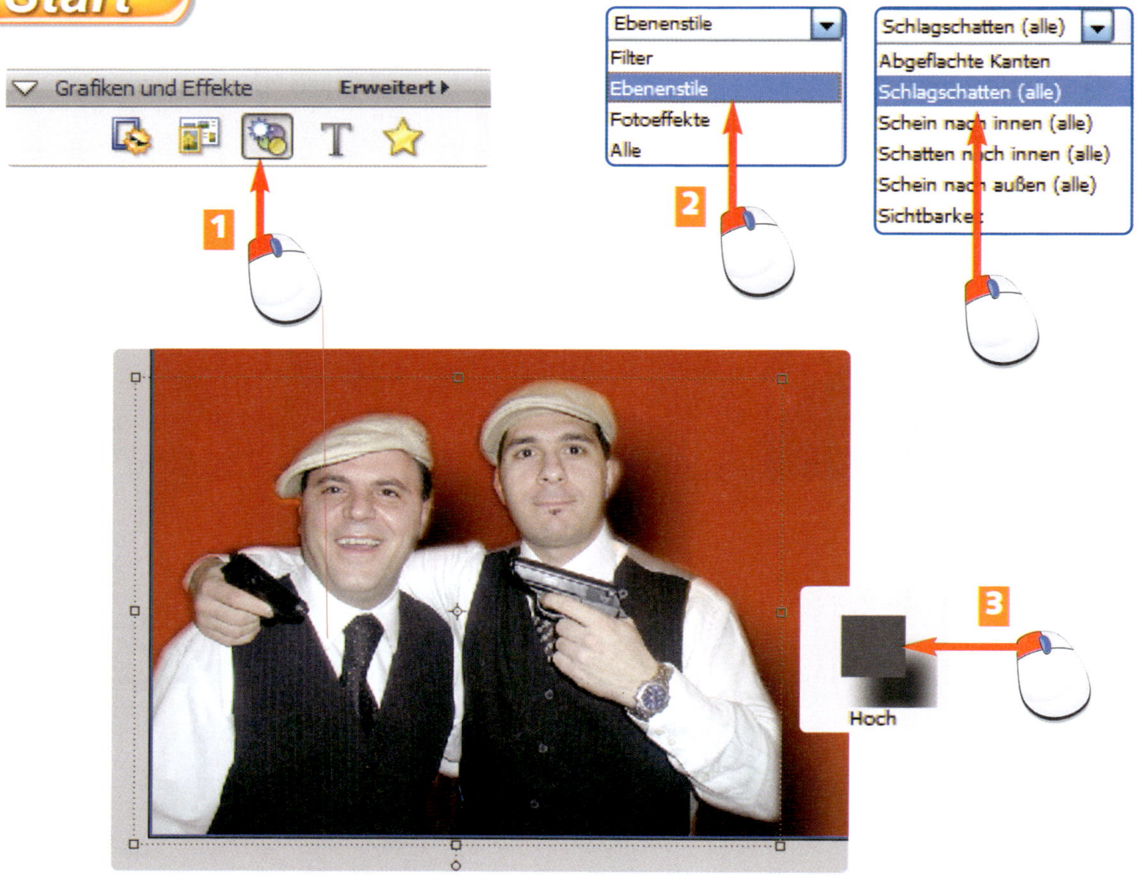

1 Über *Fenster/Grafiken und Effekte* rufen Sie das gleichnamige Fenster auf. Dort finden Sie das Symbol *Effekte, Filter und Ebenenstile anwenden*.

2 Wählen Sie nun unter *Spezialeffekte* die *Ebenenstile* und rechts daneben *Schlagschatten (alle)* aus.

3 Achten Sie darauf, dass die richtige Ebene markiert ist, und klicken Sie beispielsweise auf *Hoch*. Mit *Anwenden* verpassen Sie dem Motiv einen Schatten.

Wenn Sie in Photoshop Elements mit den Ebenen arbeiten, sind Sie auf dem richtigen Weg. Denn den Ebenen können sehr viele verschiedene Stile wie z.B. Schatten, Rahmen, Muster usw. zugeordnet werden. Sollte etwas völlig misslingen, können Sie die Ebene einfach löschen. Ziehen Sie dazu die Ebene auf den Papierkorb.

WISSEN

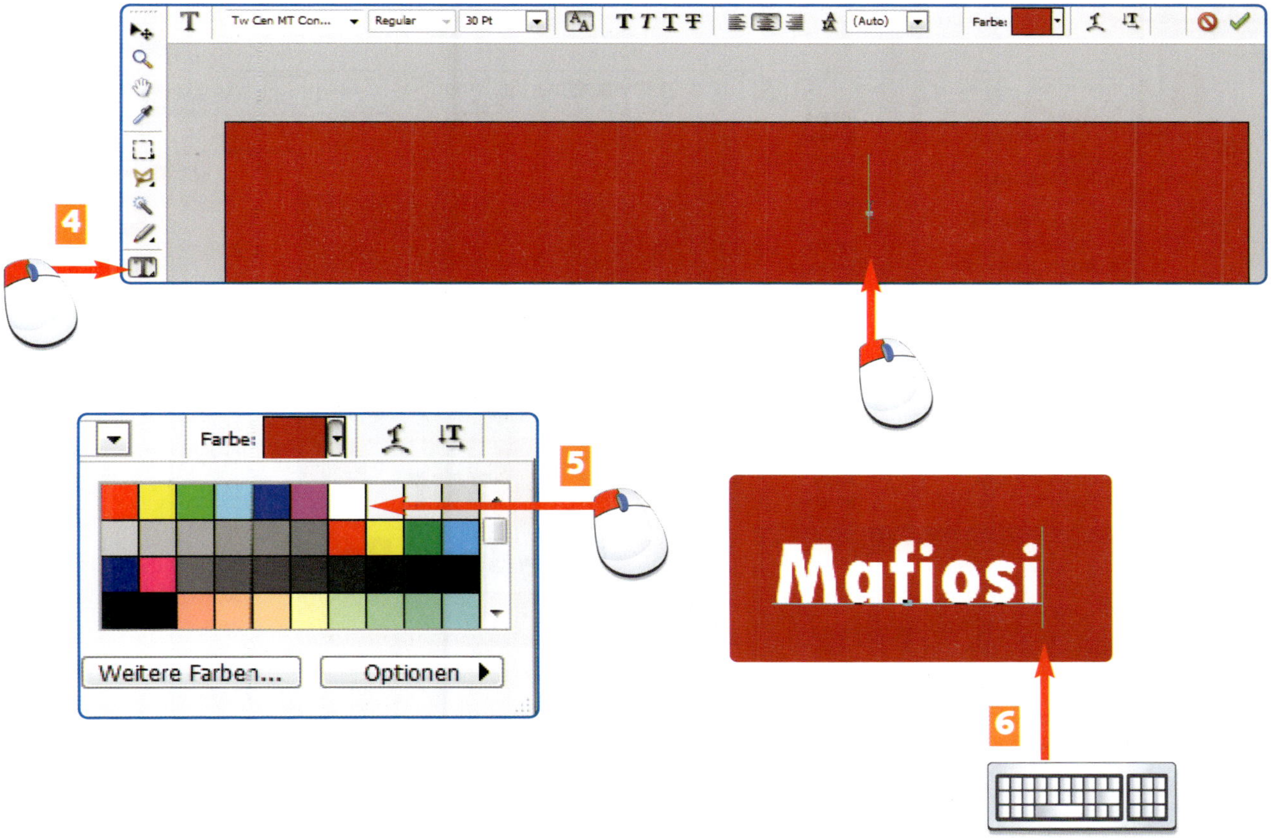

4 Für die Texteingabe wählen Sie aus der Werkzeugleiste das *Horizontale Textwerkzeug* aus und klicken an die Stelle, an der Sie schreiben möchten.

5 Wählen Sie vor dem Schreiben noch die richtige Farbe aus. Die Farbe für die Schrift finden Sie in der oberen Symbolleiste im Feld *Farbe*. Klicken Sie z.B. auf *Weiß*.

6 Geben Sie den gewünschten Text ein.

Ende

Die Farbe des Textes kann auch nach der Eingabe des Textes erfolgen. Dazu müssen Sie den Text aber erst markieren.

HINWEIS

Durch die Eingabe von Text erhalten Sie automatisch eine eigene Ebene. Die Textebene lässt sich im gleichen Stil bearbeiten wie andere Ebenen auch.

HINWEIS

Start

1 Markieren Sie den Text und wählen Sie eine andere Schrift über *Schriftfamilie einstellen.*

2 Natürlich lässt sich auch die Schriftgröße beeinflussen: Klicken Sie dazu auf *Schriftgrad einstellen* und wählen Sie die entsprechende Größe.

3 Wechseln Sie auf das Verschieben-Werkzeug und ziehen Sie den Text mit gedrückter linker Maustaste an die richtige Position.

Damit Sie sich beim Markieren des Textes nicht so schwer tun, hier ein paar Tricks:

– 2 x klicken markiert ein Wort
– 3 x klicken markiert eine Zeile
– 4 x klicken markiert einen Absatz
– 5 x klicken markiert alles im Textrahmen

WISSEN

4

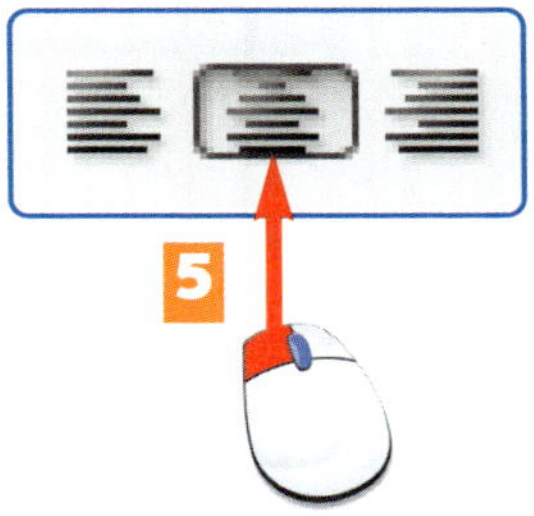

5

6

4 Unter den Ebenenstilen und Schlagschatten finden Sie das Symbol *Fläche/Kontur*. Damit verpassen Sie dem Text einen konturierten Schatten.

5 Wechseln Sie wieder auf das *Horizontale Textwerk* in der Werkzeugleiste, markieren Sie sich den Text und zentrieren Sie ihn mit einem Klick auf *Text zentrieren* in der oberen Symbolleiste.

6 Im Ebenenfenster sehen Sie, dass jeder neu angefangene Text auf einer eigenen Ebene untergebracht wird.

Ende

FACHWORT

Über die **Deckkraft** im Ebenenfenster regeln Sie die „Durchsichtigkeit“ Ihrer Ebene. Untere Ebenen scheinen durch, wenn Sie die Deckkraft heruntersetzen.

TIPP

Das Sternchen im Ebenenfenster neben den Ebenen zeigt an, dass ein Spezialeffekt angewandt wurde. Mit Doppelklick auf das Sternchen bearbeiten Sie den Effekt.

Start

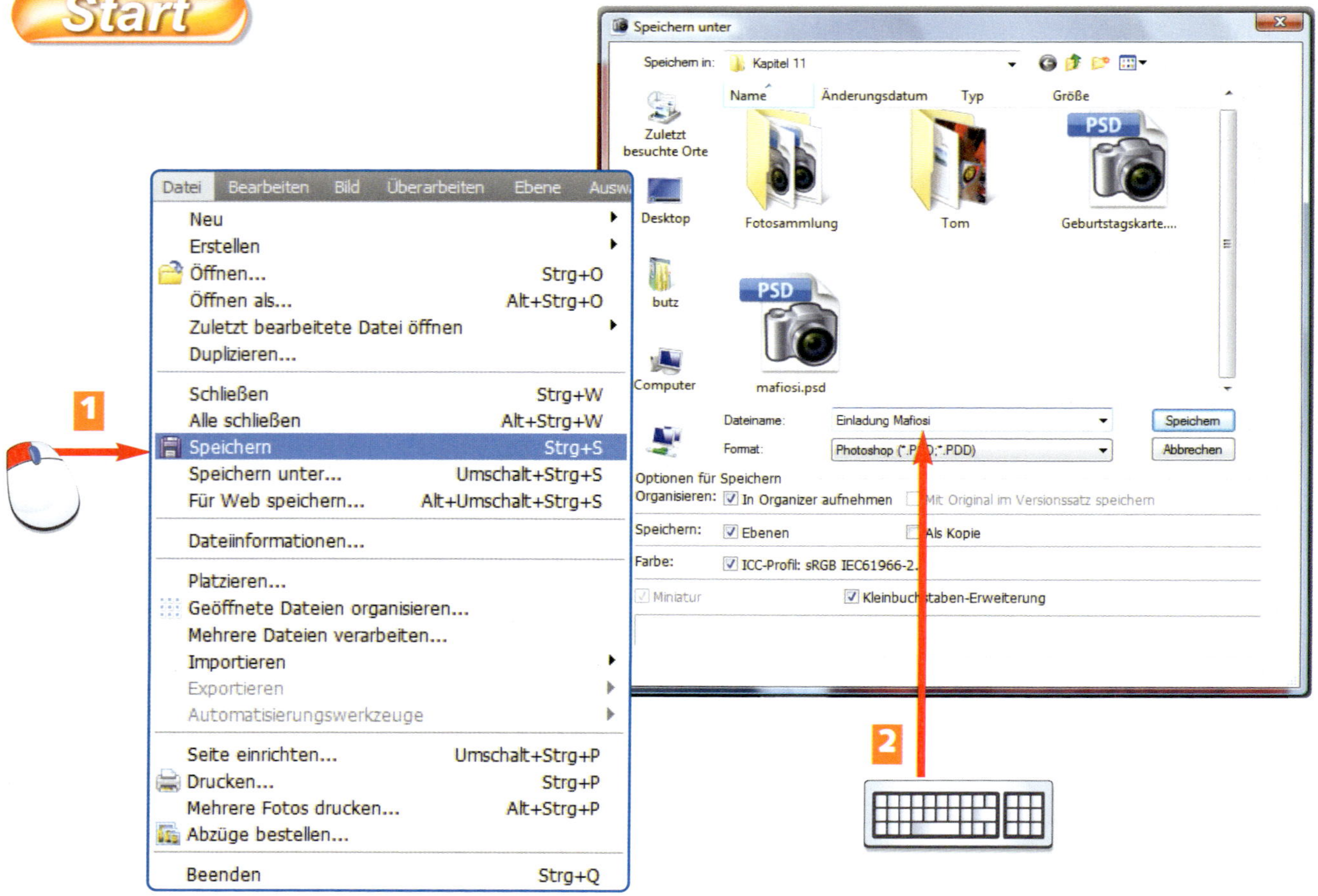

1 Wählen Sie *Datei/Speichern*, um die selbst kreierte Postkarte zu speichern.

2 Wählen Sie im folgenden Dialogfenster den Ordner aus, in dem Sie Ihre Postkarte speichern möchten, und geben Sie einen Dateinamen ein. Bestätigen Sie mit *Speichern*.

Wer mit dem Erstellen seiner Postkarte nicht fertig wird, kann sie natürlich zu einem späteren Zeitpunkt fertigstellen. Dazu muss sie allerdings vorher gespeichert werden. Übrigens speichert Photoshop Elements seine Dateien im PSD-Format. Das bedeutet, dass Sie die Datei auch mit dem großen Bruder Photoshop öffnen und weiter bearbeiten können.

WISSEN

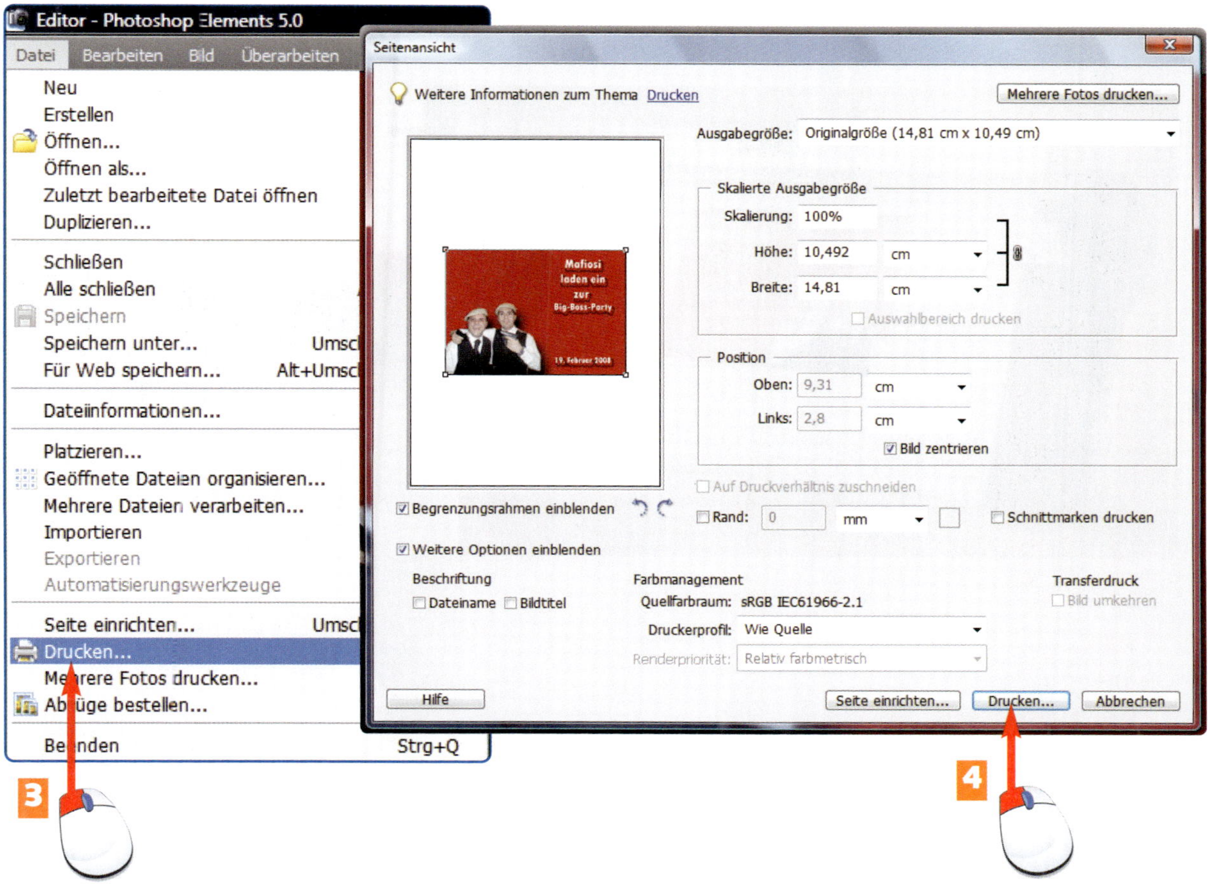

3 Um die Postkarte zu drucken, wählen Sie *Datei/Drucken.*

4 Im folgenden Dialog sehen Sie die Postkarte in der Vorschau. Klicken Sie auf *Drucken,* um den Druck zu bestätigen.

Ende

Wählen Sie für die Postkarte ein qualitativ hochwertiges Fotopapier mit mindestens 160 g Stärke aus, sonst ist Ihre Postkarte so „lapprig".

HINWEIS

Im Drucken-Dialog gibt Photoshop Elements ganz oben die Größe an, die Sie beim Erstellen der Postkarte gewählt haben.

HINWEIS

In der Vorschau des Drucken-Dialogs können Sie die Größe durch Ziehen an den Markierungspunkten verändern. Aber Vorsicht, dann stimmt das Postkartenformat nicht mehr!

HINWEIS

Start

1

2

1 Legen Sie die ausgedruckte Postkarte in das Schneidegerät und schneiden Sie zuerst die beiden Längskanten.

2 Drehen Sie die Postkarte und schneiden Sie jetzt die beiden Querkanten. So vermeiden Sie schräg abgeschnittene Kanten.

Es gibt Drucker, die einen speziellen Einzug für Postkarten bzw. für Fotos haben. Wenn Sie diesen Einzugsschacht haben, dann nutzen Sie ihn, um direkt auf die richtige Größe auszudrucken. Wenn nicht, dann drucken Sie auf DIN-A4-Fotopapier gleich zwei Postkarten und schneiden sie zum Schluss mit einem Schneidegerät zurecht.

WISSEN

3

4

3 So könnte Ihre fertig geschnittene Postkarte aussehen.

4 Übrigens, die Postkarte würde theoretisch auch in einen Briefumschlag passen. Falls die Postkarte recht „lapprig“ ist, wäre das eine Lösung, sie trotzdem zu verschicken.

Ende

Wenn Sie kein Schneidegerät besitzen, finden Sie in jedem Copyshop eine professionelle Schneidemaschine.

TIPP

Wer die Postkarte bis zum Rand bedrucken möchte, druckt am besten auf DIN A4 und schneidet sie dann mithilfe eines Schneidegeräts aus.

HINWEIS

12

Eigene CD-Einleger und CD-Etiketten gestalten

CD-Einleger: Richtige Größe wählen

Start

1

3

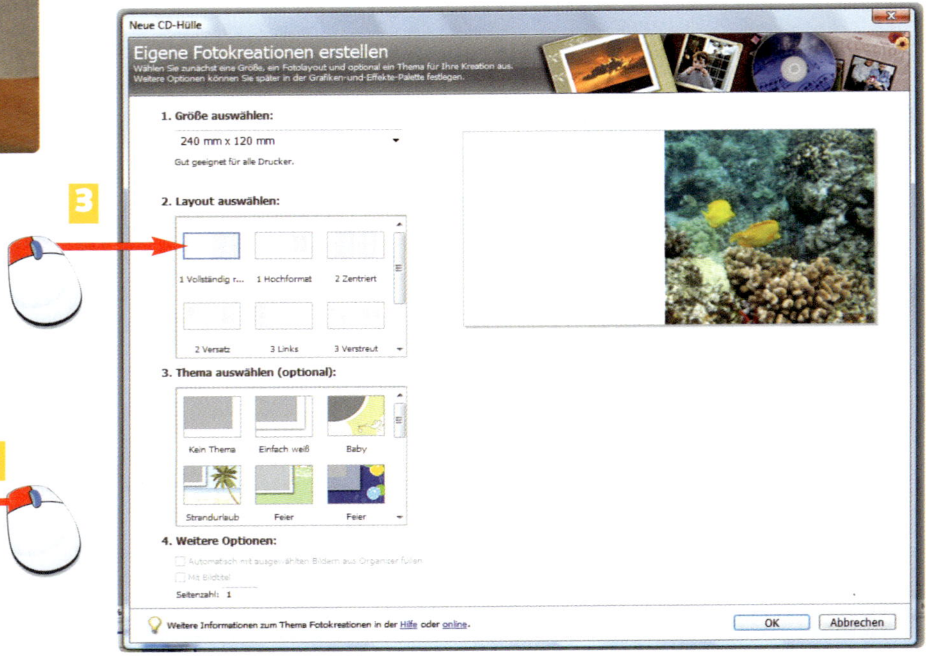

2

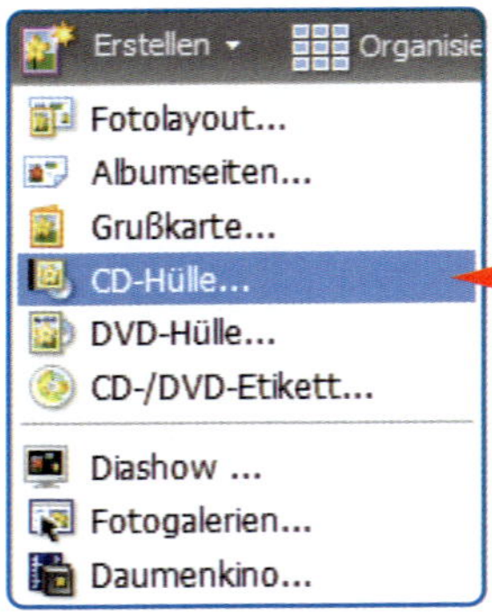

1 Auf der Abbildung sehen Sie einen CD-Einleger, den Sie selbst jederzeit mit Photoshop Elements nachbauen können.

2 Egal, ob Sie im Editor, in der Schnellkorrektur oder im Organizer sind, klicken Sie auf *Erstellen* und anschließend auf *CD-Hülle*.

3 Wählen Sie aus den verschiedenen Layoutvorschlägen einen aus (hier: gleich das erste Layout) und bestätigen Sie mit *OK*.

Schon in den 70er Jahren begannen die ersten Experimente zur digitalen Aufzeichnung von Klängen. Circa 10 Jahre später entstand die erste CD, so wie wir sie heute kennen. Übrigens: Als Maßstab für das Innenloch der CD diente seinerzeit ein niederländisches 10-Cent-Stück, welches einer der Entwickler zufällig bei sich hatte.

WISSEN

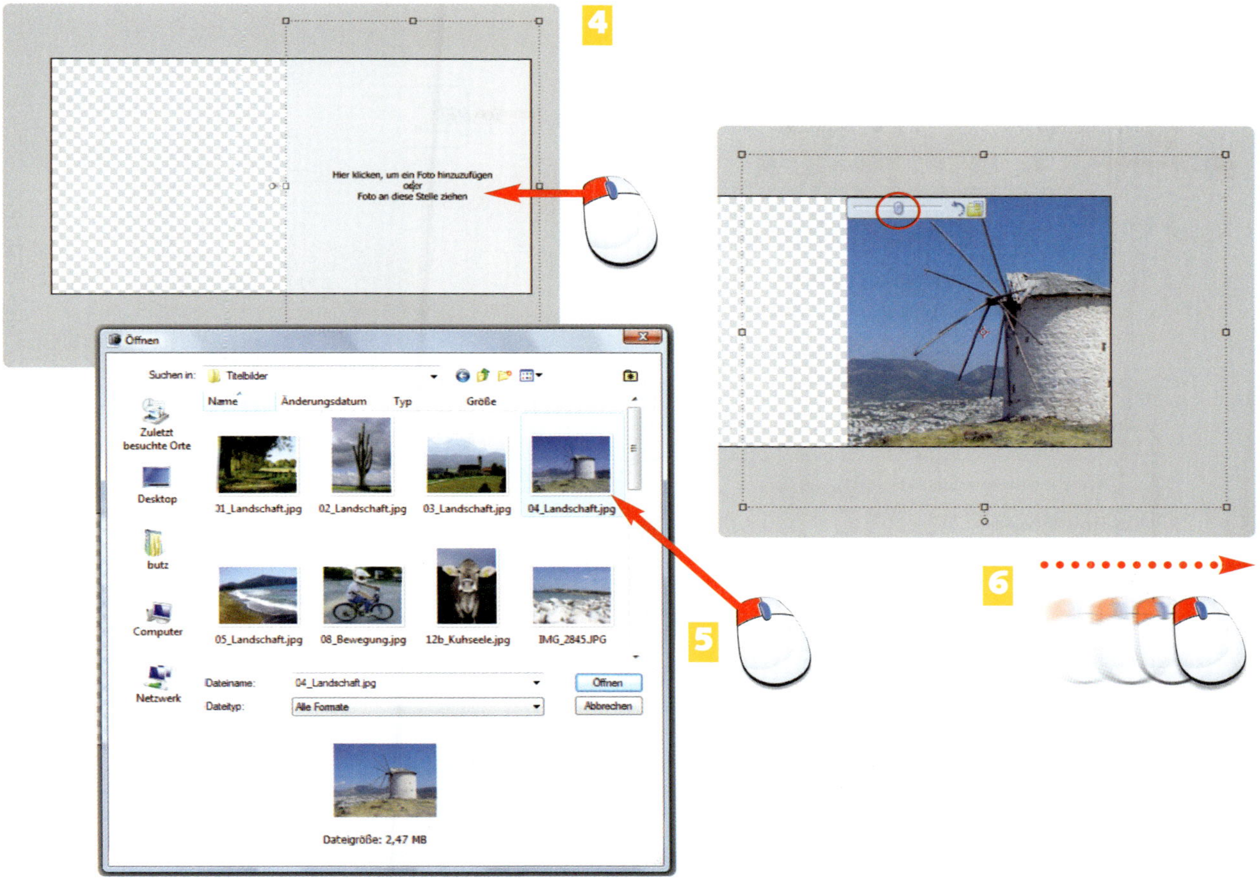

4 Klicken Sie anschließend in die graue Fläche, um das gewünschte Bild einzufügen.

5 Im folgenden Dialog markieren Sie das Bild, das auf den Einleger soll und klicken auf *Öffnen*.

6 Verändern Sie die Größe des Bildes mit dem Schieberegler und klicken Sie auf das grüne Häkchen, das nach der Größenänderung erscheint, um die Änderung zu bestätigen.

Ende

Wenn Sie Ihren CD-Einleger über *Erstellen/CD-Hülle* einrichten, dann stimmen bereits die Maße für Ihren Einleger.

HINWEIS

Nach dem Einfügen des Bildes erscheint ein gelbes Symbol auf dem Schieberegler. Mit einem Klick darauf fügen Sie ein anderes neues Bild ein (siehe Bild 6).

HINWEIS

Start

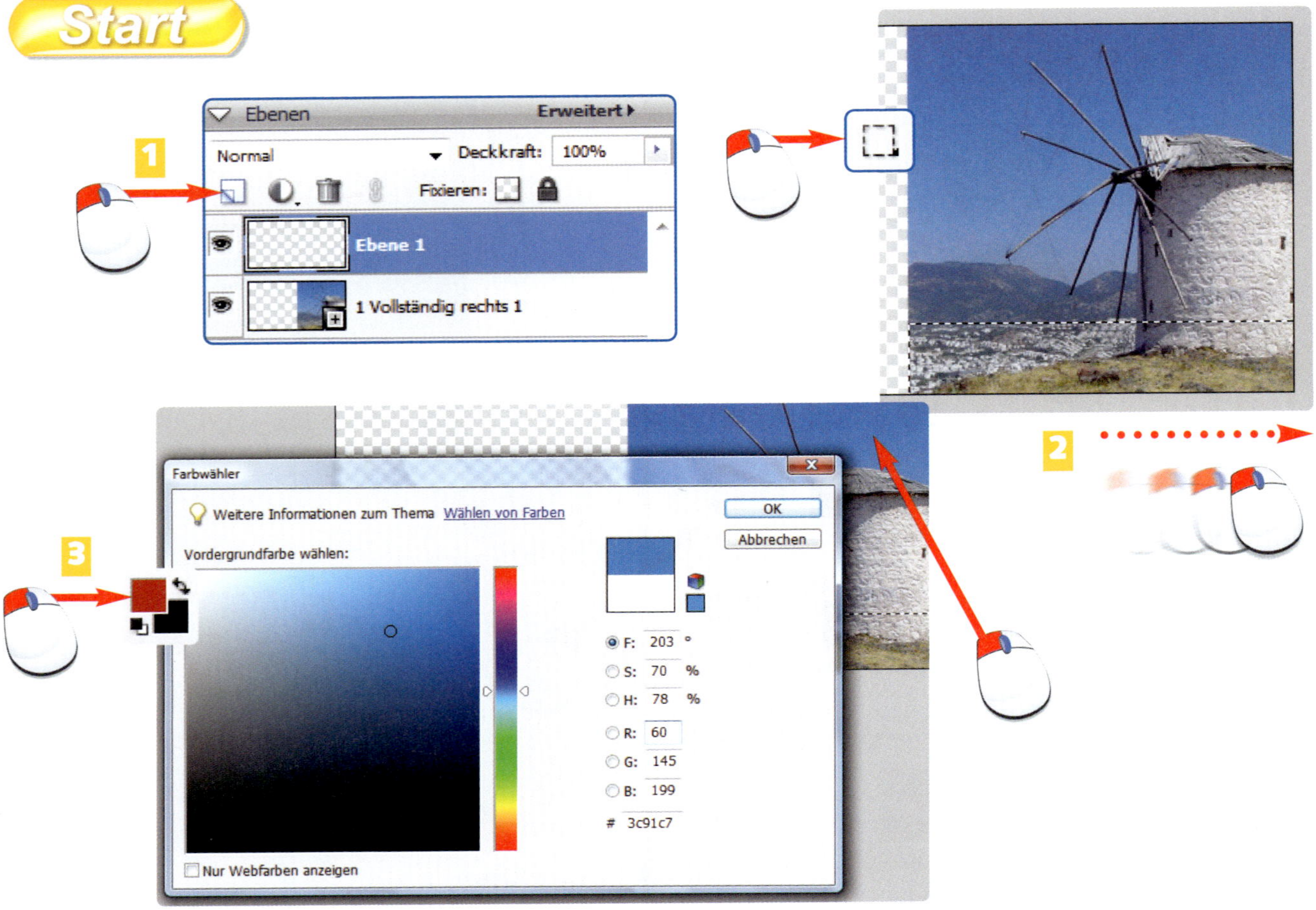

1 Klicken Sie auf *Neue Ebene* im Ebenenfenster, um eine neue Ebene für den transparenten Hintergrund der Beschriftung zu erstellen.

2 Klicken Sie in der Werkzeugleiste auf das *Auswahlrechteck* und ziehen Sie mit gedrückter linker Maustaste einen Rahmen, wo der transparente Hintergrund entstehen soll.

3 Um eine Farbe aus dem Bild zu wählen, klicken Sie in der Werkzeugleiste auf *Vordergrundfarbe* einstellen. Klicken Sie jetzt mit der erscheinenden Pipette einfach ins Bild und bestätigen Sie mit *OK*.

Die erste CD wurde 1981 auf der Funkausstellung in Berlin vorgestellt. Ein Jahr später begann in der Nähe von Hannover die erste industrielle CD-Produktion des letzten Abba-Albums „The Visitors". Interessanterweise noch vor dem ersten CD-Spieler. Sechs Jahre später, also 1988, wurden bereits 100 Millionen CDs (Audio) produziert.

WISSEN

4

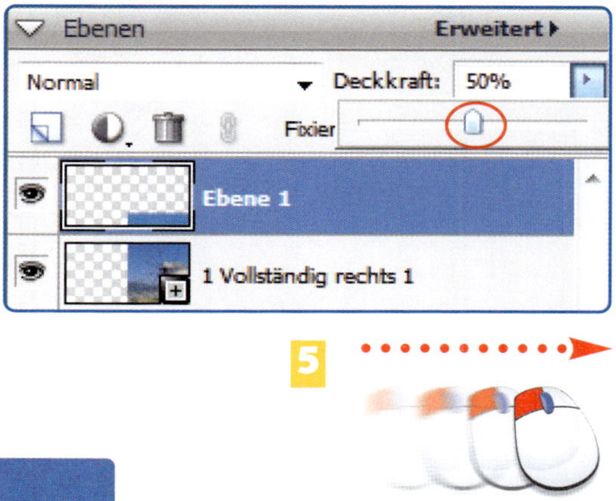

5

6

4 Klicken Sie auf *Bearbeiten/Auswahl füllen.* Stellen Sie im folgenden Dialogfenster *Füllen mit Vordergrundfarbe* ein und bestätigen Sie mit *OK.*

5 Markieren Sie die Ebene, die Sie zuvor eingeärbt haben, und reduzieren Sie mit dem Schieberegler die *Deckkraft* auf beispielsweise 50%.

6 Das Bild scheint durch die eingefärbte Fläche durch und bildet einen guten Untergrund für die Titelbeschriftung.

Ende

Bei dunklem Hintergrund nehmen Sie für den Text am besten eine sehr helle und etwas fettere Schrift, damit sie gut lesbar ist.

HINWEIS

Manche Bilder bilden durch die unruhige Farbgebung keinen guten Hintergrund für Beschriftungen. Ergebnis: Der aufgebrachte Text kann nicht oder nur schwer gelesen werden.

HINWEIS

Start

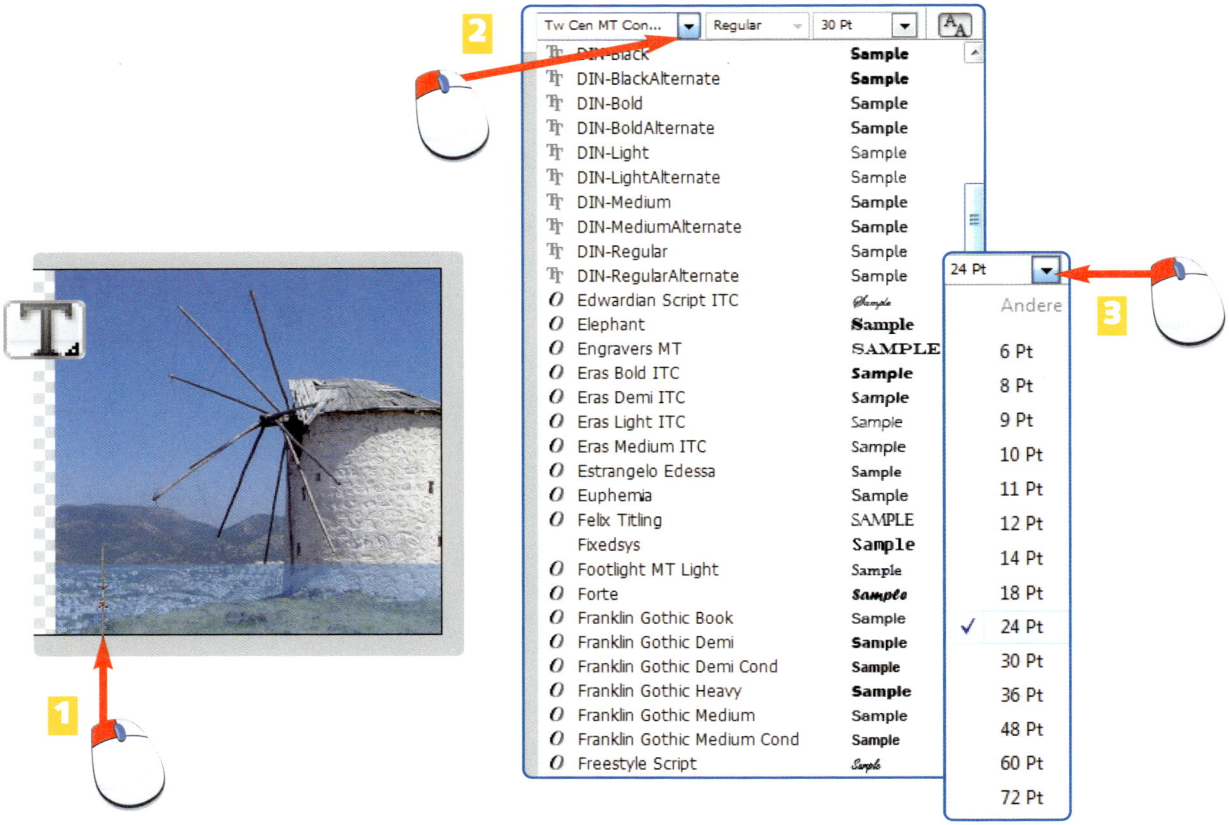

1 Wählen Sie mit einem Klick das *Horizontale Textwerkzeug* aus und klicken Sie an die Stelle, an der Sie den Text eingeben möchten.

2 Wählen Sie vor dem Tippen die richtige *Schriftfamilie* …

3 … und *Schriftgröße* in der oberen Symbolleiste aus.

Jewelcase (Schmuckkästchen) beschreibt die CD-Verpackung, also die Plastikhülle. Im Cover (Deckel) steckt das sogenannte Booklet (Einleger). Das Booklet wiederum ist ein Heftchen, auf dem Sie die Informationen zum Datenträger selbst finden.

WISSEN

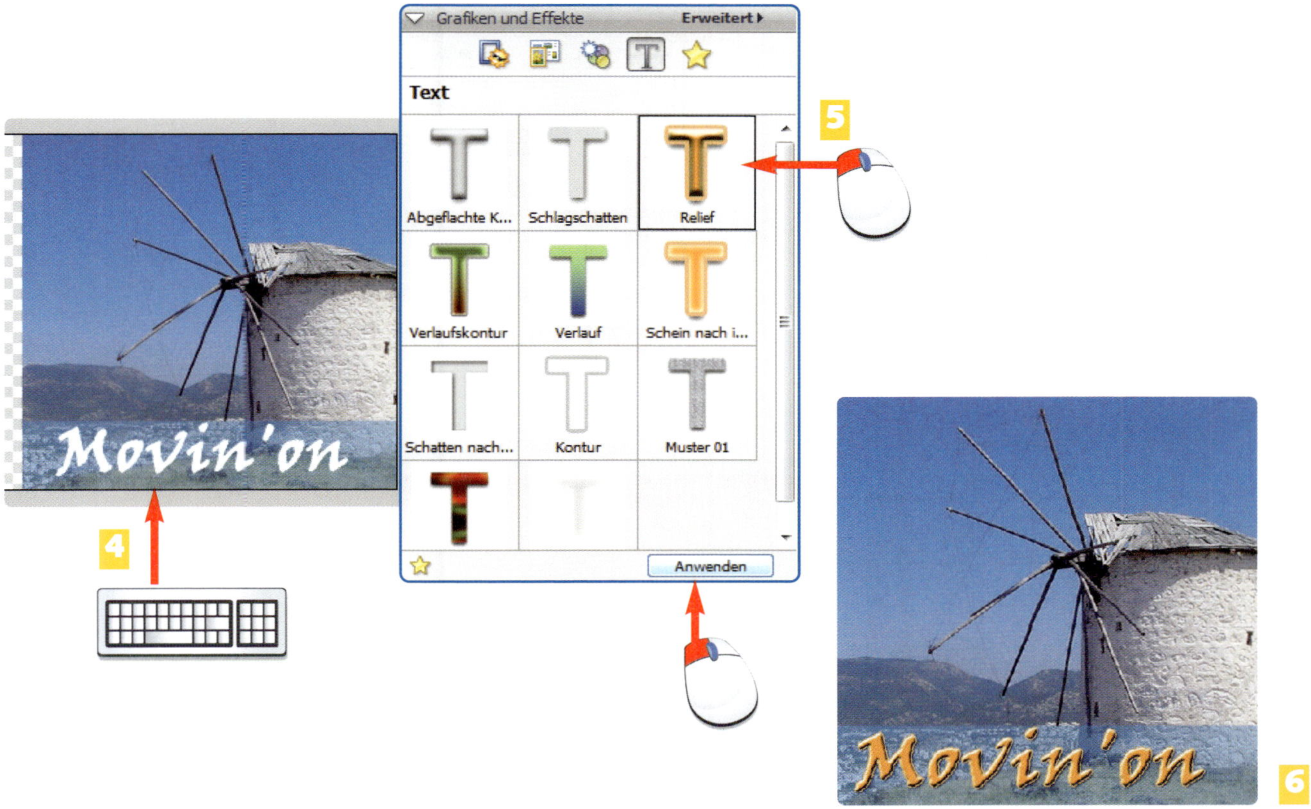

4 Tippen Sie den Titel Ihrer CD ein.

5 Öffnen Sie über *Fenster/Grafiken und Effekte* das gleichnamige Fenster am rechten Bildschirmrand und klicken Sie auf das T-Symbol. Markieren Sie *Relief* und bestätigen Sie mit *Anwenden*.

6 Die Schrift erhält ein reliefartiges Erscheinungsbild.

Ende

FACHWORT

Jewelcase (Schmuckkästchen) ist nichts anderes als die Plastikhülle, in der die CD aufbewahrt wird.

HINWEIS

Wenn Sie Text eintippen, erstellen Sie automatisch eine neue Ebene, die sich über die vorhandenen Ebenen legt.

HINWEIS

Sollte Sie die Auswahl für das eingefärbte transparente Rechteck stören, heben Sie sie über *Auswahl/Auswahl aufheben* auf.

Start

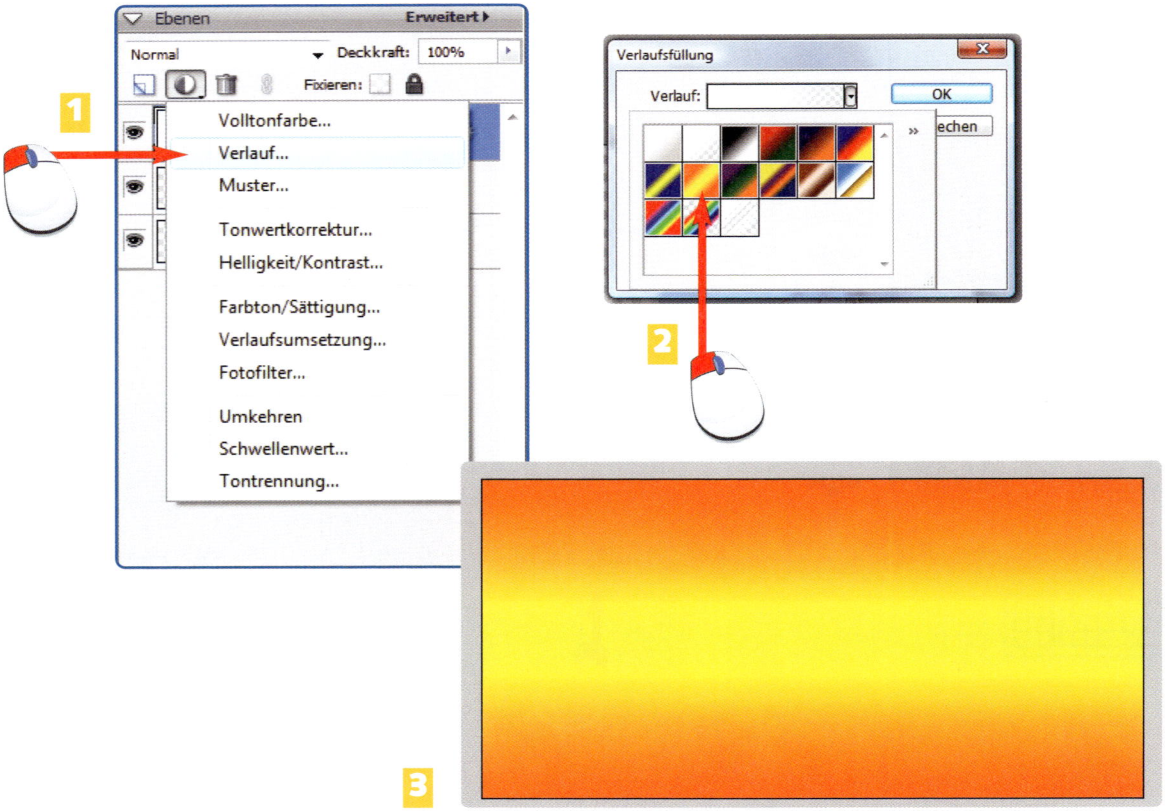

1 Klicken Sie im Ebenenfenster auf *Einstellungsebene erstellen* und wählen Sie *Verlauf* aus.

2 Im folgenden Dialog wählen Sie den Farbverlauf aus, der Ihnen am besten gefällt. Bestätigen Sie mit *OK*.

3 Vorerst überdeckt der Verlauf die gesamte Fläche, also Bild, transparentes Rechteck und Text.

Übrigens lassen sich eigene Farbverläufe defnieren. Dazu muss das *Verlaufswerkzeug* in der Werkzeugleiste angeklickt sein. Dann klicken Sie in der oberen Symbolleiste auf *Bearbeiten*. Im folgenden Dialog doppelklicken Sie auf die Farbregler, um eigene neue Farben zu definieren. Geben Sie dem Verlauf einen Namen und bestätigen Sie mit *OK*.

WISSEN

4

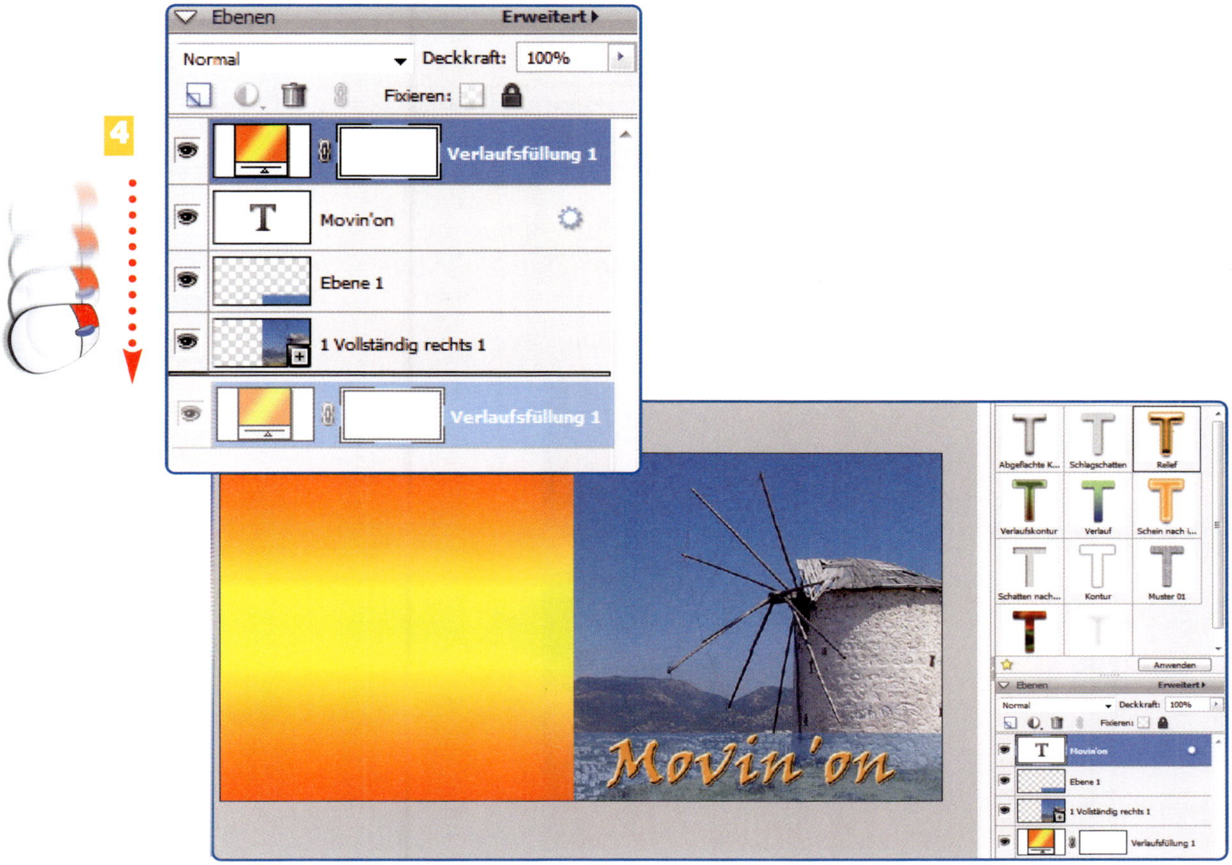

5

4 Ziehen Sie deshalb die oberste Ebene (hier: *Verlaufsfüllung 1)* mit gedrückter linker Maustaste im Ebenenfenster ganz nach unten.

5 Jetzt sitzt der Verlauf an unterster Stelle und überdeckt nicht mehr die anderen Elemente.

Ende

Das **Cover** ist eigentlich nur der Deckel des CD-Plastikgehäuses.

FACHWORT

Das Sternchen in der Ebene zeigt an, dass ein Effekt auf die Ebene angewandt wurde.

HINWEIS

Achten Sie darauf, dass beim Anwenden von Texteffekten der Titel lesbar bleibt. Verwenden Sie deshalb bei Texteffekten am besten eine fette Schrift.

HINWEIS

Innenseite mit Songtitel beschriften

Start

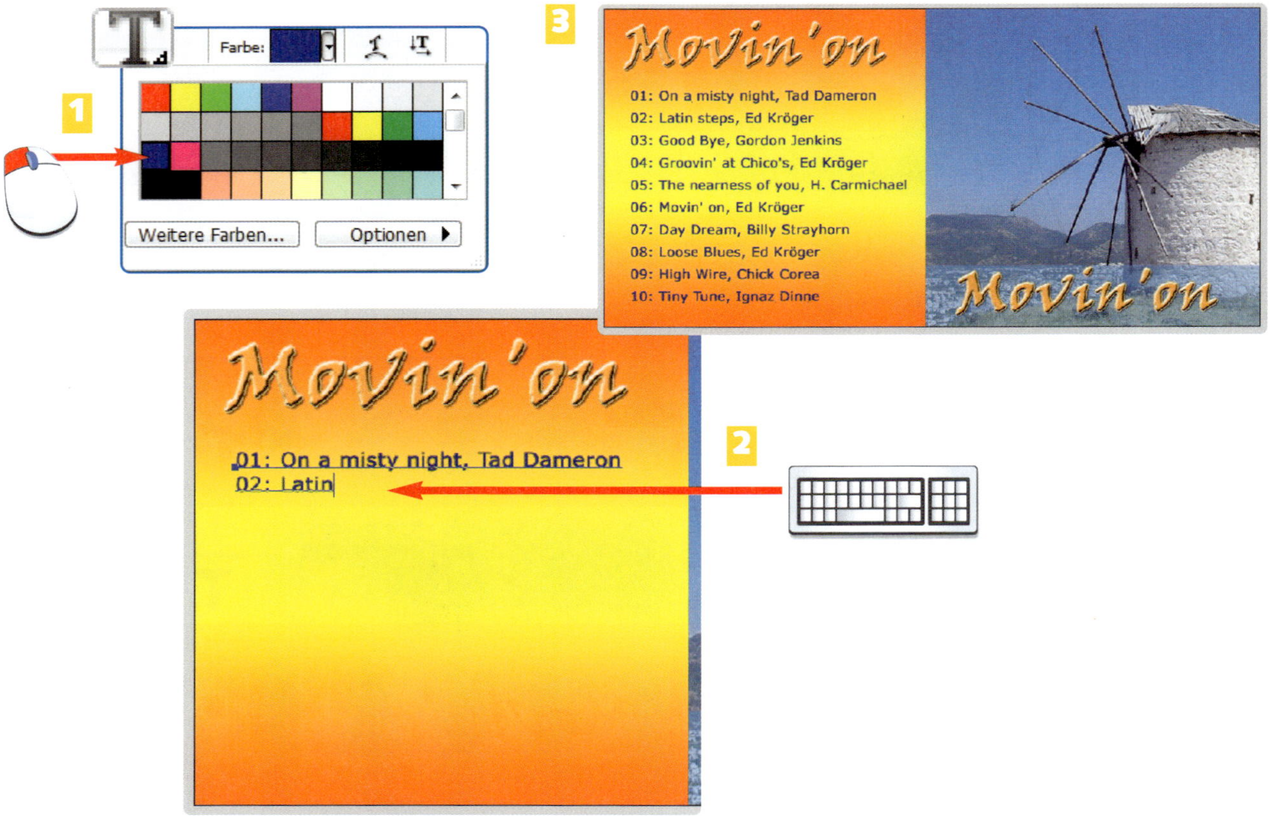

1 Wechseln Sie wieder auf das Textwerkzeug und wählen Sie für den Text eine Farbe aus.

2 Klicken Sie dort hin, wo Sie die Songtitel positionieren möchten, und tippen Sie sie ein. Drücken Sie am Ende einer Zeile die (↵)-Taste. So bleiben alle Songtitel auf einer Ebene vereint.

3 Schieben Sie den Text an die richtige Position.

Verschieben von Texten, Bildern und sonstigen Elementen gelingt am leichtesten, wenn das *Verschieben-Werkzeug* in der Werkzeugleiste ausgewählt ist. Erscheint die Maus als Vierfachpfeil, lässt sich das darunterliegende Element mit gedrückter linker Maustaste verschieben.

WISSEN

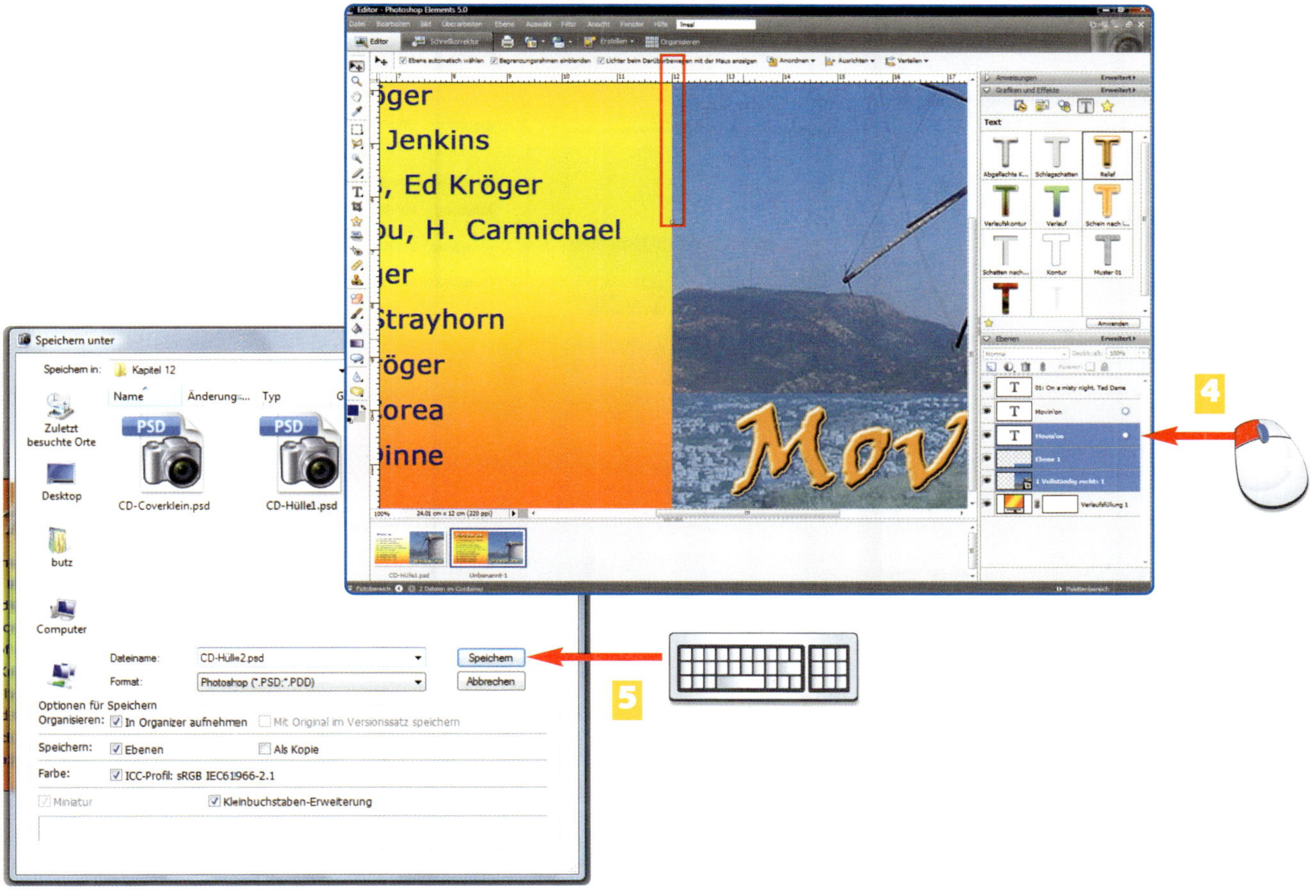

4 Leider sitzt das Bild nicht 100% richtig positioniert, deshalb markieren Sie die Ebenen des Bilds, des transparenten Hintergrunds und des Textes folgendermaßen: Markieren Sie eine Ebene, halten Sie die Strg-Taste gedrückt und markieren Sie die anderen beiden Ebenen mit Klick. Verschieben Sie das Motiv mit der →-Taste so lange, bis die Kante mit der Position12 cm im Lineal übereinstimmt.

5 Speichern Sie Ihr Werk mit *Datei/Speichern unter* und geben Sie dem CD-Einleger einen Namen.

Ende

Das **Booklet** (Einleger) ist das kleine Heftchen, das im Cover steckt. Es kann zwei- oder mehrseitig sein und enthält die Informationen zum Datenträger.

FACHWORT

Der nummerische Tastenblock befindet sich ganz rechts außen auf der Tastatur. Die Taste Num muss gedrückt sein, um ihn einzuschalten.

HINWEIS

Mit der Tastenkombination Strg++ auf dem nummerischen Tastenblock vergrößern sie die Ansicht. Mit der Tastenkombination Strg+- verkleinern Sie die Ansicht.

TIPP

Kniffelig: CD-Einleger richtig herum ausdrucken

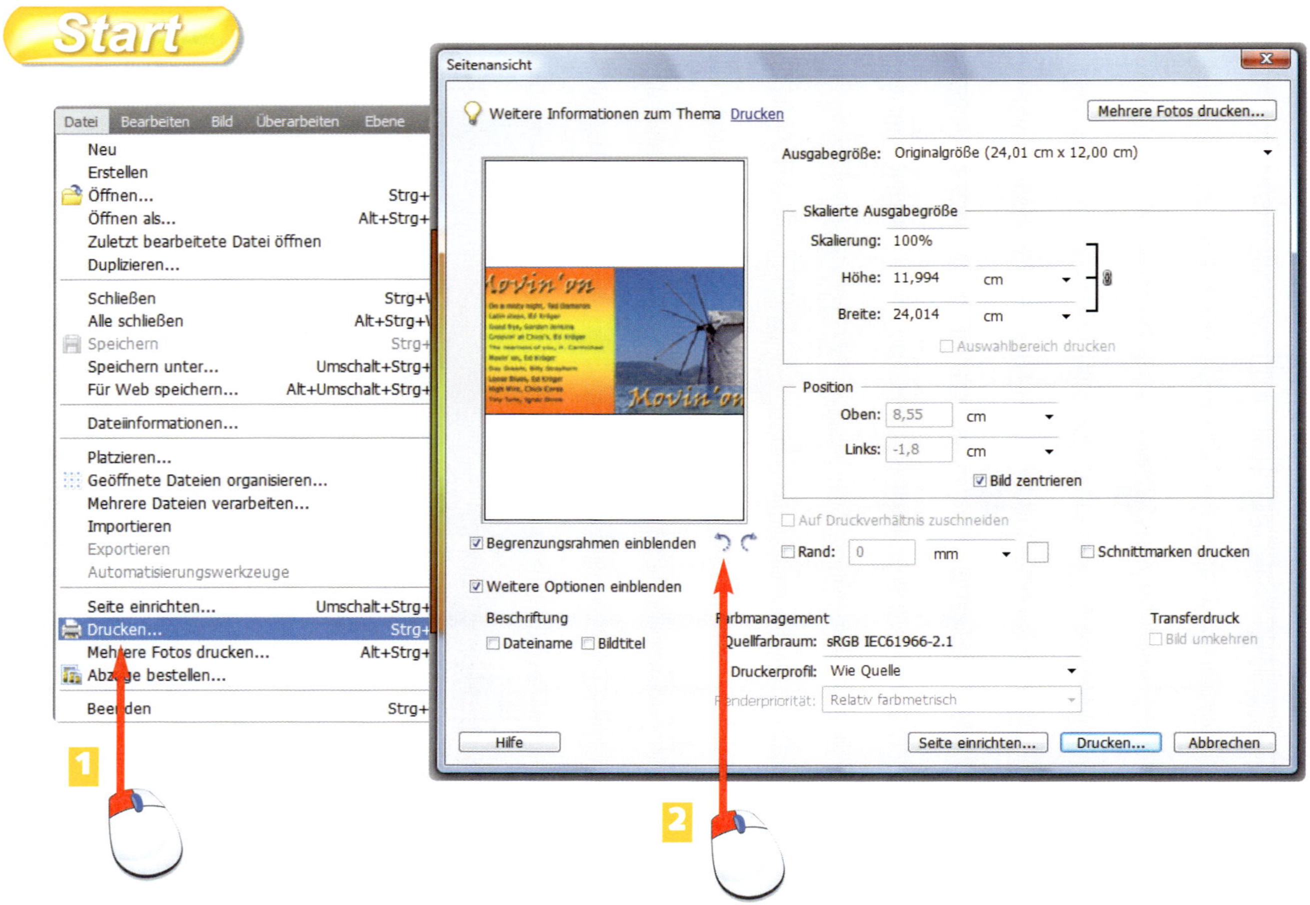

1 Um den CD-Einleger zu drucken, wählen Sie *Datei/Drucken.*

2 Im folgenden Dialog sehen Sie, dass der CD-Einleger quer auf der Hochformatseite „sitzt“. Ändern Sie das, indem Sie auf *90° nach links drehen* oder *90° nach rechts drehen* klicken.

Inzwischen gibt es in jedem Schreibwarenladen perforierte CD-Einleger. Das heißt, Sie drucken auf ein DIN-A4-Blatt und lösen dann den CD-Einleger aus dem Papierbogen heraus. Das sieht natürlich sehr professionell aus, denn das Papier ist in der Regel dicker und stabiler als normales Papier.

WISSEN

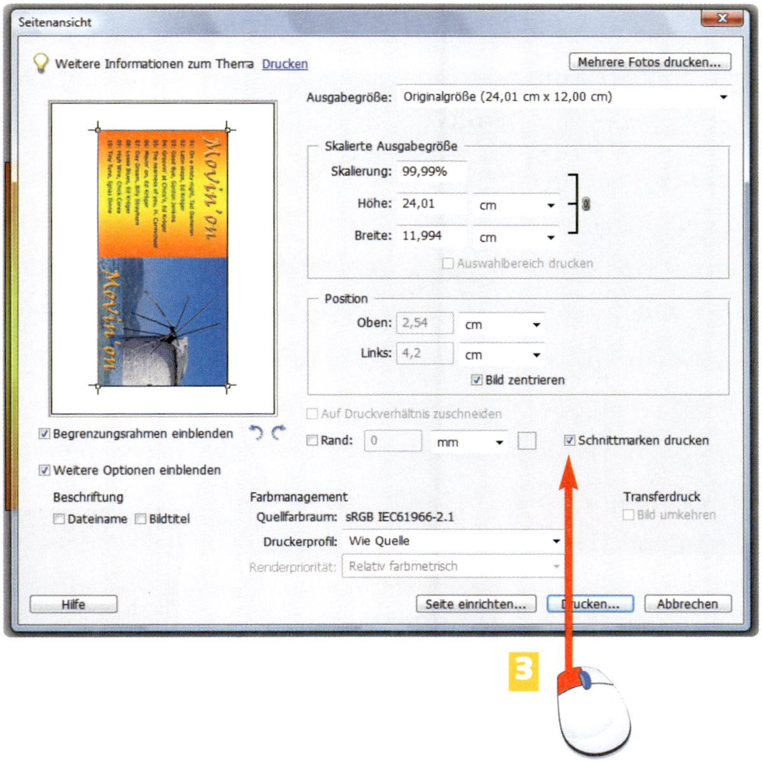

3 Um den CD-Einleger später ausschneiden zu können, aktivieren Sie *Schnittmarken drucken*, damit die genauen Ränder zu erkennen sind.

4 Der Drucker „spuckt" Ihren CD-Einleger aus.

Ende

Kaufen Sie ein etwas dickeres Papier (mind. 120 g) für Ihren CD-Einleger, damit die ganze Angelegenheit nicht zu „lapprig" wird.

TIPP

Über den Bereich *Position* im Drucken-Dialog lässt sich genau die Position des CD-Einlegers festlegen. Dazu müssen Sie aber *Bild zentrieren* deaktivieren.

HINWEIS

Fertig: Ausdruck falten & in das Cover stecken

Start

1

2

1 So könnte Ihr fertig ausgedruckter CD-Einleger aussehen.

2 Schneiden Sie Ihren Einleger mithilfe einer Schneidemaschine aus (siehe Seite 162) und falten Sie ihn.

Oft ist es nicht ganz einfach, ein individuelles Geschenk zum Geburtstag zu finden. Aber mit einer schönen CD oder DVD und einem selbstgestalteten Cover liegen Sie bestimmt richtig. Als Motiv eignen sich natürlich nicht nur Landschaftsbilder, sondern auch Tiere, Freunde, Kinder usw. Im Prinzip alles, was zum Geschenk passt.

WISSEN

3

4

3 Nehmen Sie den vorhandenen Einleger heraus und stecken Sie Ihren selbstgestalteten Einleger in das Cover. So könnte das fertige CD-Cover dann von außen aussehen.

4 Und so könnte das Cover von innen aussehen.

Ende

FACHWORT

Als **Inlay** bezeichnet man den Einleiger unter der CD. Er ist rechts und links mit einer 6,5 mm breiten Falz geknickt.

TIPP

Verwenden Sie das gleiche Motiv für den Einleger wie für das CD-Label. So können CD und Cover gleich auf einen Blick zugeordnet werden.

Passendes CD-/DVD-Etikett entwerfen

Start

1

3

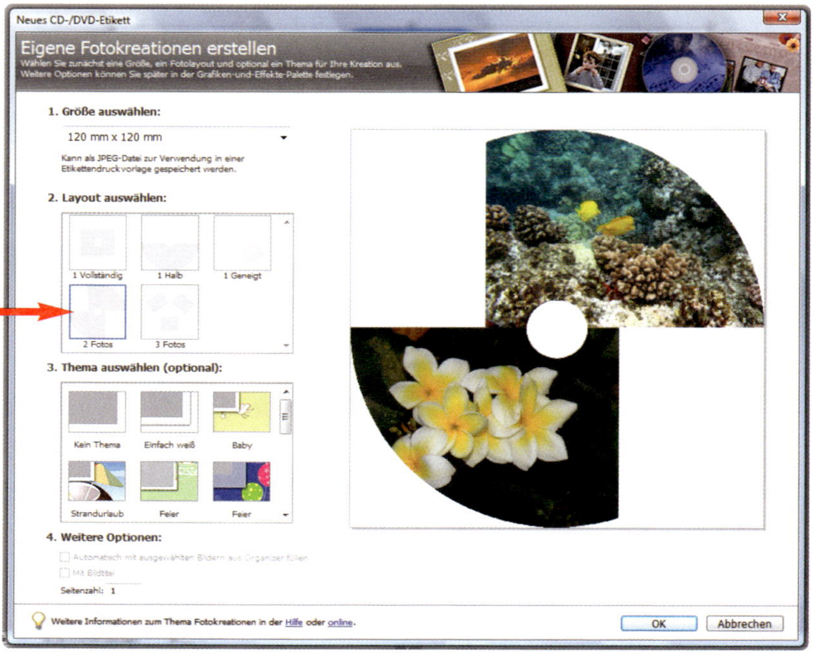

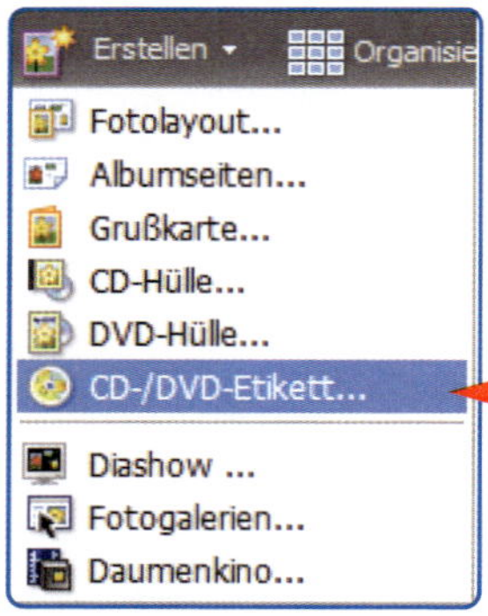

2

1 Und so könnte Ihr selbstgebasteltes CD-/DVD-Etikett aussehen.

2 Egel, ob Sie im Editor, in der Schnellkorrektur oder im Organizer sind, klicken Sie auf *Erstellen* und anschließend auf *CD-/DVD-Etikett.*

3 Wählen Sie aus den verschiedenen Layoutvorschlägen einen aus (hier: *2 Fotos).*

So wie für die CD-Einleger gibt es im Fachhandel die Spezialetiketten zum Aufkleben auf die CD bzw. DVD. Das Etikett besitzt genau die richtigen Maße. Durch die glatten Ränder sieht das Etikett professionell aus und ist von CD- bzw. DVD-Etiketten gekaufter CDs/DVDs kaum zu unterscheiden.

WISSEN

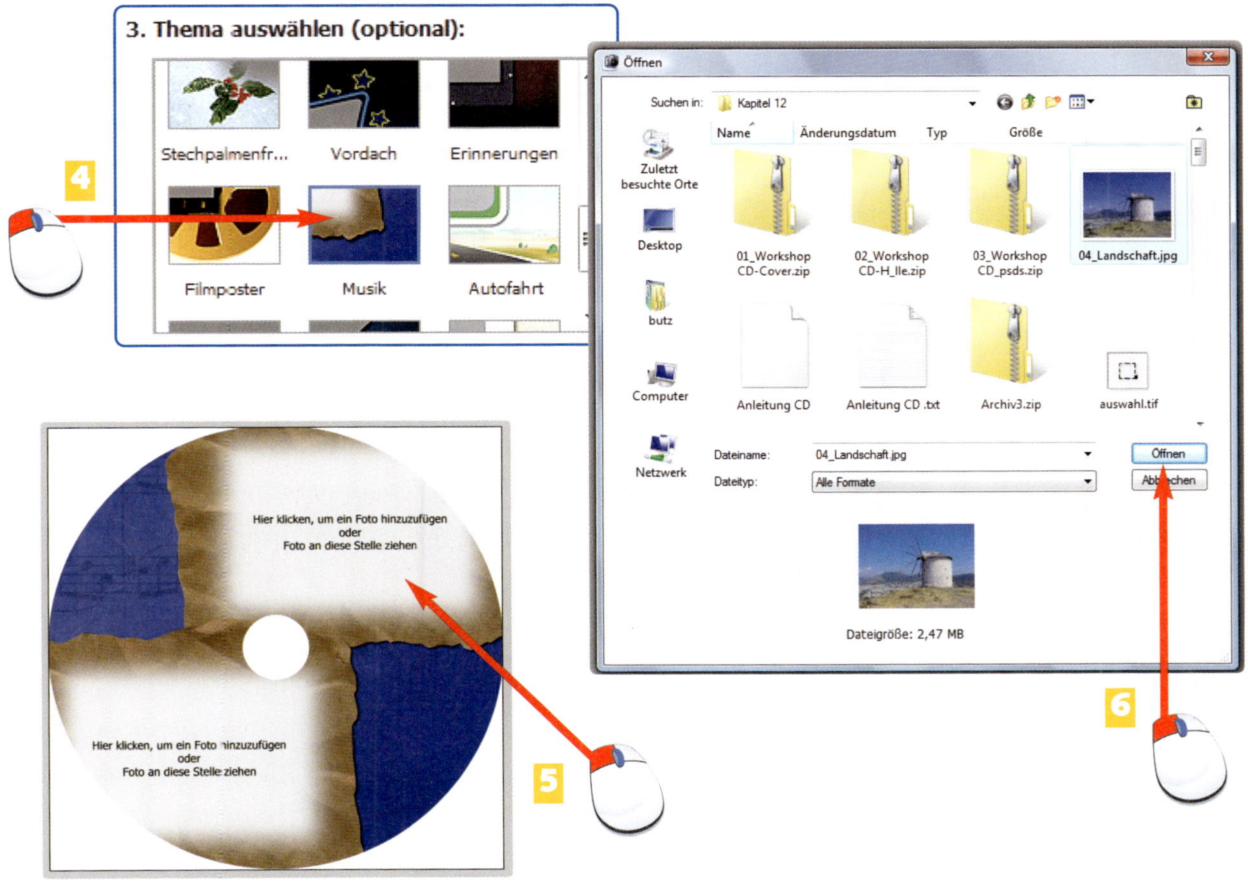

4 Unter *Thema auswählen* können Sie dem Etikett einen Hintergrund hinzufügen. Diese Funktion ist optional, also nicht zwingend.

5 Photoshop Elements erstellt Ihnen aufgrund Ihrer Einstellungen ein CD- bzw. DVD-Etikett. Klicken Sie auf *Hier klicken, um ein Foto hinzuzufügen oder Foto an diese Stelle ziehen*.

6 Suchen Sie Ihr Bild aus und klicken Sie auf *Öffnen*.

Falls Sie aus dem Organizer heraus ein Etikett erstellen möchten, aktivieren Sie *Automatisch mit ausgewählten Bilder aus Organizer füllen* (siehe Bild 3).

HINWEIS

Verwenden Sie CD-/DVD-Etiketten aus dem Fachhandel. Sonst kann es Ihnen passieren, dass sich das Etikett im Laufwerk löst. Und damit ruinieren Sie Ihr CD-/DVD-Laufwerk.

HINWEIS

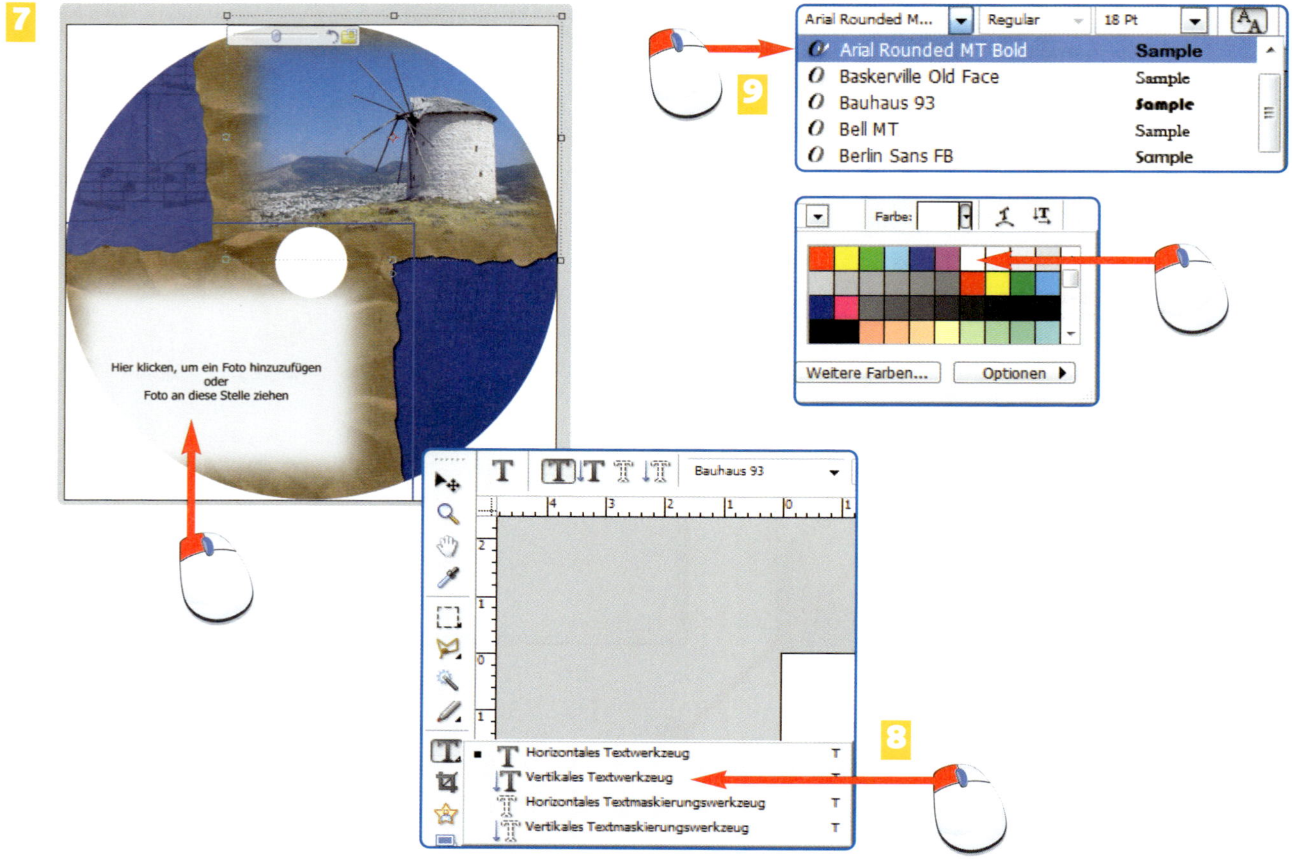

7 Füllen Sie den zweiten Platzhalter mit einem Bild, indem Sie auf *Hier klicken, um ein Foto hinzuzufügen oder Foto an diese Stelle ziehen* klicken.

8 Wählen Sie in der Werkzeugleiste das *T* und halten Sie die Maustaste gedrückt. Es klappt ein Menü auf, in dem Sie *Vertikales Textwerkzeug* anklicken.

9 In der Symbolleiste oben wählen Sie die Schriftart, Schriftgröße und Schriftfarbe für den Text aus, den Sie einfügen möchten.

Vielleicht fragen Sie sich, was mit *Horizontales* bzw. *Vertikales Textmaskierungswerkzeug* gemeint ist. Damit erstellen Sie einen Text, der in einem Auswahlrahmen erscheint. Wenn Sie diesen mit *Kopieren* und *Einfügen* auf eine eigene Ebene kopieren, erstellen Sie Text, der mit Ihrem Bildmotiv gefüllt ist.

WISSEN

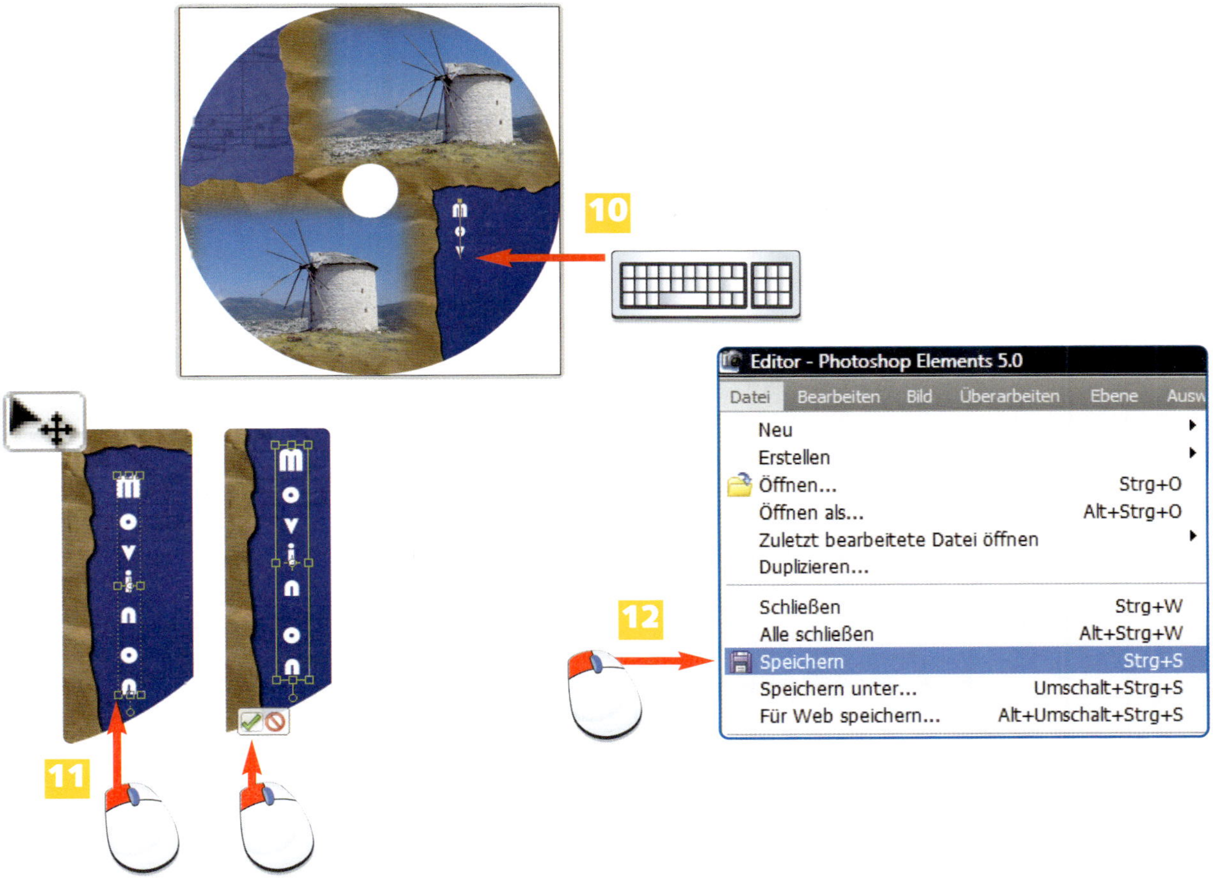

10 Klicken Sie an die Stelle, an der Sie den Text einfügen möchten. Tippen Sie den Text ein. Die Buchstaben werden untereinander angeordnet.

11 Wechseln Sie auf das Verschieben-Werkzeug und vergrößern bzw. verkleinern Sie den Text. Klicken Sie auf das grüne Pfeilchen, um die Änderung zu bestätigen.

12 Vergessen Sie nicht, Ihr CD-/DVD-Etikett zu *Speichern*.

Ende

Achten Sie immer darauf, welches Werkeug markiert ist:

- Mit dem Verschieben-Werkzeug vergrößern oder verkleinern Sie Ihr Objekt bzw. Ihren Text.
- Mit einem der Textwerkzeuge tippen oder korrigieren Sie Text.

HINWEIS

CD-Etikett drucken und aufkleben

Start

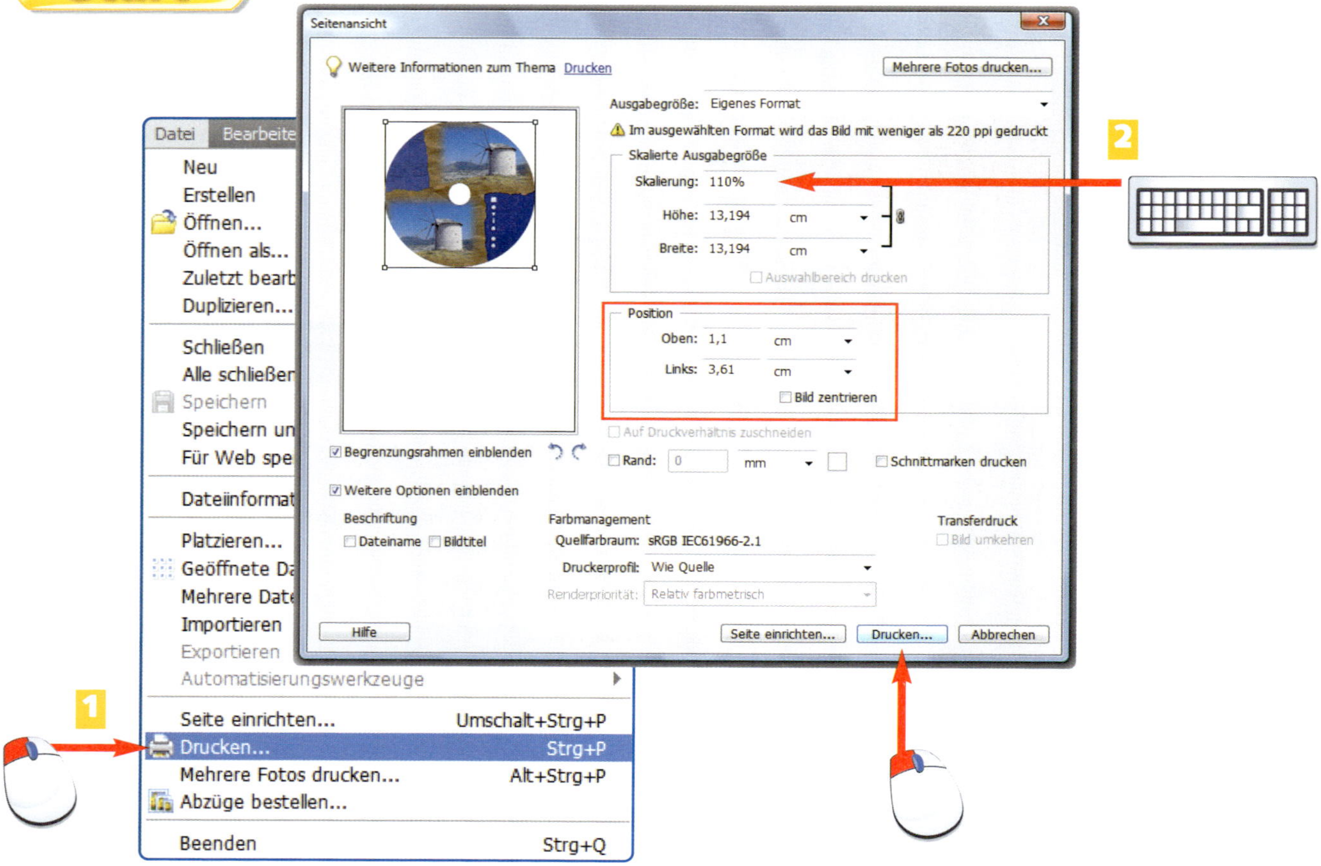

1 Um das Etikett auszudrucken, wählen Sie *Datei/Drucken*.

2 Stellen Sie bei der *Skalierung* ca. *110 %* ein, damit das Etikett vergrößert und über den Rand des Etiketts gedruckt wird. Bei der *Position* stellen Sie ein, wo sich das Etikett auf dem Etikettbogen befindet. Drucken Sie erst auf normales Papier und halten Sie das bedruckte Papier und den Etikettbogen gegen das Licht, um zu kontrollieren, ob die Position tatsächlich stimmt.

Photoshop Elements verwendet für das CD-/DVD-Etikett genau die Maße der CD bzw. DVD. Dadurch entsteht beim Ausdruck eventuell ein weißer Rand, der nicht bedruckt wird. Um das zu vermeiden, vergrößern Sie das Etikett beim Ausdruck einfach, sodass über den Rand hinaus gedruckt wird. So vermeiden Sie nichtbedruckte Flächen.

WISSEN

3

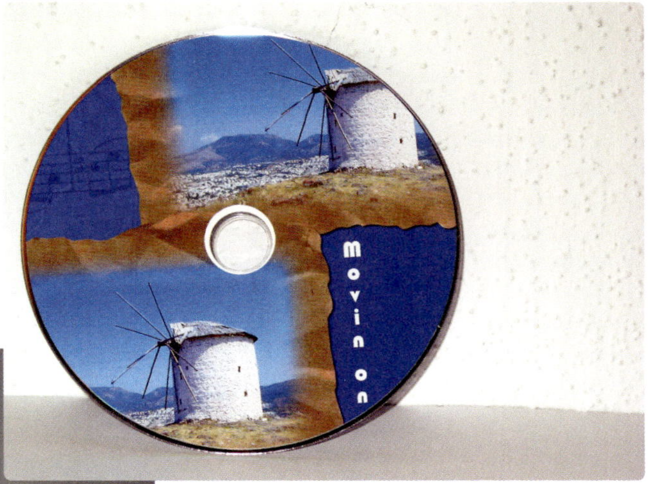

5

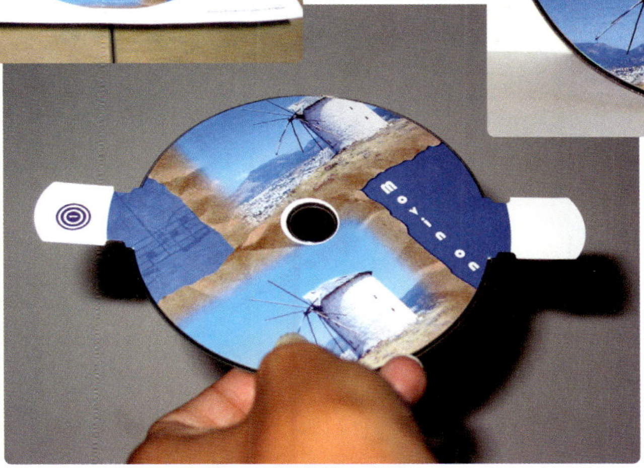

4

3 Stimmt die Position des Etiketts, dann drucken Sie es auf den Etikettbogen aus.

4 Lösen Sie das Etikett mit den beiden Laschen aus dem Etikettbogen.

5 Positionieren Sie das Etikett über der CD bzw. DVD und halten Sie das Etikett an den Laschen gespannt. Kleben Sie das Etikett auf die CD bzw. DVD und entfernen Sie die beiden Laschen.

Ende

Entfernen Sie erst zum Schluss die beiden Laschen des Etiketts, damit das Etikett ohne Knicke und Wölbungen auf der CD bzw. DVD landet.

HINWEIS

13

T-Shirt selbst bedrucken

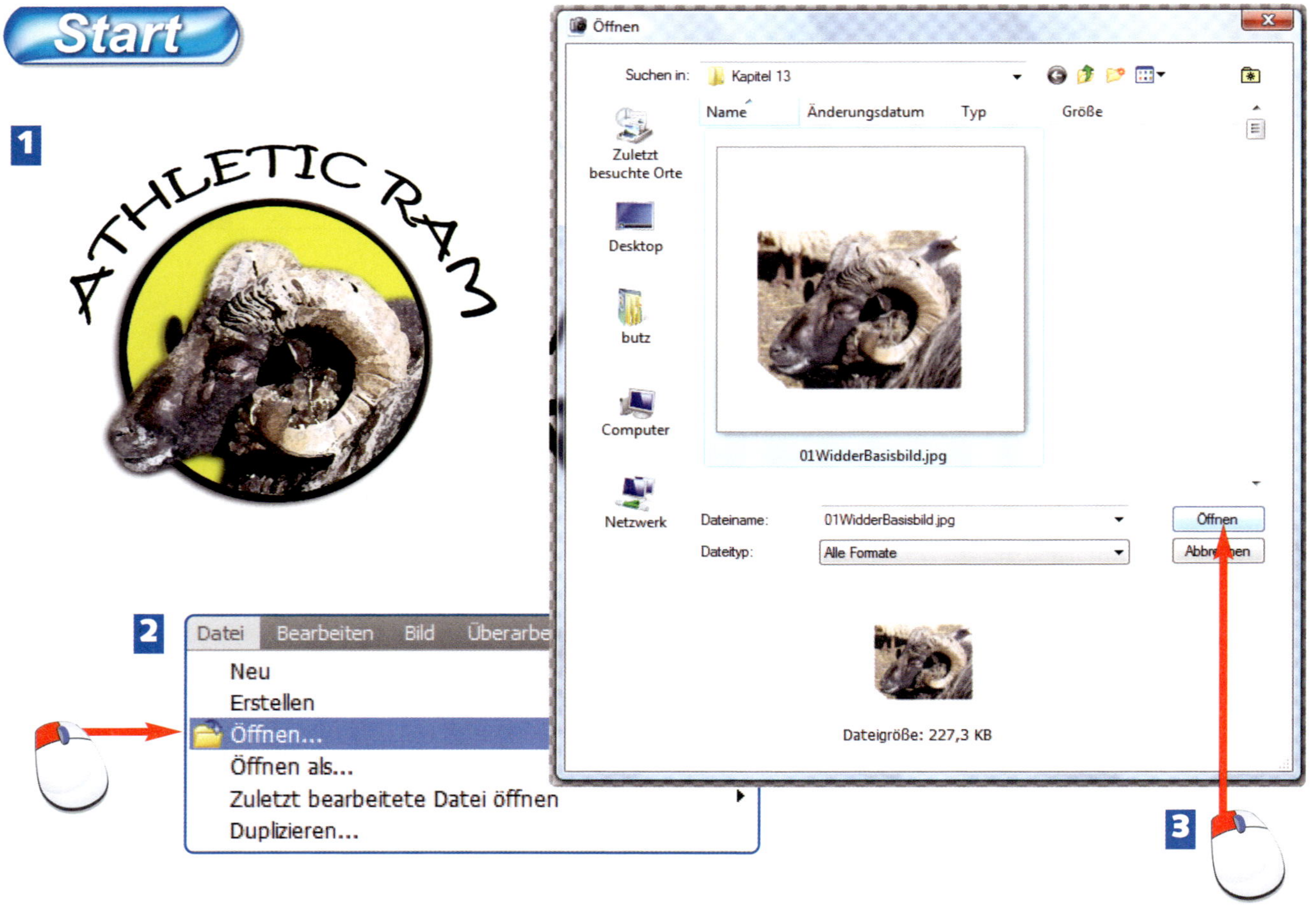

1 So könnte das Motiv aussehen, das Sie auf Ihr T-Shirt bügeln.

2 Dazu klicken Sie auf *Datei/Öffnen*.

3 Wählen Sie im folgenden Dialog das Bild aus, das Sie bearbeiten möchten, und bestätigen Sie mit *Öffnen*.

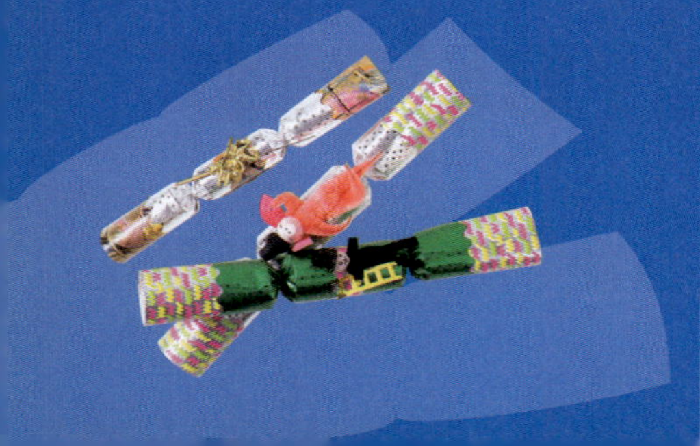

Photoshop Elements hat viele Funktionen von seinem großen Bruder Photoshop übernommen. Daher lassen sich verhältnismäßig komplizierte und professionelle Funktionen kombinieren und anwenden. Das funktioniert aber nur, wenn Sie sich im Editor von Photoshop Elements befinden.

WISSEN

4

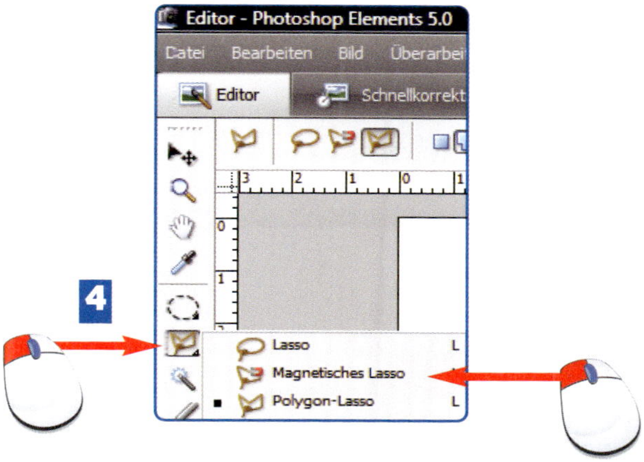

5

6

4 Klicken Sie auf das Lasso in der Werkzeugleiste und halten Sie die Maustaste etwas gedrückt. Wählen Sie jetzt mit einem Klick das Magnetische Lasso aus.

5 Beginnen Sie mit einem Klick, um die Umrandung des Motivs zu starten. Bewegen Sie die Maus ein Stück weiter und klicken Sie erneut. Umranden Sie so das gesamte Motiv.

6 Beenden Sie die Umrandung mit einem Doppelklick. Die Umrandung bzw. Auswahl wird als blinkende gestrichelte Linie dargestellt (hier: rot eingerahmt).

Ende

HINWEIS

Das Basisbild des Ziegenbocks können Sie sich von der folgenden Website herunterladen:
www.carobutz.de
www.artcore-x.de

TIPP

Haben Sie sich bei der Umrandung „verklickt", dann drücken Sie einfach die Entf-Taste. Der letzte Klickpunkt der Auswahl wird gelöscht. Setzen Sie ihn neu.

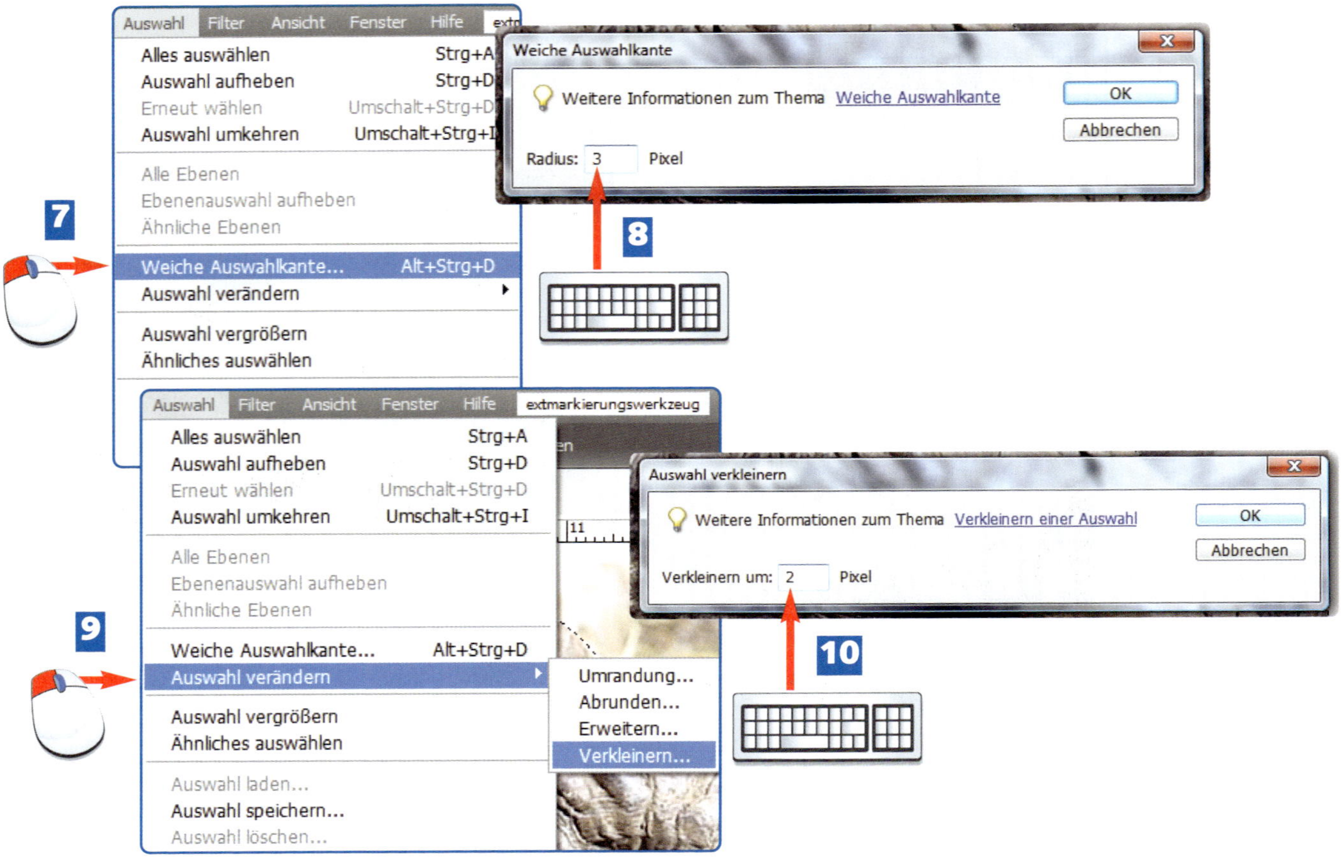

7 Um die Kante des Motivs nicht gar zu „kantig" erscheinen zu lassen, wählen Sie *Auswahl/Weiche Auswahlkante.*

8 Geben Sie im folgenden Dialog *3 Pixel* ein und bestätigen Sie mit *OK*.

9 Damit Sie keinen Bildhintergrund mitnehmen, verkleinern Sie die Auswahl: Klicken Sie dazu auf *Auswahl/Auswahl verändern/Verkleinern.*

10 Im folgenden Dialog geben Sie *2 Pixel* ein und bestätigen mit *OK*.

Wenn Sie ein Motiv per Lasso einfangen und herauslösen, ergibt sich unter Umständen eine scharfe, eckige und unansehnliche Kante. Mit einer weichen Auswahlkante und dem Verkleinern der Auswahl sieht das ausgeschnittene Motiv nicht mehr kantig und eckig, sondern harmonisch und rund aus.

WISSEN

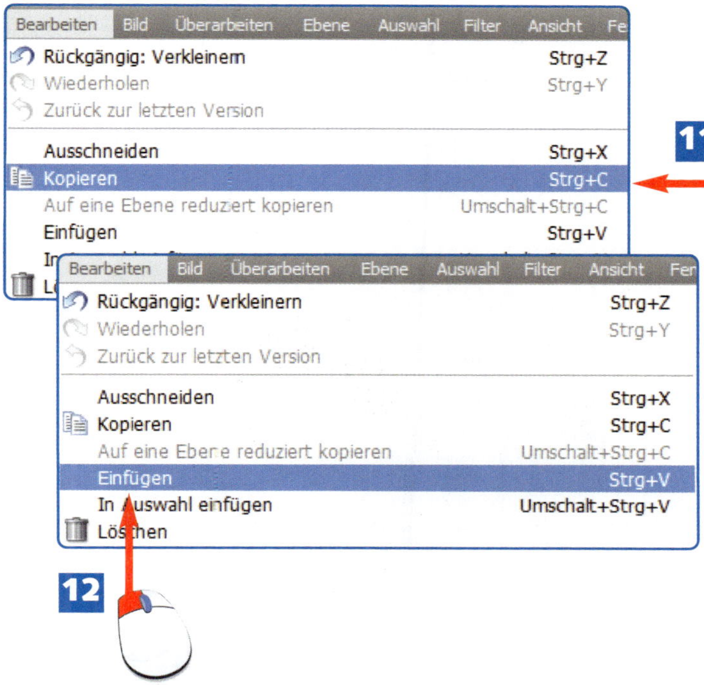

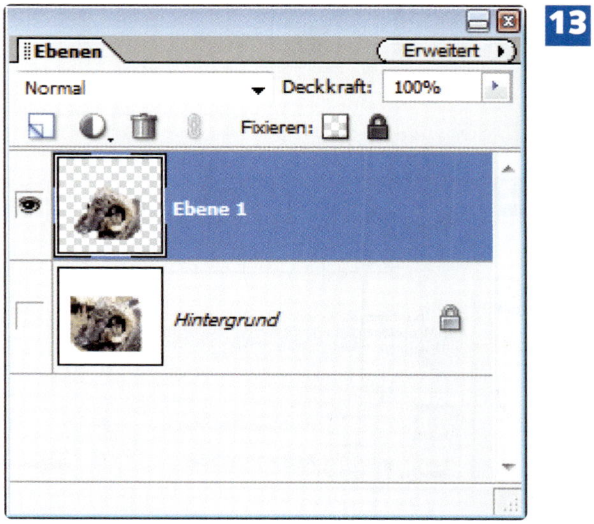

11 Über den Befehl *Bearbeiten/Kopieren* befördern Sie das ausgewählte Motiv in die Zwischenablage.

12 Mit *Bearbeiten/Einfügen* fügen Sie das ausgewählte Motiv in einer neuen Ebene ein (hier: *Ebene 1*).

13 Kontrollieren Sie, wie das ausgewählte Motiv aussieht, indem Sie auf das Auge des *Hintergrunds* klicken. Damit blenden Sie den Hintergrund aus.

Ende

Mit einem Klick auf das Auge einer Ebene blenden Sie die Ebene aus bzw. wieder ein. Gerade so, wie Sie es brauchen.

HINWEIS

Beim Arbeiten mit Photoshop Elements erzeugen Sie viele Ebenen. Deshalb benennen Sie die Ebenen, um den Überblick nicht zu verlieren. Rechter Mausklick auf die Ebene: *Ebene umbenennen* und neuen Namen eingeben. Mit *OK* bestätigen.

HINWEIS

Start

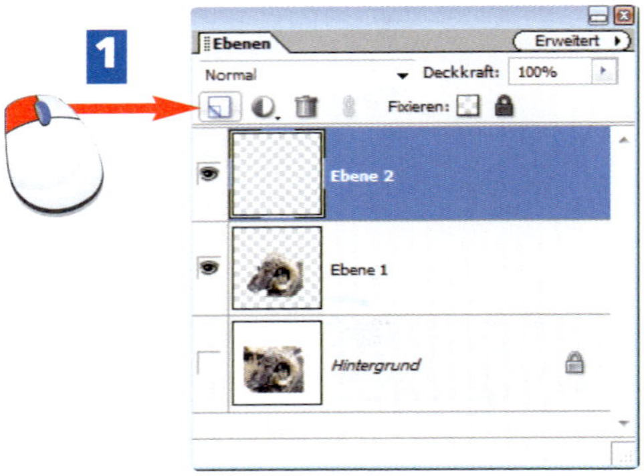

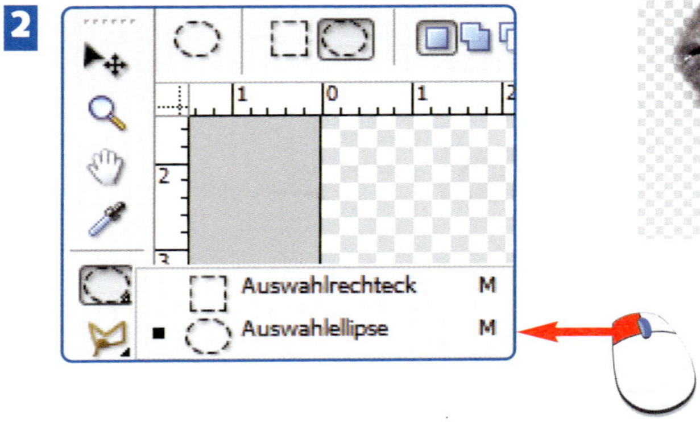

1. Legen Sie eine neue Ebene an, indem Sie auf *Neue Ebene erstellen* klicken (hier: *Ebene 2*). Auf der neuen Ebene erstellen Sie später den gelben Kreis.
2. Wählen Sie das Werkzeug *Auswahlrechteck* und halten Sie die Maus etwas gedrückt. Klicken Sie auf *Auswahlellipse*.
3. Achten Sie darauf, dass nach wie vor die neu eingefügte Ebene markiert ist. Ziehen Sie mit gedrückter linker Maustaste einen Kreis über Ihr Motiv.

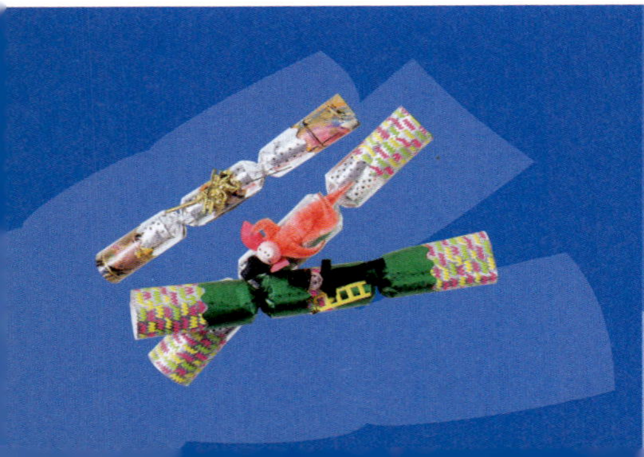

Durch die Arbeit mit den verschiedenen Ebenen in Photoshop Elements haben Sie die Möglichkeit, mehrere Schichten übereinander zu stapeln und das ein oder andere Detail des Bildes in den Vordergrund oder Hintergrund zu rücken: So schaut beispielsweise die Schnauze des Steinbocks über den Kreis hinaus.

WISSEN

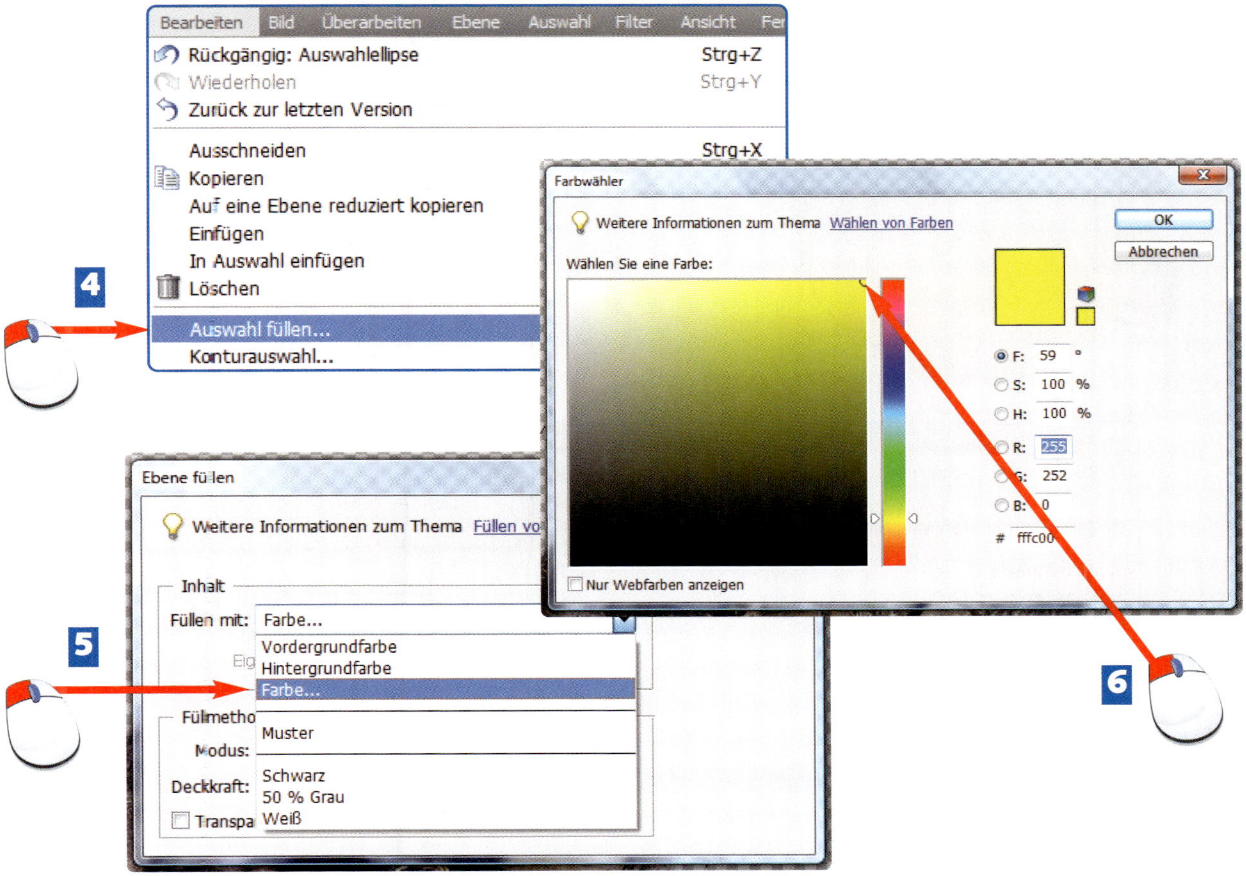

4 Über *Bearbeiten/Auswahl füllen* wählen Sie eine Farbe für Ihren Kreis.

5 Klicken Sie im folgenden Dialog im Feld *Füllen mit* auf die Option *Farbe*.

6 Im nächsten Dialog bestimmen Sie eine Farbe mit Klick in das rechteckige Farbfenster. Mit dem Schieberegler rechts daneben verändern Sie den Farbbereich. Bestätigen Sie mit *OK*.

Sollte der Kreis nicht an der richtigen Position sitzen, zeichnen Sie ihn einfach neu.

TIPP

Zeichnen Sie einen Kreis oder ein Quadrat, indem Sie beim Zeichnen die ⇧-Taste gedrückt halten.

TIPP

Übrigens: Sie können auch mit der rechten Maustaste auf eine Auswahl klicken, um eine neue Ebene zu erstellen. Der Befehl lautet: *Ebene durch Kopie*.

HINWEIS

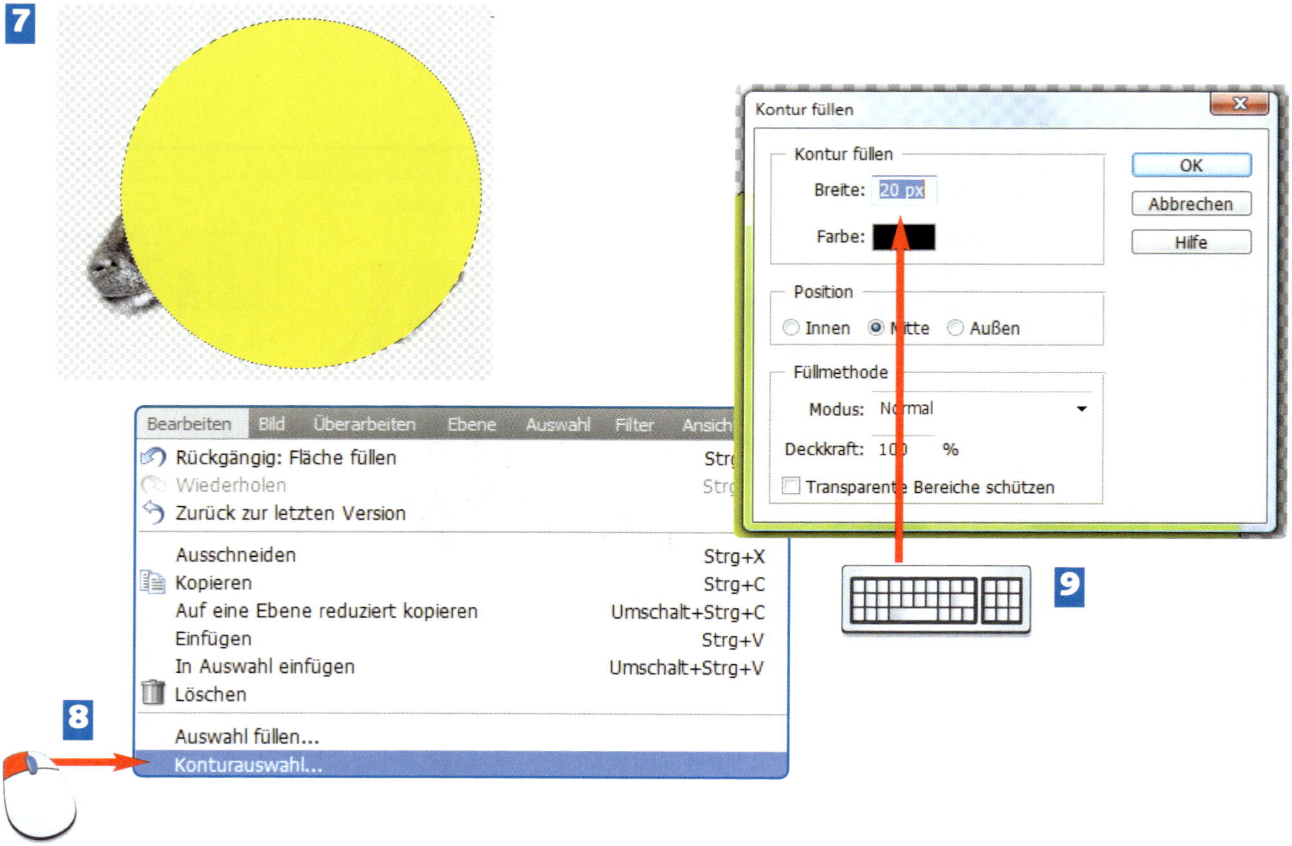

7 Im Moment überdeckt der gelbe Kreis das Motiv und ihm fehlt noch der schwarze Rand.

8 Fügen Sie den schwarzen Rand über *Bearbeiten/Konturauswahl* hinzu.

9 Geben Sie im folgenden Dialog beispielsweise *20* (Pixel) für die *Breite* des Rands ein und bestätigen Sie mit *OK*.

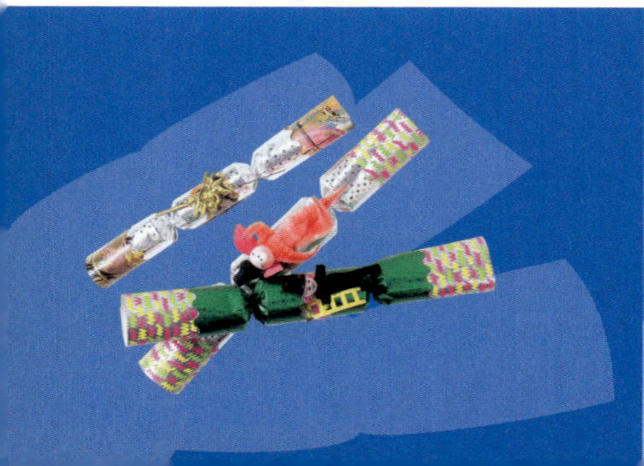

Manchmal erscheint zuerst ein Bearbeitungsschritt falsch, z.B. wenn der gelbe Kreis das Motiv überdeckt. Aber mithilfe der Ebenen lassen sich die einzelnen Elemente verschieben und neu in der Ebenenreihenfolge anordnen. Erst beim zweiten Arbeitsschritt kommen Sie Ihrem Ziel näher.

WISSEN

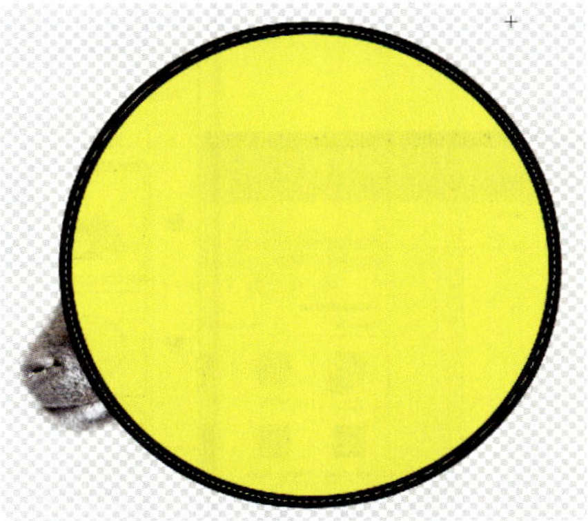

10

12

11

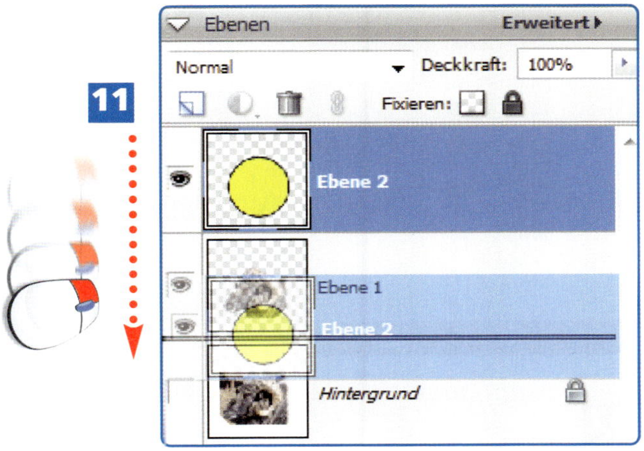

10 Der Kreis ist jetzt mit einem schwarzen Rand eingerahmt.

11 Ziehen Sie mit gedrückter linker Maustaste die Kreisebene (hier: Ebene 2) unter die Ebene des ausgeschnittenen Motivs.

12 So kommt der Kreis unter dem Motiv zum Liegen und bildet sozusagen den Hintergrund.

Ende

Das Originalmotiv, also das Basismotiv muss ausgeblendet sein, damit nur Kreis und ausgewähltes Motiv sichtbar sind. Also den Hintergrund mit Klick auf das Auge der *Hintergund*-Ebene ausblenden.

HINWEIS

Sollten Sie das Ebenenfenster nicht sehen, klicken Sie auf *Fenster/Ebenen* oder auf das kleine weiße Pfeilchen, das links neben den *Ebenen* steht. Das Ebenen-Fenster klappt auf.

HINWEIS

Motiv haarscharf radieren

Start

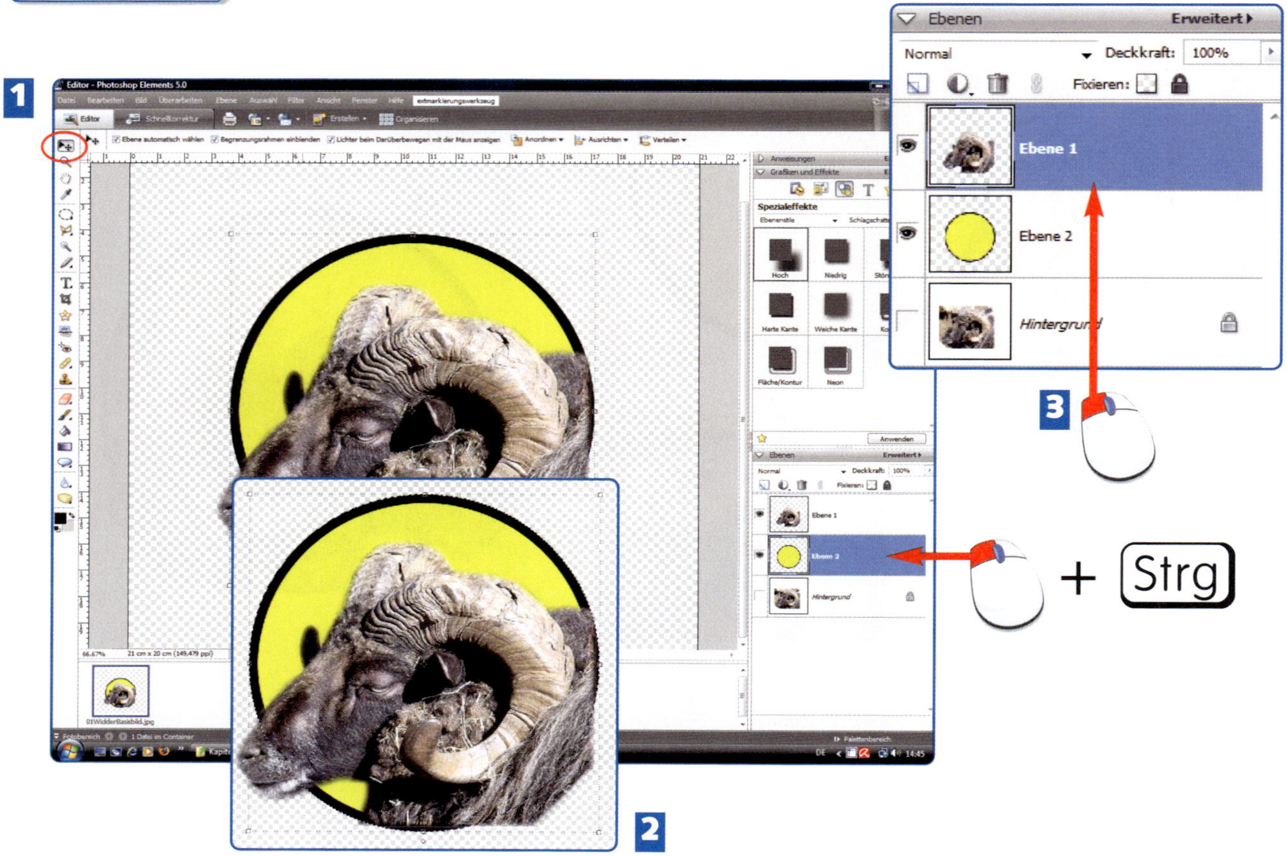

1 Wählen Sie das Verschieben-Werkzeug aus und klicken Sie mit gedrückter Strg-Taste auf die Kreis-Ebene.

2 Der Kreis wird automatisch ausgewählt, und zwar inklusive der schwarzen Umrandung.

3 Wechseln Sie mit einem Klick auf die Motiv-Ebene (hier: *Ebene 1*).

Das A und O beim Arbeiten mit Photoshop Elements ist das Erstellen einer richtigen Auswahl in Kombination mit Ebenen. Deshalb finden Sie unter dem Menüpunkt *Auswahl* viele Optionen, um die Auswahl weiter zu bearbeiten. Ganz wichtig hierbei sind: *Auswahl umkehren*, *Auswahl verändern*, *Auswahl vergrößern* und *Weiche Auswahlkante*.

WISSEN

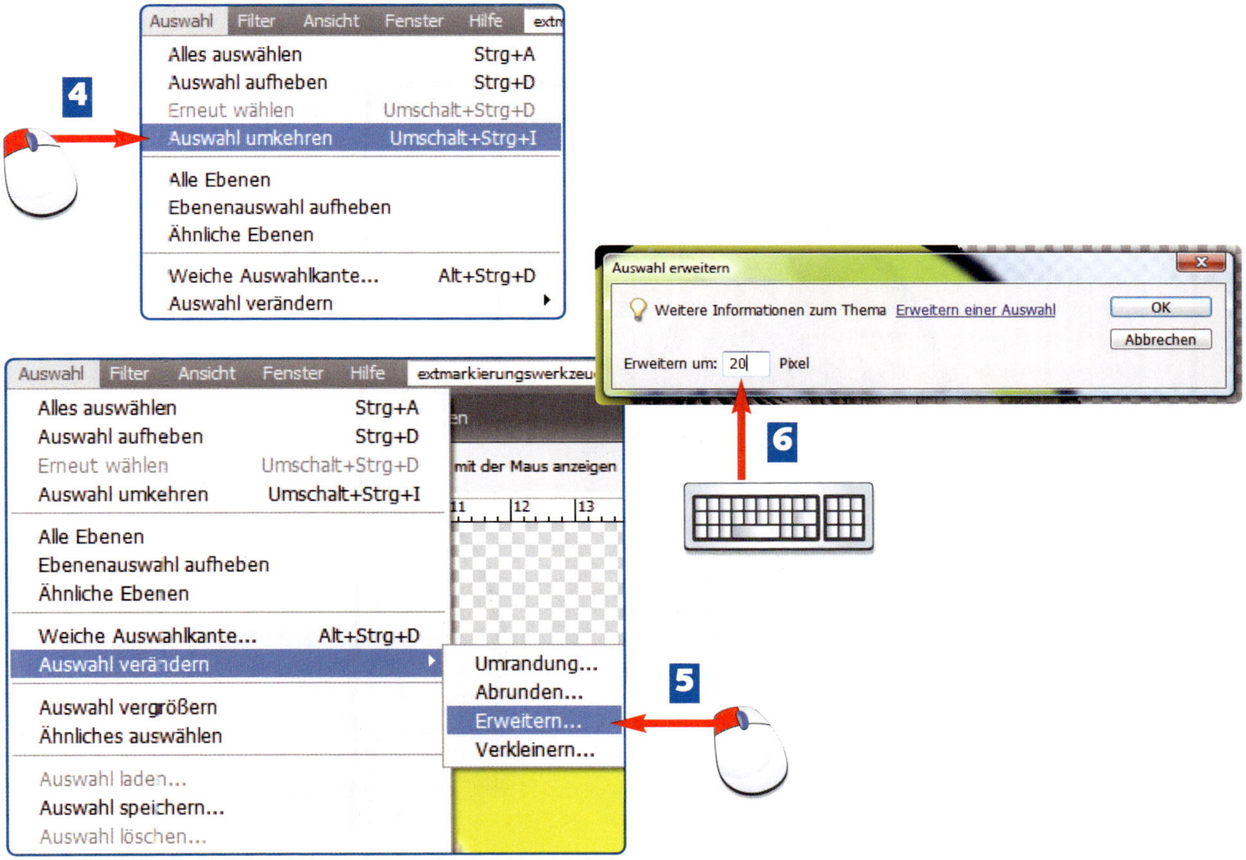

4 Wenn Sie jetzt mit dem Radiergummi arbeiten würden, würden Sie innerhalb des Kreises radieren. Deshalb kehren Sie die Auswahl um über *Auswahl/Auswahl umkehren*.

5 Die Auswahl schließt aber immer noch die schwarze Umrandung ein. Erweitern Sie die Auswahl um die Breite des schwarzen Randes. Klicken Sie auf *Auswahl/Auswahl verändern/Erweitern*.

6 Geben Sie im folgenden Dialog *20* ein und bestätigen Sie mit *OK*.

Die Breite der schwarzen Umrandung betrug 20 Pixel. Deshalb wurde die Auswahl ebenfalls um die 20 Pixel erweitert (siehe Bild 6).

HINWEIS

Eine Auswahl verhindert beispielsweise das Bearbeiten des Motivs an bestimmter Stelle. Im Beispiel Steinbock: das Radieren innerhalb des Kreises.

HINWEIS

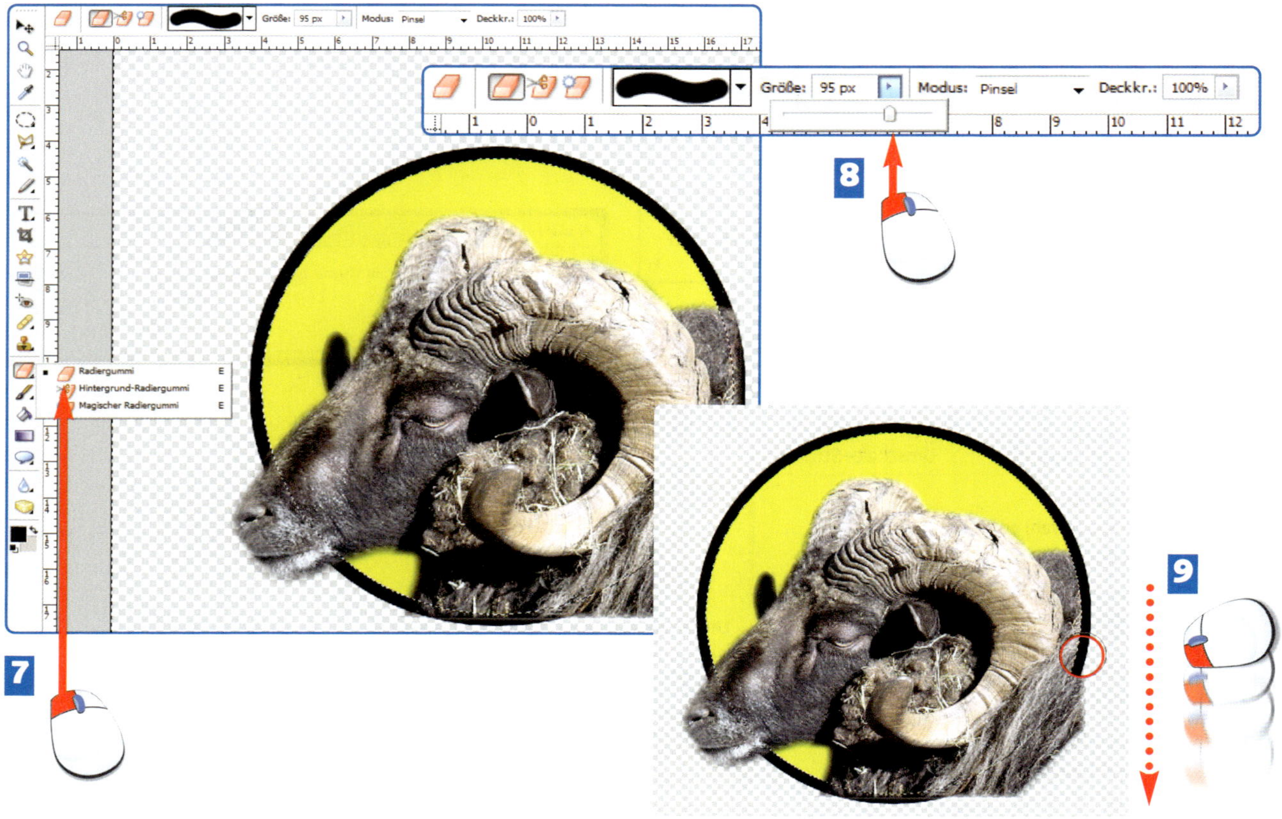

7 Klicken Sie auf den Radiergummi in der Werkzeugleiste und halten Sie die Maus gedrückt. Wählen Sie *Radiergummi* aus.

8 Vergrößern Sie den Radiergummi in der oberen Symbolleiste mit dem Schieberegler der *Größe*.

9 Radieren Sie die überstehende Fläche des Motivs mit gedrückter linker Maustaste weg.

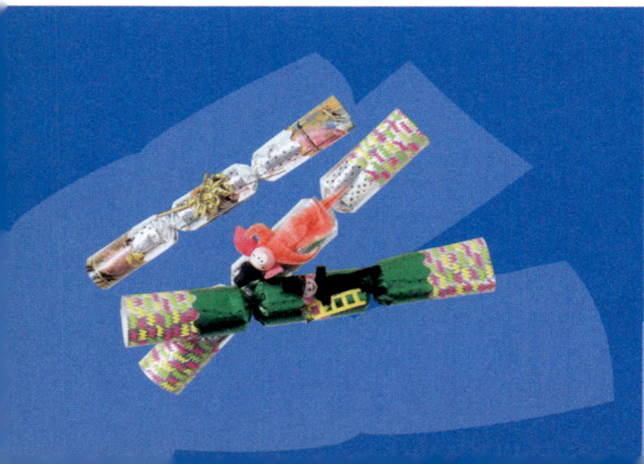

Sie haben es sicher schon bemerkt: Je nachdem, welches Werkzeug Sie in der Werkzeugleiste auswählen, ändert sich die Symbolleiste ganz oben entsprechend. Wenn Sie also den Radiergummi auswählen, finden Sie weitere Einstellungsmöglichkeiten für den Radiergummi in der Symbolleiste etwa zum Ändern der *Größe* oder der *Deckkraft*.

WISSEN

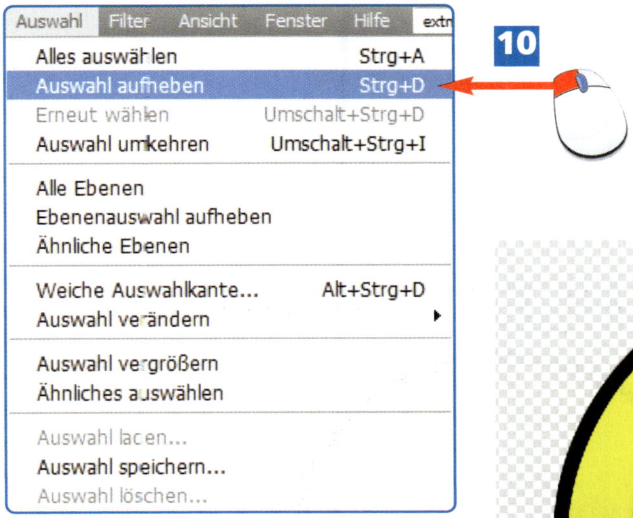

10

11

10 Über *Auswahl/Auswahl aufheben* verschwindet die gestrichelte Auswahl.

11 Ohne Auswahllinien sehen Sie sofort das Ergebnis. Der Radiergummi hat genau an der Kante der Auswahl radiert. Kein gelber Hintergrund „spitzt durch". Der Kopf sitzt perfekt im Kreis.

Ende

HINWEIS

Wer an seiner Auswahl lange getüftelt hat, der kann sie auch über den Menüpunkt *Auswahl/Auswahl speichern.*

TIPP

Möchten Sie die Auswahl vergrößern, halten Sie die ⇧-Taste gedrückt. Möchten Sie hingegen die Auswahl verkleinern, halten Sie die Alt-Taste gedrückt.

Text in Kreisform hinzufügen

Start

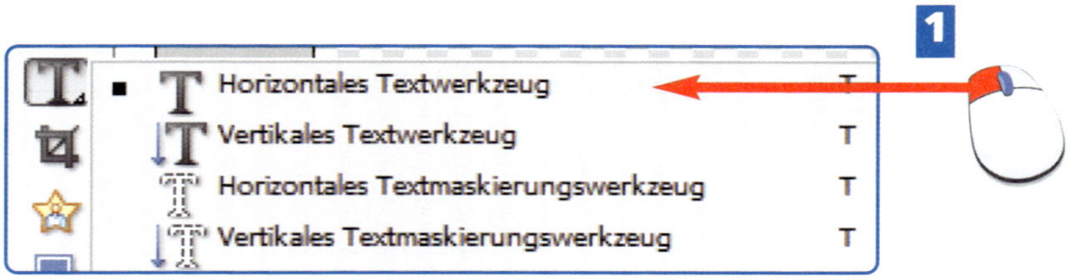

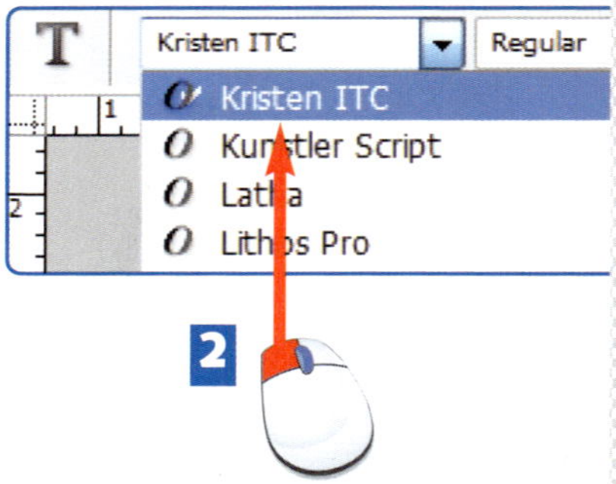

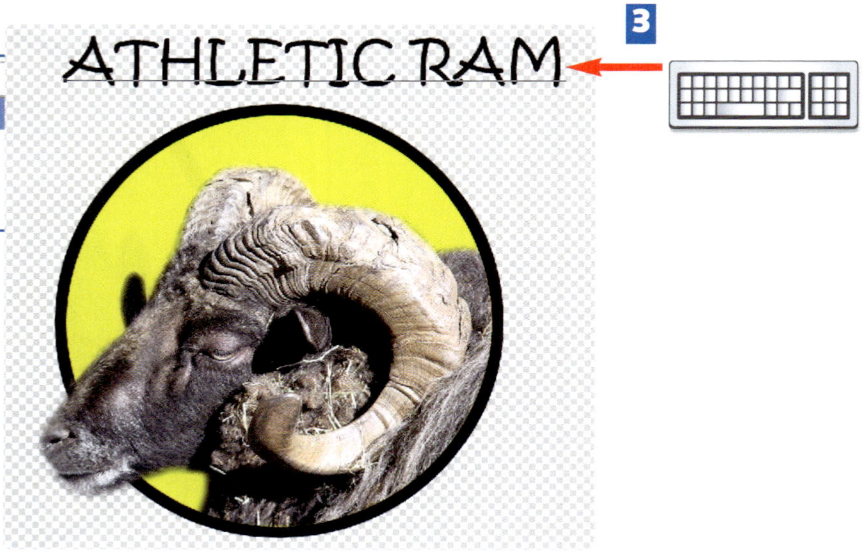

1 Wählen Sie in der Werkzeugleiste das *Horizontale Textwerkzeug* aus.

2 Legen Sie die *Schriftfamilie* und den *Schriftgrad* (Schriftgröße) in der oberen Symbolleiste fest.

3 Tippen Sie Ihren Text ein, am besten in Großbuchstaben.

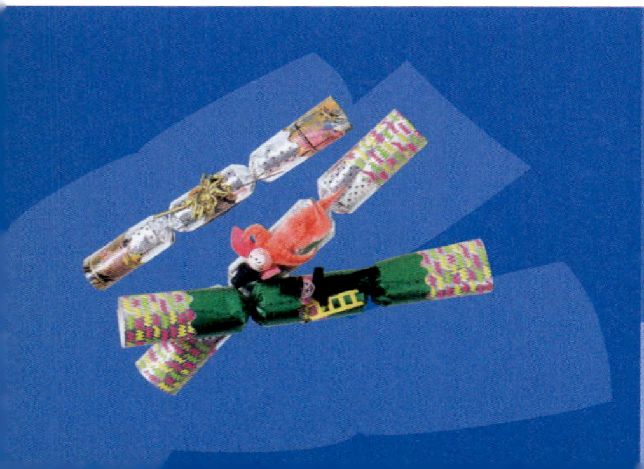

Der Text muss nicht immer horizontal oder vertikal geschrieben werden. Photoshop Elements bietet Ihnen die Möglichkeit, den Text auch in einer Kreisform (Bogen) oder in einer Wellenform usw. zu schreiben (siehe Bild 5). Probieren Sie einfach die verschiedenen Stile aus.

WISSEN

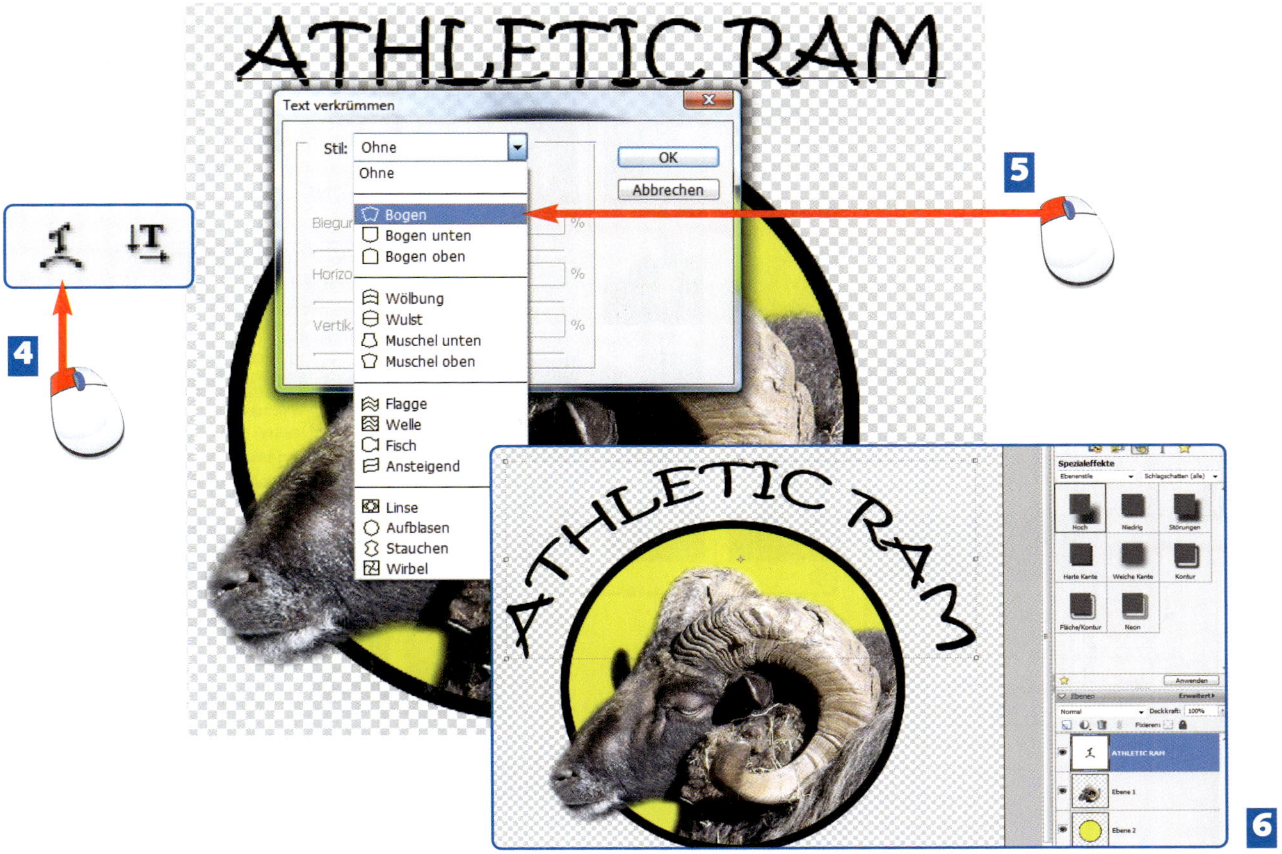

4 Erst wenn Sie Text geschrieben haben, erscheint in der Symbolleiste rechts außen das Werkzeug *Verkrümmten Text erstellen.* Klicken Sie darauf.

5 Im folgenden Dialog stellen Sie die Option *Bogen* ein, wenn Sie eine kreisförmige Ausrichtung Ihres Textes möchten. Bestätigen Sie Ihre Einstellungen mit *OK*.

6 Photoshop Elements fügt automatisch eine eigene Ebene (Textebene) ein.

Ende

HINWEIS

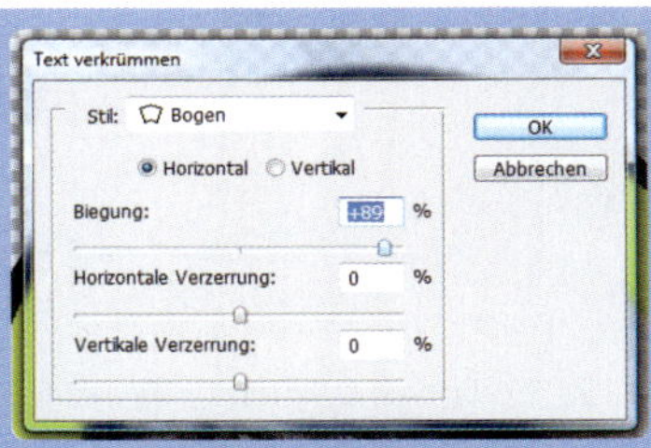

Sollte der Text nicht stark genug gebogen sein, dann verändern Sie den Wert unter *Biegung*.

Start

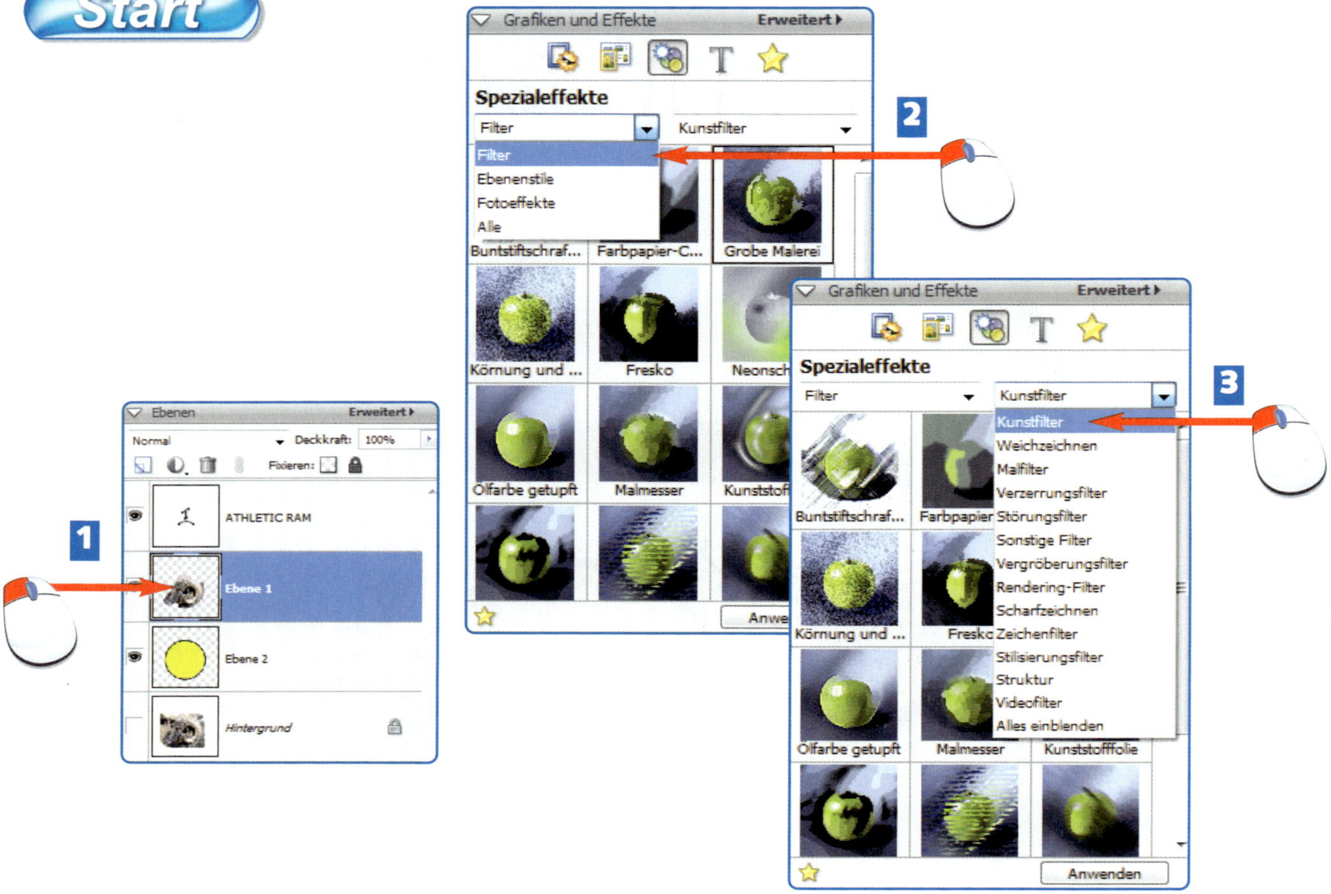

1 Wechseln Sie mit einem Klick auf die Motiv-Ebene (hier: *Ebene 1*).

2 Wählen Sie im Fenster *Grafiken und Effekte* unter *Spezialeffekte* die *Filter* aus.

3 Klicken Sie rechts daneben auf *Kunstfilter*.

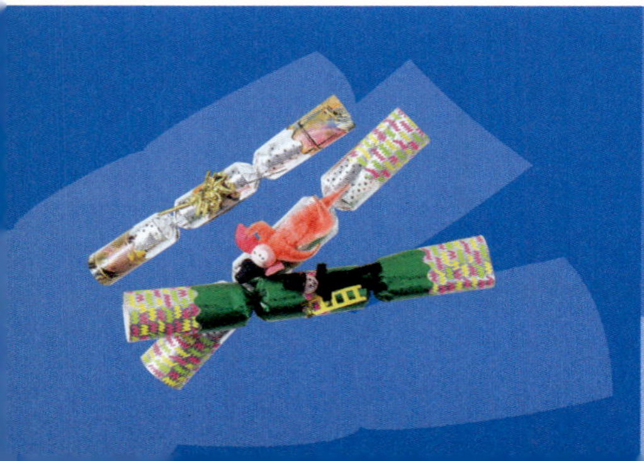

Unter den Filtern hält Photoshop Elements jede Menge Überraschungen bereit. Hier kann man sich stundenlang austoben mit Ausprobieren und Testen der verschiedenen Filter. Die Motive werden in „wahre Kunstwerke" verwandelt.

WISSEN

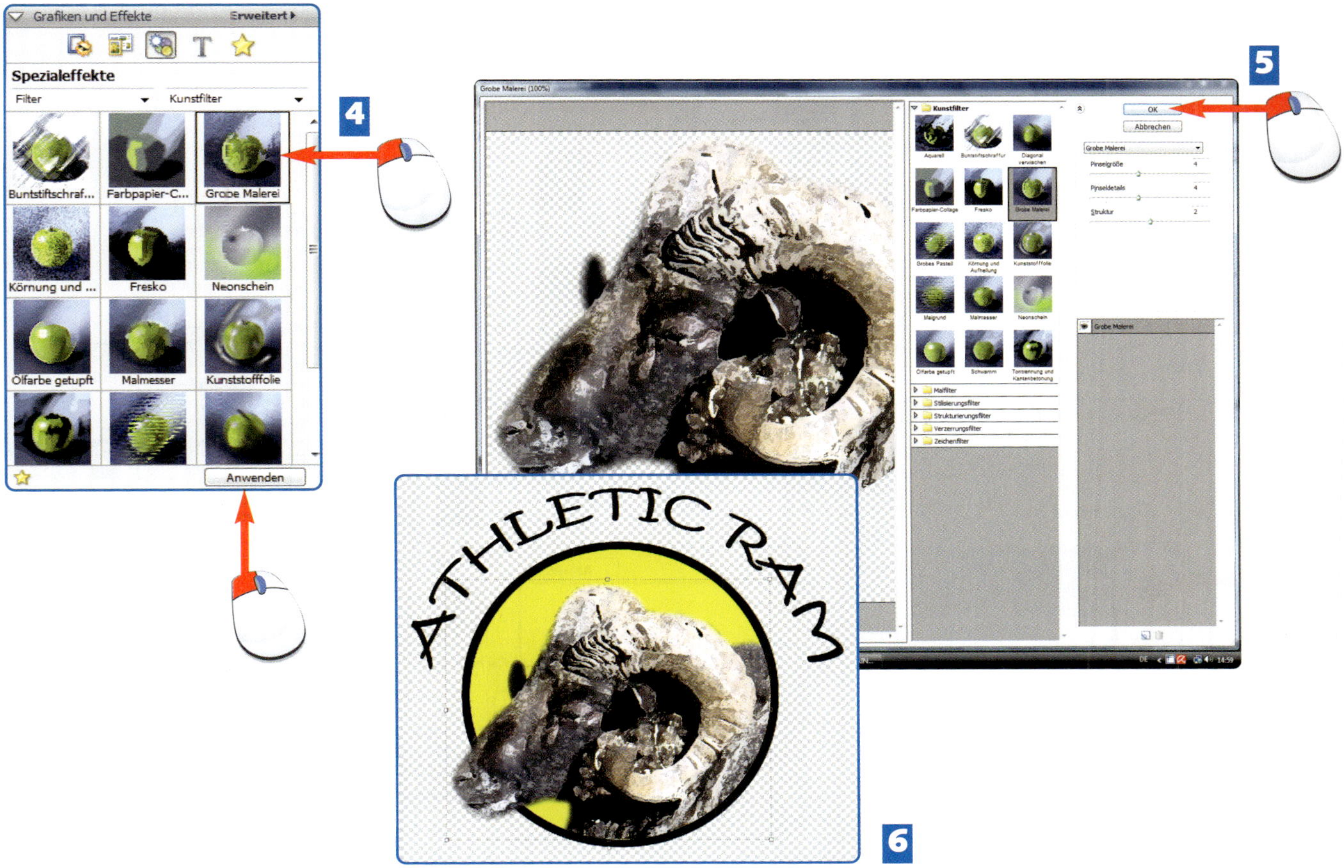

4 Markieren Sie mit einem Klick *Grobe Malerei* und bestätigen Sie die Einstellung mit *Anwenden*.

5 In folgendem Fenster bestätigen Sie einfach mit *OK*.

6 Jetzt sieht Ihr Motiv wie gemalt aus.

Ende

HINWEIS

Sollten nicht alle Fenster auf dem Bildschirm sichtbar sein, klicken Sie in der Menüleiste auf *Fenster*. Dorft finden Sie *Grafiken und Effekte* und die *Ebenen*.

HINWEIS

Im Fenster *Grobe Malerei* (siehe Bild 5) verändern Sie die „Malerei" über *Pinselgröße*, *Pinseldetails* und *Struktur*. Ziehen Sie einfach die Schieberegler nach rechts bzw. links.

Start

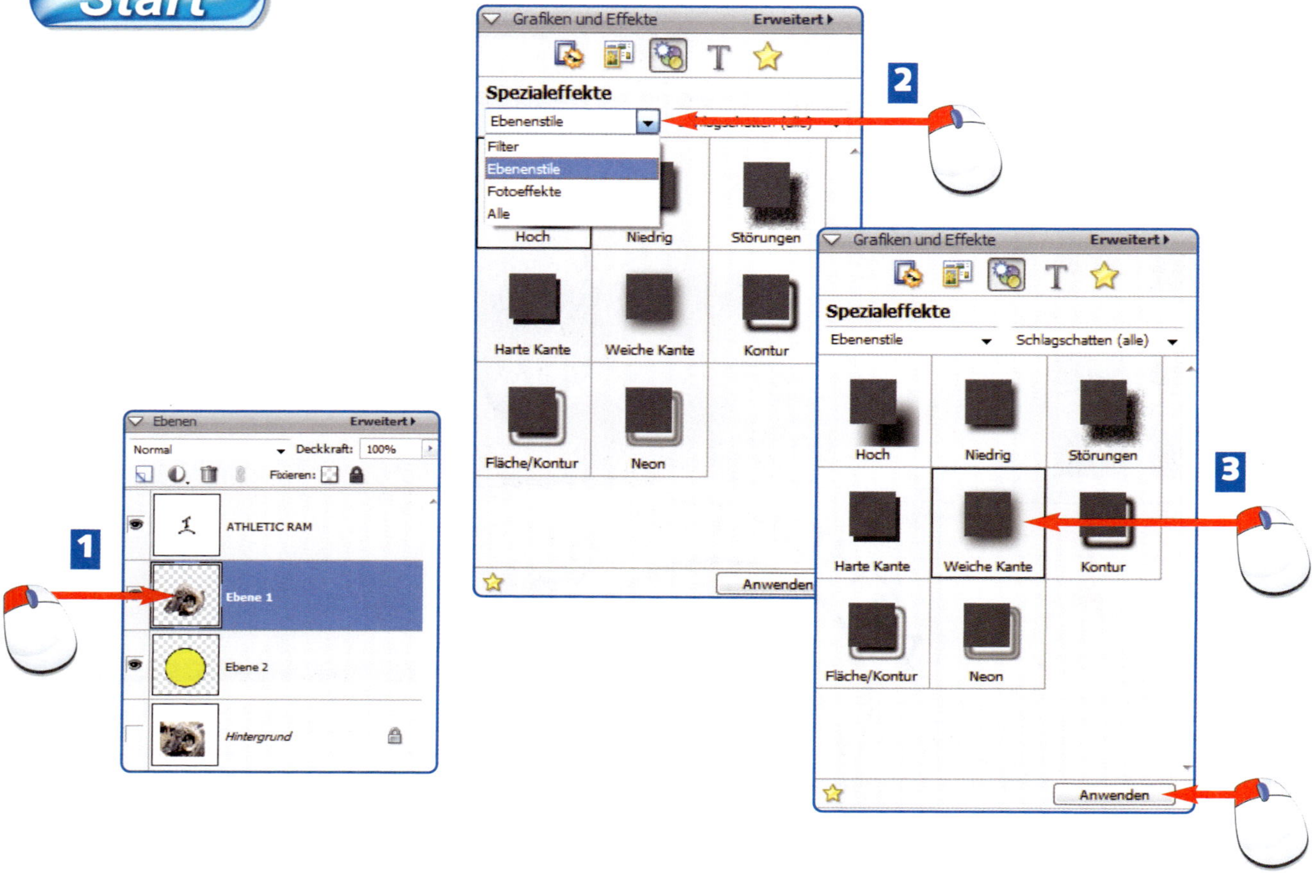

1 Aktivieren Sie mit einem Klick die Motiv-Ebene (hier: *Ebene 1*).

2 Wählen Sie im Fenster *Grafiken und Effekte* die *Ebenenstile* und rechts daneben den *Schlagschatten* aus.

3 Klicken Sie auf *Weiche Kante* und anschließend auf *Anwenden*.

Ein kleiner Trick, um ein selbstgebasteltes Motiv noch etwas ansehnlicher und „dreidimensionaler" wirken zu lassen: Verpassen Sie sowohl dem Motiv als auch dem Kreis einen Schatten. Und was dem Ganzen ebenfalls eine gewisse Note verleiht, sind die abgeflachten Kanten.

WISSEN

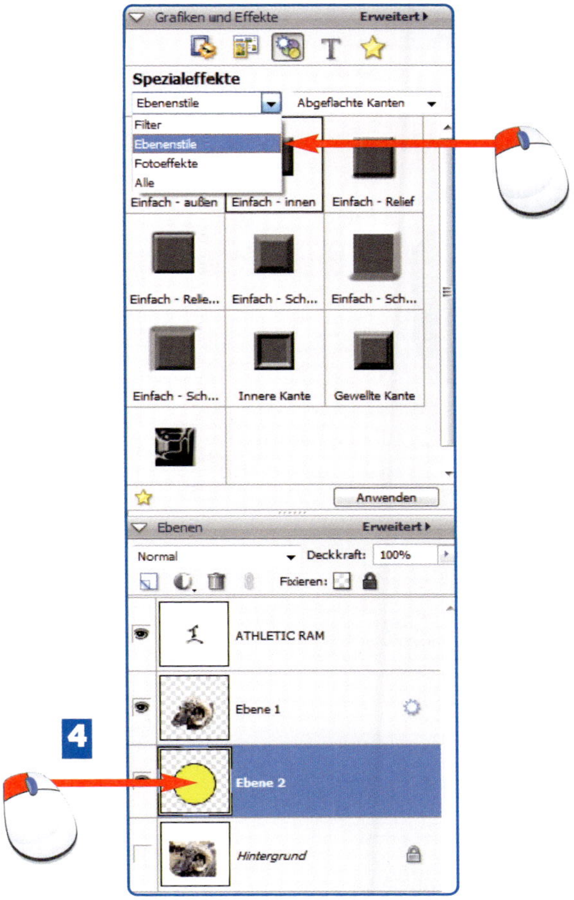

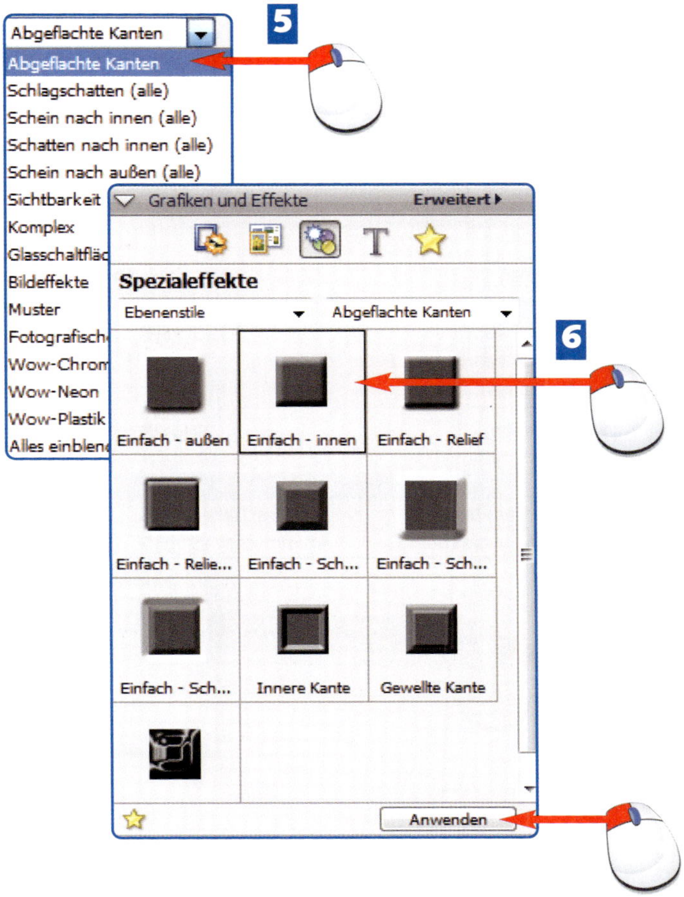

4 Wechseln Sie jetzt von der Motiv-Ebene auf die Kreis-Ebene (hier: *Ebene 2).* Bleiben Sie bei den *Ebenenstilen*.

5 Wählen Sie rechts daneben *Abgeflachte Kanten.*

6 Klicken Sie auf *Einfach – innen* und bestätigen Sie mit *Anwenden*.

Ende

Erscheint Ihnen der ein oder andere Ebenenstil zu schwach, dann wählen Sie doch einfach einen neuen Ebenenstil aus und wenden diesen an.

HINWEIS

Start

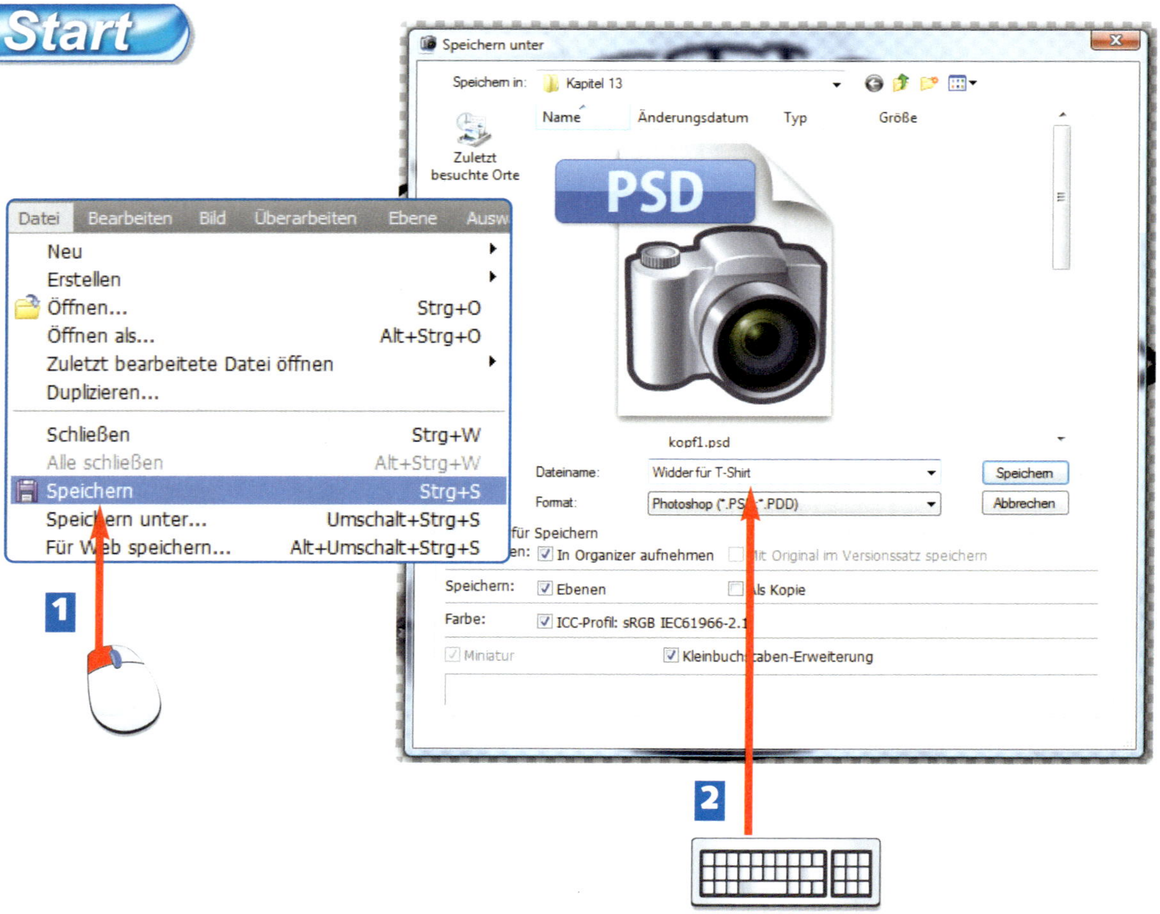

1 Natürlich sollten Sie nicht vergessen, Ihre Arbeit zu speichern. Klicken Sie dazu auf *Datei/Speichern*.

2 Geben Sie dem Motiv einen *Dateinamen* (hier: *Widder für T-Shirt).*

Im Fachhandel bzw. gut sortierten Schreibwarenladen erhalten Sie Folien für den T-Shirt-Druck. Natürlich lassen sich die Folien auch über das Internet bestellen. Sie finden die Folien unter dem Begriff *Transferfolie* oder *Bügelfolie*.

WISSEN

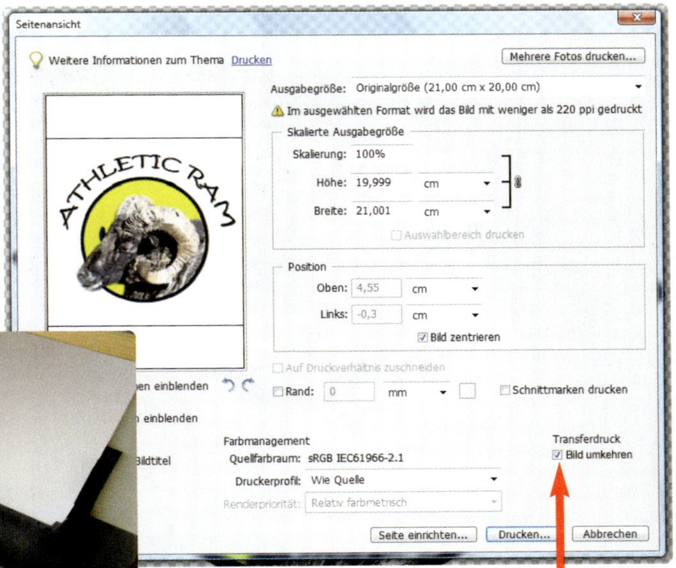

3

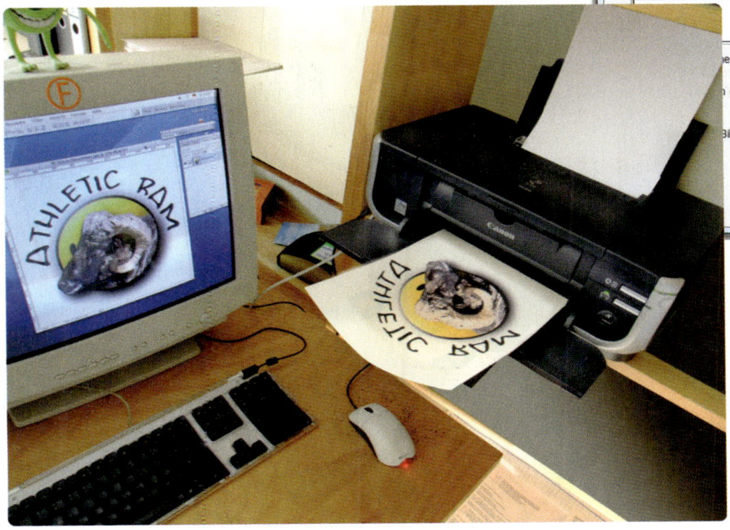

4

3 Wählen Sie *Datei/Drucken* und aktivieren Sie unter *Transferdruck* die Option *Bild umkehren*. Bestätigen Sie mit *Drucken*.

4 Ihr Motiv wird auf die Folie seitenverkehrt gedruckt, damit es auf das T-Shirt wieder seitenrichtig aufgebügelt werden kann.

Ende

FACHWORT

Als **Druckertreiber** wird die Software bezeichnet, die nötig ist, damit der Drucker Ihre Bilder ausdruckt. Ohne ihn würde der Drucker den Computer nicht verstehen.

HINWEIS

Sollte die Option *Transferdruck* nicht auswählbar sein, dann unterstützt der Druckertreiber Ihres Druckers diese Option nicht. Sehen Sie in den Druckereigenschaften nach, ob Sie dort eine ähnliche Option finden.

Start

1

2

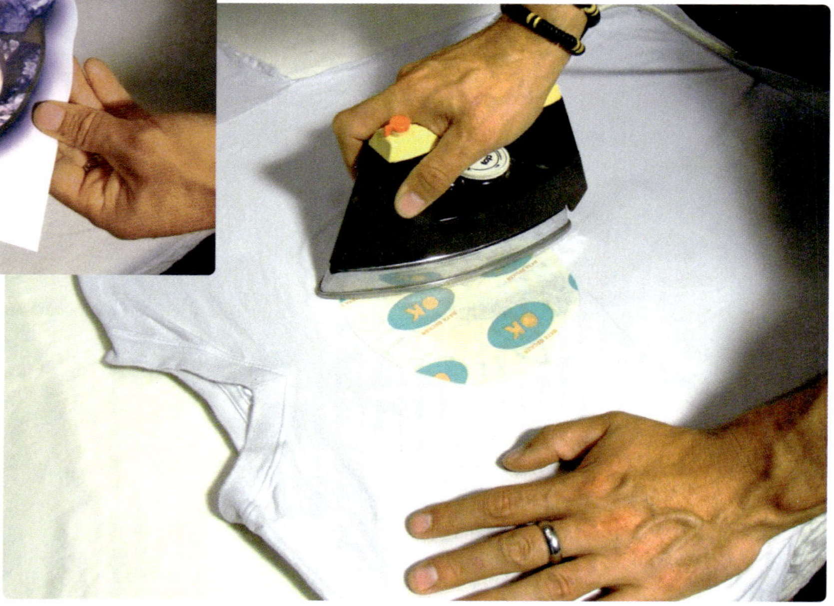

1. Nachdem Sie das Motiv auf die Transferfolie bzw. Bügelfolie gedruckt haben, schneiden Sie es am besten grob aus.
2. Legen Sie das Motiv mit dem „Gesicht nach unten“ auf das T-Shirt und bügeln Sie es auf.

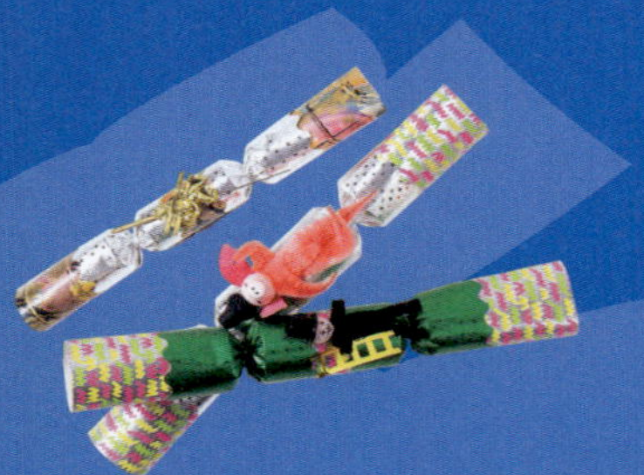

Achten Sie genau darauf, welche Angaben der Hersteller der Transerfolie macht. Halten Sie sich an die Angaben, wie zum Beispiel die richtige Temperatur für das Bügeleisen, damit die Bügelaktion auch sicher funktioniert.

WISSEN

3

4

3 Ziehen Sie die Folie vorsichtig vom T-Shirt ab.

4 Fertig! So könnte Ihr fertig bedrucktes T-Shirt aussehen.

Ende

Transferfolie bezeichnet ein Spezialpapier bzw. eine Spezialfolie, die sich bedrucken und anschließend auf Ihr T-Shirt bügeln lässt.

FACHWORT

Machen Sie Ihren Probedruck immer erst auf Normalpapier. Wenn alles passt, dann erst auf die Bügelfolie drucken. Sonst „verbraten" Sie zu viel teure Bügelfolie, bevor ein gutes Ergebnis zustande kommt.

HINWEIS

14

Nostalgie: Plakat aus alten Zeiten

Start

1

2

1 Wer hätte das gedacht: Aus einem ganz normalen Foto lässt sich im Handumdrehn ein nostalgisches Plakat entwickeln. Mit ein paar interessanten Kniffen erhalten Sie beispielsweise dieses Ergebnis.

2 Und hier das Originalbild: Mit Nostalgie hat dieses Bild allerdings noch nichts zu tun!

Nostalgie leitet sich aus dem Griechischen ab und bedeutet nichts anderes als ein sehnsüchtiges Verlangen und Hinterhertrauern um die guten alten Zeiten. Natürlich waren die vergangenen Zeiten viel schöner und besser als die Gegenwart.

WISSEN

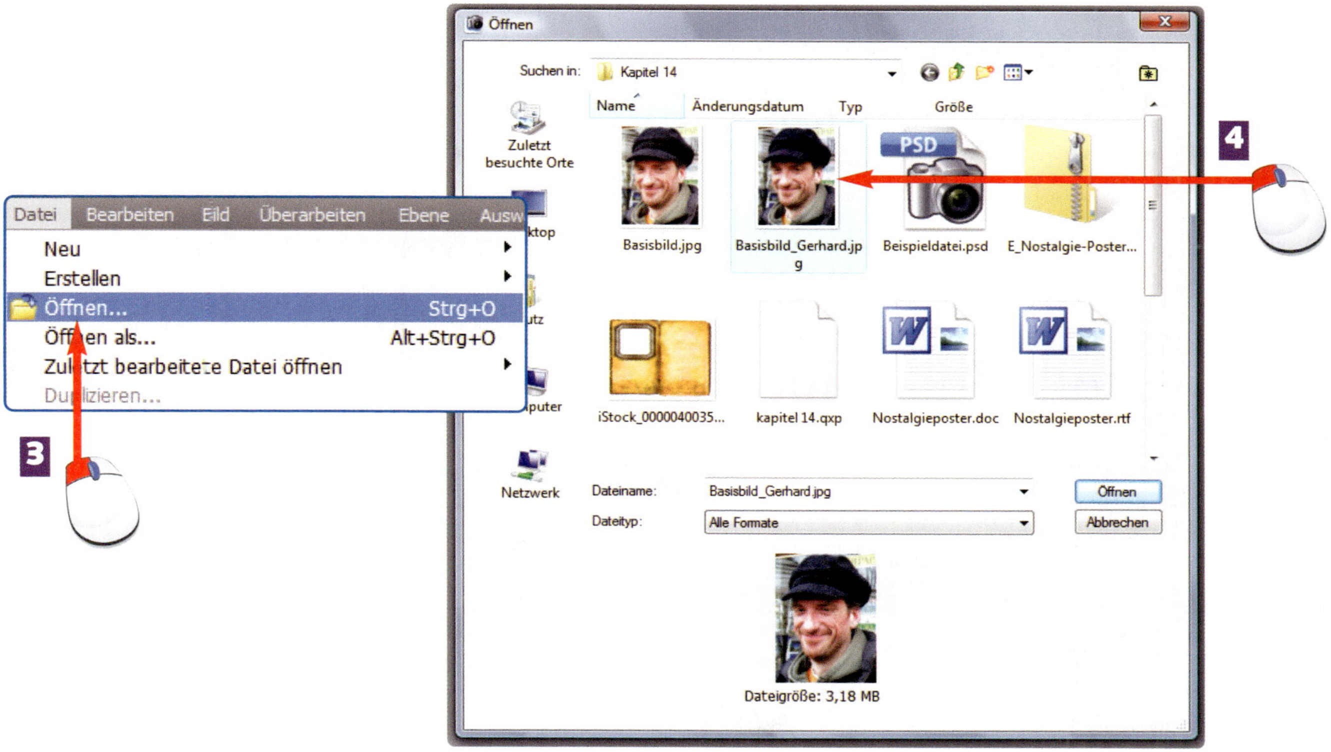

3 Nach dem Start von PhotoShop Elements öffnen Sie das Foto, das als Plakat umgearbeitet werden soll, mit *Datei/Öffnen.*

4 Markieren Sie das Foto mit einem Klick und bestätigen Sie mit *Öffnen.* Falls Sie im Organizer gelandet sind, rufen Sie den Editor über *Bearbeiten/Gehe zu Editor* auf. Dort stehen Ihnen alle Werkzeuge zur Verfügung, die Sie zum Erstellen des Plakats brauchen.

Ende

Laden Sie sich die Originalbilder zu den Workshops herunter:
www.carobutz.de
www.artcore-x.de

HINWEIS

Achten Sie darauf, dass das Foto eine gute Qualität, sprich Auflösung aufweist. Bei einer Plakatgröße büßt Ihr Motiv sonst an Schärfe ein (mehr Infos finden Sie auf der Seite 26).

HINWEIS

Richtige Plakatgröße einrichten

Start

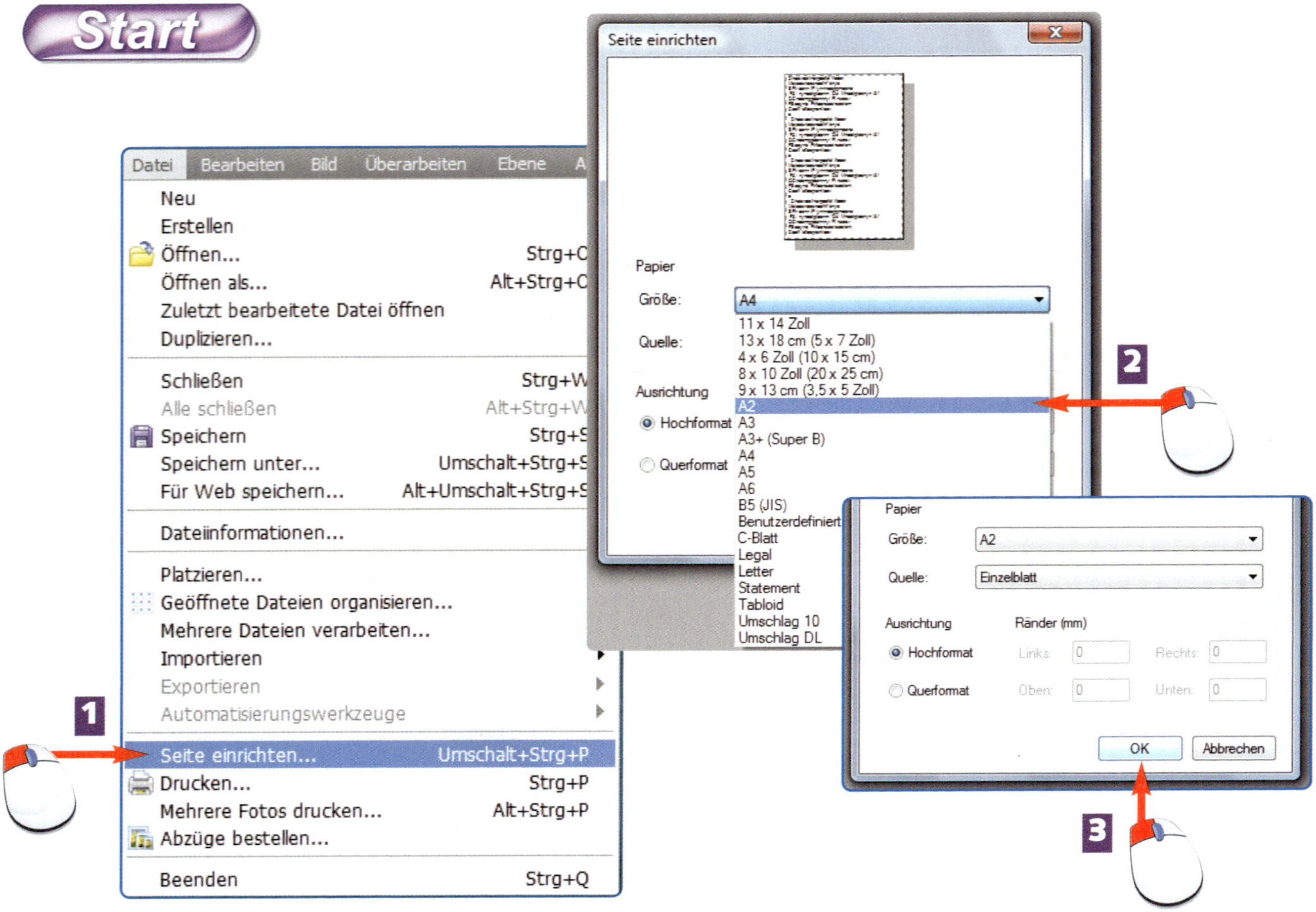

1 Wählen Sie *Datei/Seite einrichten*, um das richtige Format für das Plakat einzustellen.

2 Im folgenden Dialog klicken Sie auf den Pfeil neben *Größe* und stellen beispielsweise *A2* ein oder wählen eine andere Formatgröße.

3 Bestätigen Sie die Einstellung mit *OK*.

Woher kommt eigentlich der Begriff DIN? DIN ist die Abkürzung für Deutsches Institut für Normung. Hier wurden Standardgrößen für Papierformate entwickelt und festgelegt. Beispielsweise treffen Sie immer wieder auf das bekannte DIN-A4-Format bei Briefpapier, Heften, Zeitschriften, Katalogen usw.

WISSEN

4 Wählen Sie am rechten Fensterrand unter *Grafiken und Effekte* die *Fotoeffekte* aus. Sollten Sie Grafiken und Effekte nicht sehen, blenden Sie sie über *Fenster/Grafiken und Effekte* ein.

5 Wählen Sie rechts daneben die Option *Bildeffekte*. Klicken Sie anschließend auf *Sepia* und bestätigen Sie mit einem Klick auf *Anwenden*.

Ende

Hier die Maße in Breite x Höhe für die Größen DIN A2, A3 und A4:
DIN A2: 420 × 594 mm
DIN A3: 297 × 420 mm
DIN A4: 210 × 297 mm

HINWEIS

Für den Sepia-Effekt legt Photoshop Elements automatisch eine eigene Ebene an. Das Originalbild bleibt davon unbeeinflusst.

HINWEIS

Start

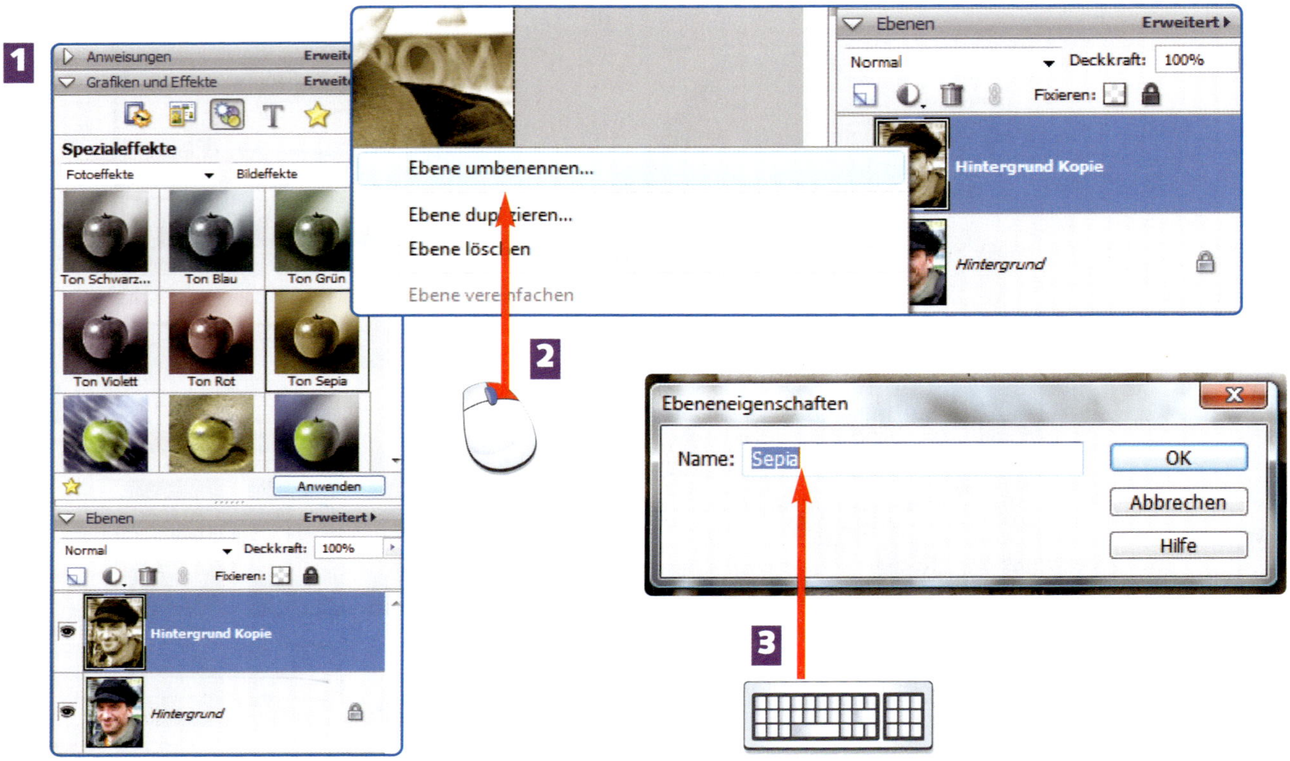

1 Blenden Sie die Ebenen über *Fenster/Ebenen* ein.

2 Klicken Sie mit der rechten Maustaste auf die Ebene, die durch den Sepia-Effekt entstanden ist (hier: *Hintergrund Kopie*). Klicken Sie jetzt mit der linken Maustaste auf *Ebene umbenennen.*

3 Geben Sie der Ebene einen aussagekräftigen Namen, z.B. Sepia, und bestätigen Sie mit *OK*.

Durch die Arbeit mit verschiedenen Ebenen in Photoshop Elements haben Sie die Möglichkeit, mehrere Schichten übereinander zu stapeln und beispielsweise einen verblassten Rahmen vom Foto selbst zu basteln und in den Hintergrund zu stellen (siehe Seite 212, Bild 1).

WISSEN

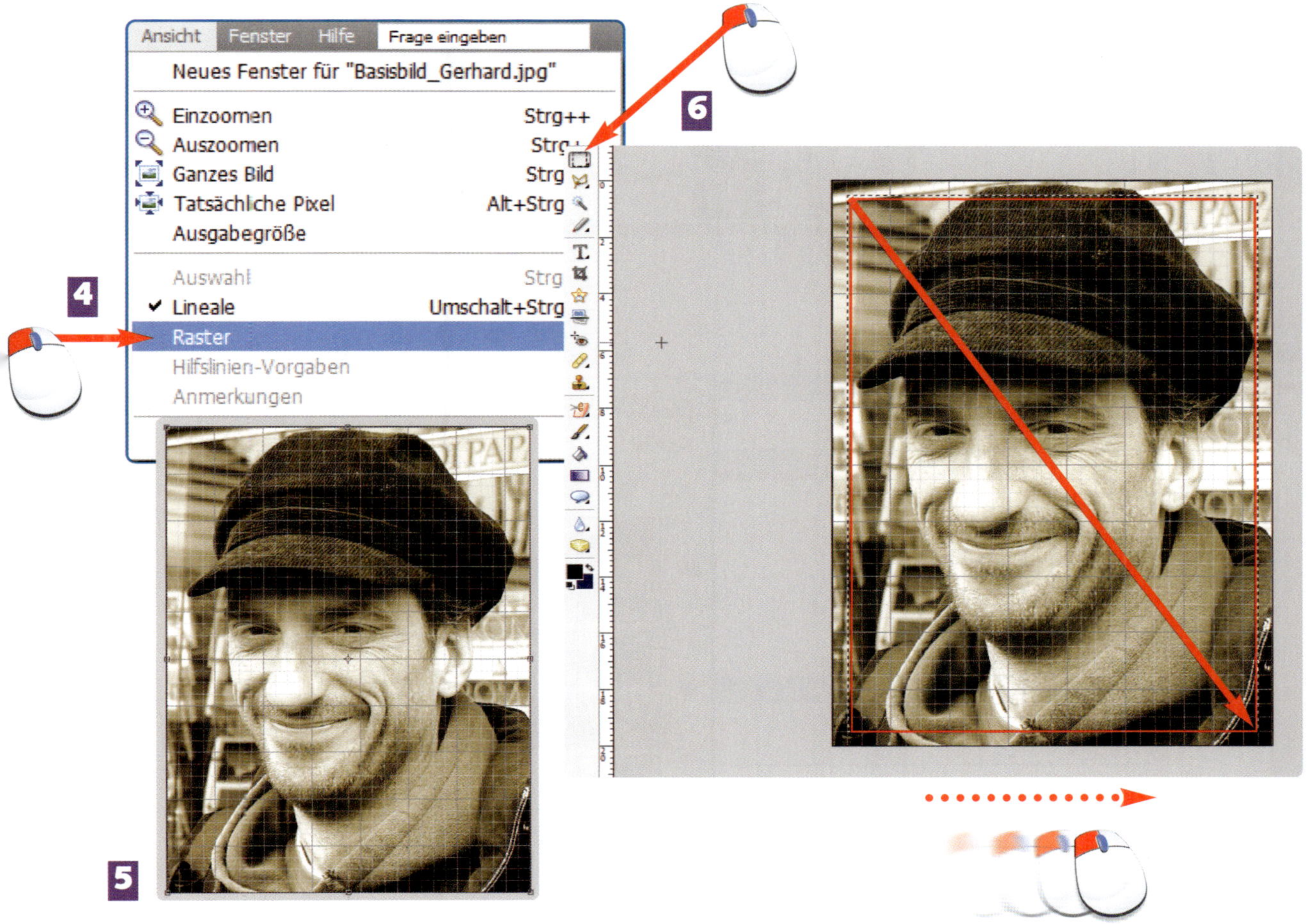

4 Blenden Sie das Raster über *Ansicht/Raster* ein.

5 Auf dem Foto zeigen sich gestrichelte Rasterlinien.

6 Wählen Sie das Werkzeug *Auswahlrechteck* aus der Werkzeugleiste und ziehen Sie mit gedrückter linker Maustaste einen Rahmen. Der Abstand zum Bildrand sollte dabei ein Rasterkästchen betragen.

Geben Sie den Ebenen einen aussagekräftigen Namen, dann wissen Sie später genau, was Sie mit der Ebene angestellt haben.

TIPP

Das eingeblendete Raster nutzen Sie, um beispielsweise einen Rahmen mit gleichmäßigem Abstand zur Außenkante des Bildes zu ziehen (siehe Bild 6).

HINWEIS

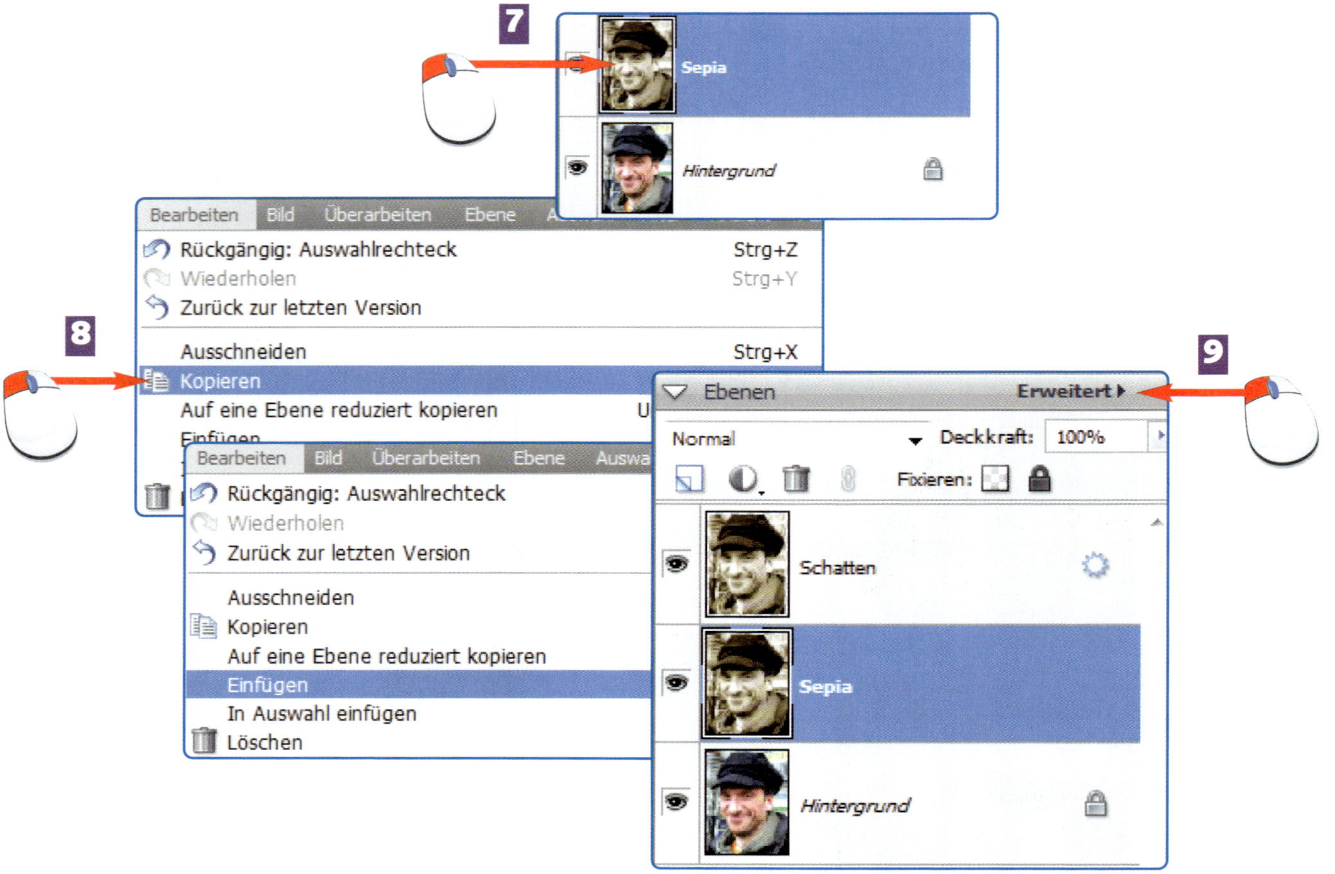

7 Achten Sie darauf, dass die richtige Ebene markiert ist (hier: *Sepia).*

8 Wählen Sie *Bearbeiten/Kopieren,* um den ausgewählten Bereich zu kopieren, und klicken Sie anschließend auf *Bearbeiten/Einfügen.* Eine neue Ebene wird über der Ebene *Sepia* eingefügt. Geben Sie der neu eingefügten Ebene einen Namen (hier: *Schatten* – rechter Mausklick, *Ebene umbenennen).*

9 Markieren Sie erneut die Ebene *Sepia* und klicken Sie jetzt auf *Erweitert*.

Wussten Sie schon, dass Sie ganz viele Einstellungen für Ebenen auch im Ebenen-Fenster auswählen können? Dort finden Sie einen schwarzweißen Knopf, unter dem sich viele nützliche Optionen befinden.

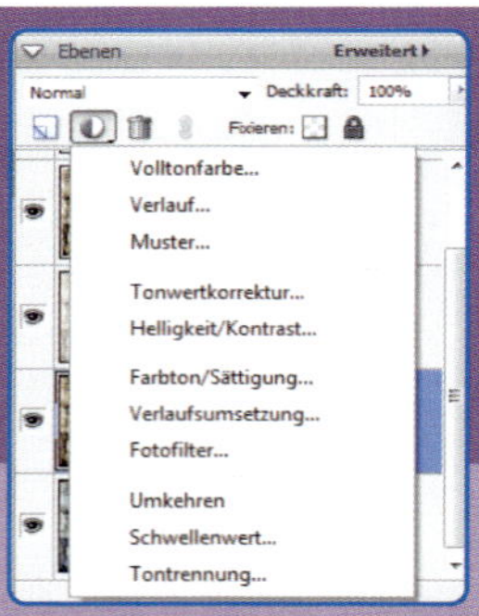

WISSEN

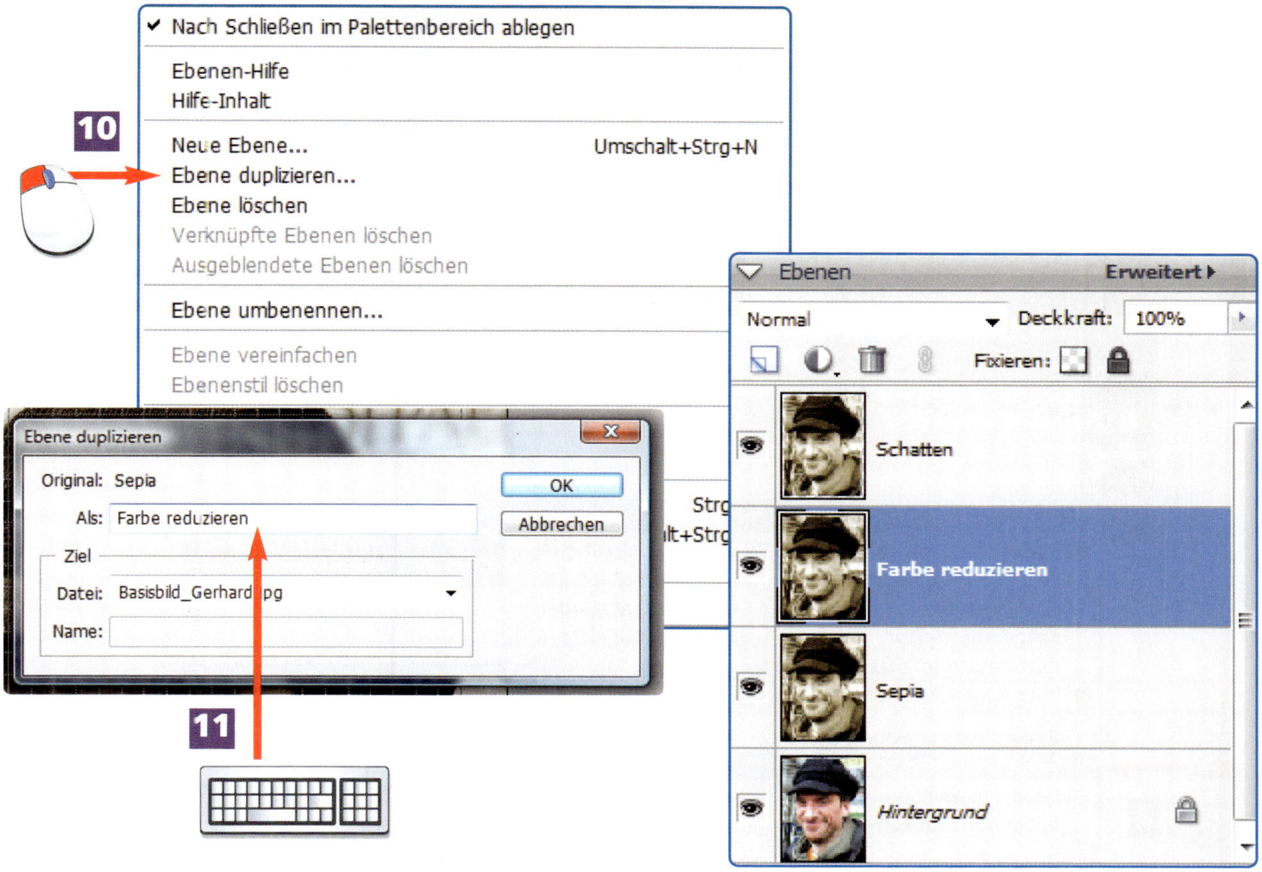

10 Wählen Sie aus dem Kontextmenü den Befehl *Ebene duplizieren.*

11 Im folgenden Dialog geben Sie in das Feld *Als:* einen Namen ein (hier: *Farbe reduzieren).* Bestätigen Sie mit *OK.*

12 Über der zuvor markierten Ebene erscheint eine weitere Ebene mit dem zuvor vergebenen Namen *(Farbe reduzieren).*

Ende

Wenn Sie eine Ebene zu viel fabriziert haben, markieren Sie sie und klicken auf den kleinen Papierkorb im Ebenen-Fenster.

TIPP

Die Ebene *Farbe reduzieren* wird der helle Bildhintergrund bzw. Rahmen des Plakats. Und der Ebene *Schatten* fügen Sie einen Schatten hinzu, der dem Plakat Dreidimensionalität gibt.

HINWEIS

Start

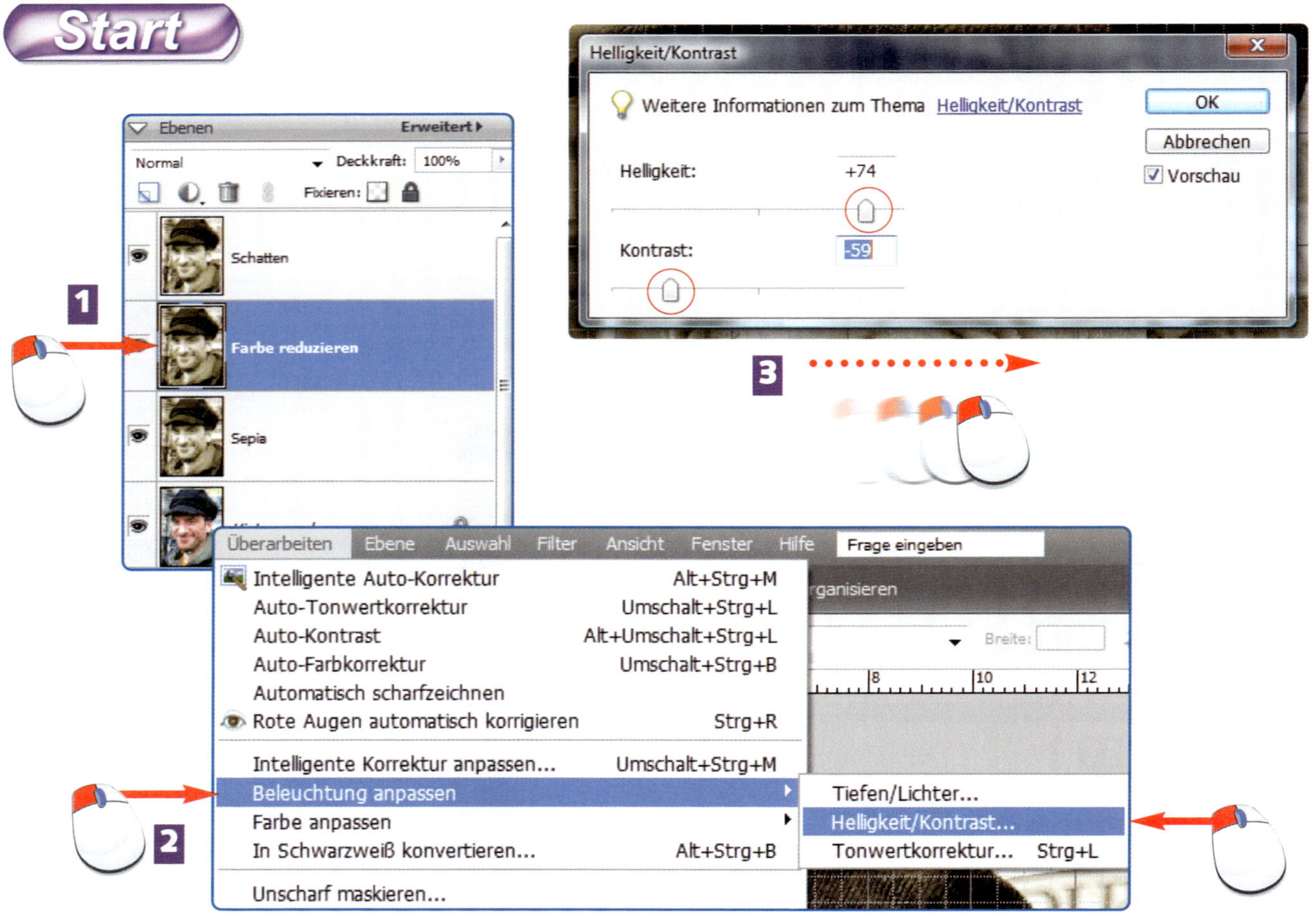

1 Markieren Sie die Ebene *Farbe reduzieren.*

2 Wählen Sie *Überarbeiten/Beleuchtung anpassen/Helligkeit/Kontrast.*

3 Im folgenden Dialog ziehen Sie den Regler der *Helligkeit* nach rechts und den Regler des *Kontrasts* nach links. So erstellen Sie einen hellen, kontrastarmen Hintergrund.

Ebenen verhalten sich wie aufeinandergestapeltes Papier. Das oberste deckt das unterste im Stapel zu. Wenn Sie die Reihenfolge ändern möchten, ziehen Sie die Ebene bei gedrückter linker Maustaste nach oben oder unten. So ändern Sie die Stapelreihenfolge.

WISSEN

4 In der Abbildung sehen Sie, dass der Hintergrund das Bild gleichmäßig einrahmt. Markieren Sie die Ebene, der Sie einen Schatten hinzufügen möchten (hier: *Schatten).*

5 Wählen Sie im Fenster *Grafiken und Effekte* die Ebenenstile aus.

Das Dialogfeld *Hellig-keit/Kontrast* finden Sie auch im Ebenen-Fenster unter dem schwarzweißen Knopf *(Einstellungsebene erstellen).*

HINWEIS

Sollte das Fenster *Grafiken und Effekte* nicht auf dem Bildschirm eingeblendet sein, wählen Sie *Fenster/Grafiken und Effekte.*

HINWEIS

Farbe & Richtung vom Schatten verändern

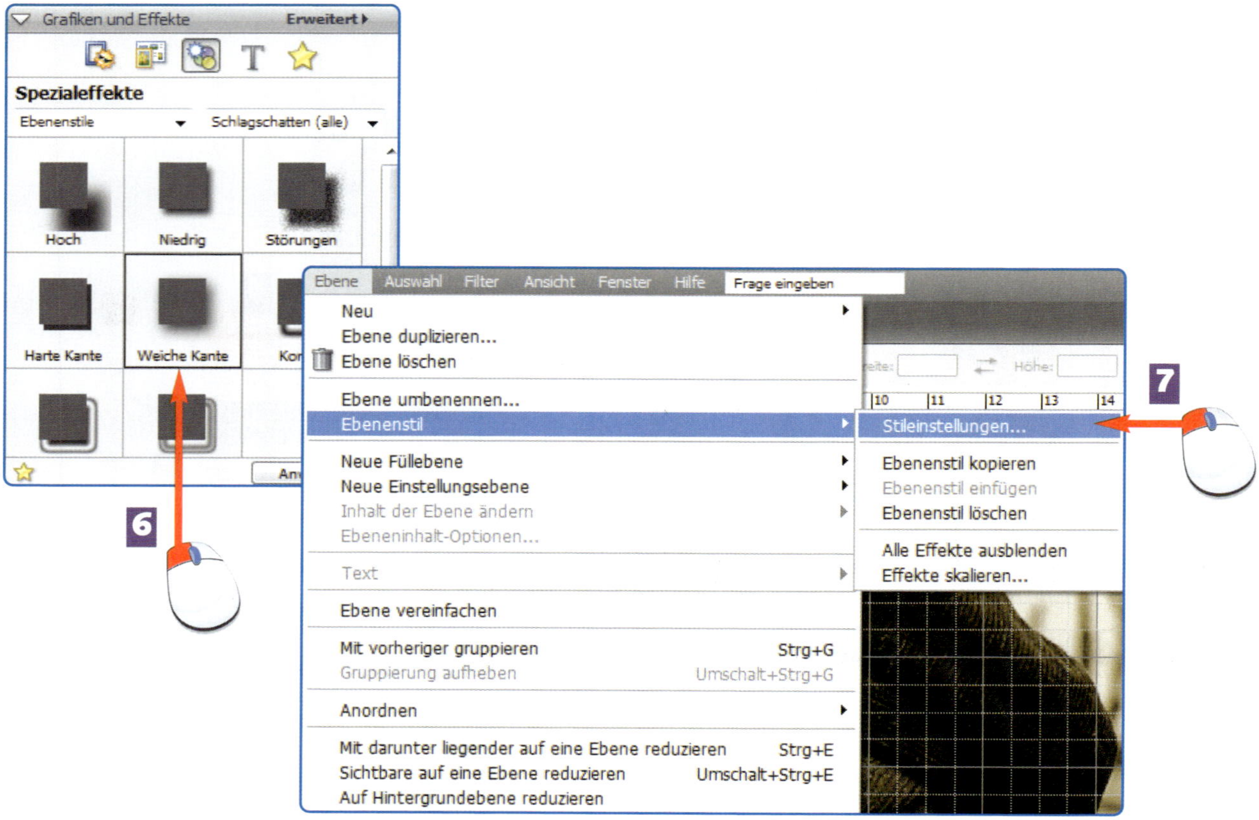

6 Wählen Sie im Feld rechts neben *Ebenenstile* die Option *Schlagschatten (alle)* aus. Klicken Sie auf *Weiche Kante* und anschließend auf *Anwenden*.

7 Klicken Sie auf *Ebenen/Ebenenstil/Stileinstellungen*, um weitere Einstellungen für den Schatten durchzuführen.

In den Stileinstellungen der Ebenen finden Sie nicht nur Einstellungen zum Schlagschatten, sondern auch zu den Optionen *Schein*, *Abgeflachte Kante* und *Kontur*. Mit einem Klick auf das vorangestellte Dreieck machen Sie die Einstellungen sichtbar und mit einem Klick auf das vorangestellte Kästchen aktivieren Sie die entsprechende Option.

WISSEN

8 Drehen Sie den Zeiger auf der Scheibe *Lichtwinkel* so lange, bis Ihnen die Schattengebung gefällt. Hier wurde der Schatten nach rechts oben verschoben. Um die Farbe des Schattens zu ändern, klicken Sie auf das Farbfeld neben *Größe*.

9 Der Mauszeiger verwandelt sich in eine Pipette. Klicken Sie mit der Pipette in den Farbbereich im Bild, den Sie für den Schatten verwenden möchten. Schließen Sie die Dialogfelder mit *OK*.

Ende

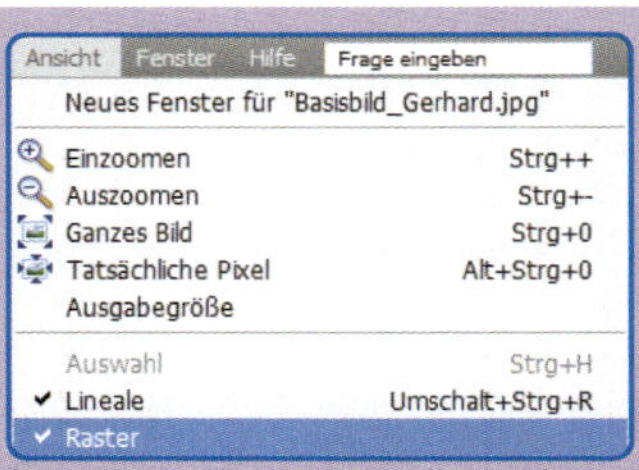

Damit Sie den Schatten um das Bild herum besser sehen können, schalten Sie am besten das Raster wieder aus: *Ansicht/Raster*.

HINWEIS

Start

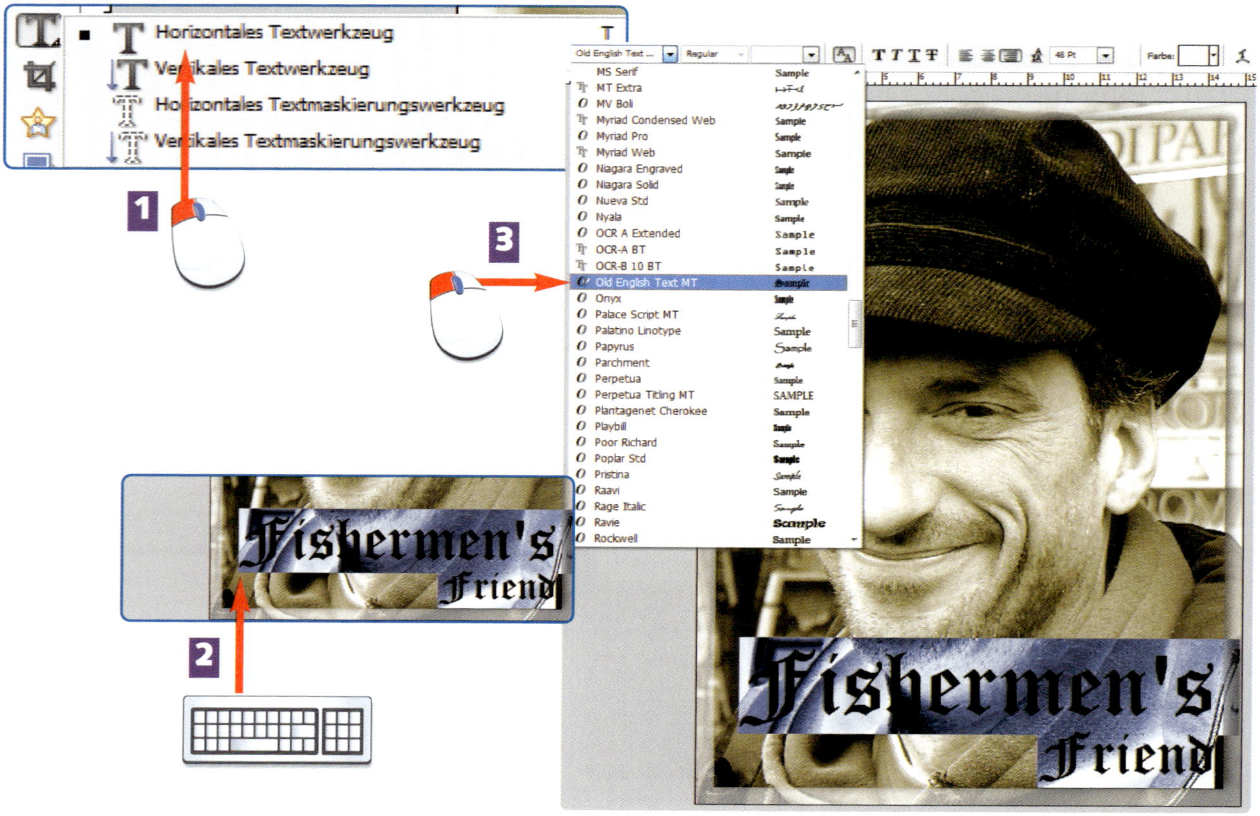

1 Wählen Sie aus der Werkzeugleiste das *Horizontale Textwerkzeug* aus.

2 Klicken Sie auf die Stelle im Plakat, wo Sie den Text positionieren möchten, und geben Sie den Text ein (hier: *Fishermen's friend)*.

3 Markieren Sie den Text und wählen Sie eine Schrift aus, die „alt" aussieht (hier: *Old English)*.

Wenn Sie Text eingeben, setzt Photoshop Elements den Text sofort auf eine eigene Ebene. Diese Ebene können Sie bearbeiten wie alle anderen Ebenen auch. Oder Sie verschieben die Textebene im Ebenen-Fenster. Vorerst steht die Textebene ganz oben an erster Stelle. Ist eigentlich logisch, Sie möchten ja, dass der Text über dem Bild liegt.

WISSEN

4

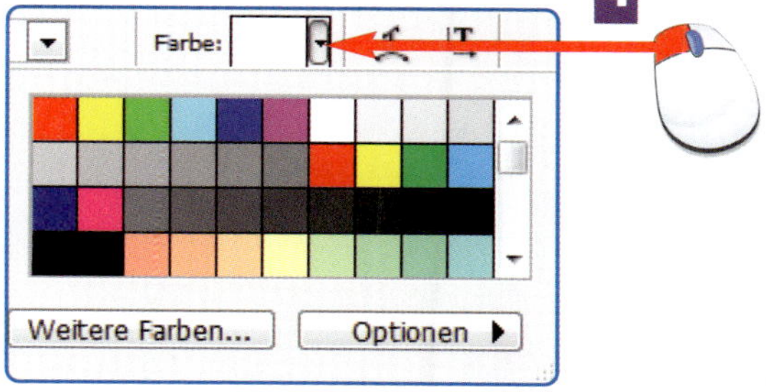

5

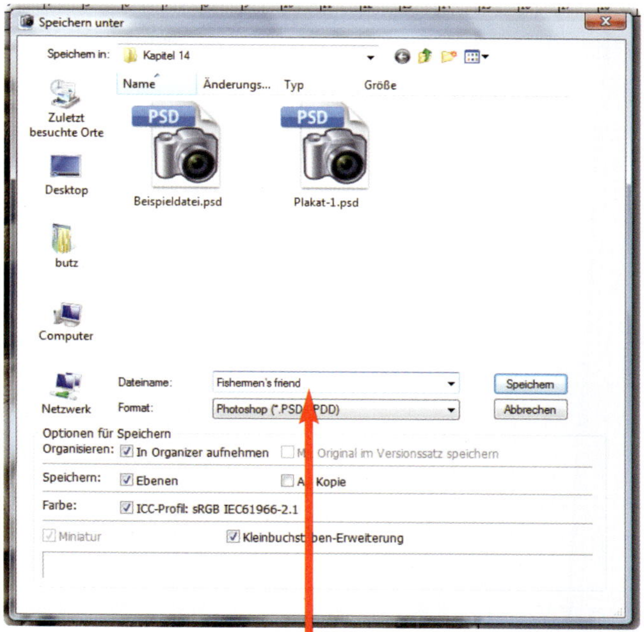

6

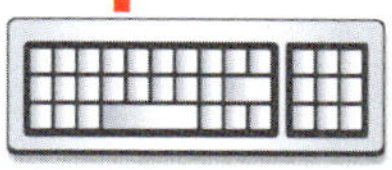

4 Verändern Sie gegebenenfalls noch die Farbe des Textes.

5 Das Ergebnis des Plakats könnte so wie in Abbildung 5 aussehen.

6 Vergessen Sie nicht, Ihr Plakat zu speichern! Wählen Sie dazu *Datei/Speichern* und geben Sie im folgenden Dialog einen *Dateinamen* ein (hier: *Fischermen's friend)*. Bestätigen Sie mit *Speichern*.

Ende

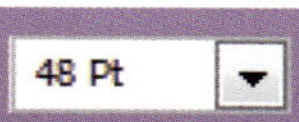

Nachdem Sie Text markiert haben, verändern Sie die Größe über *Schriftgrad einstellen*: Das Textwerkzeug in der Werkzeugleiste muss aktiv sein.

HINWEIS

Richten Sie den Text rechtsbündig aus, indem Sie in der oberen Symbolleiste auf *Text rechts ausrichten* klicken. Voraussetzung: Das Textwerkzeug in der Werkzeugleiste muss aktiv sein.

HINWEIS

15

Fotodienste und Fotocommunities

Start

1

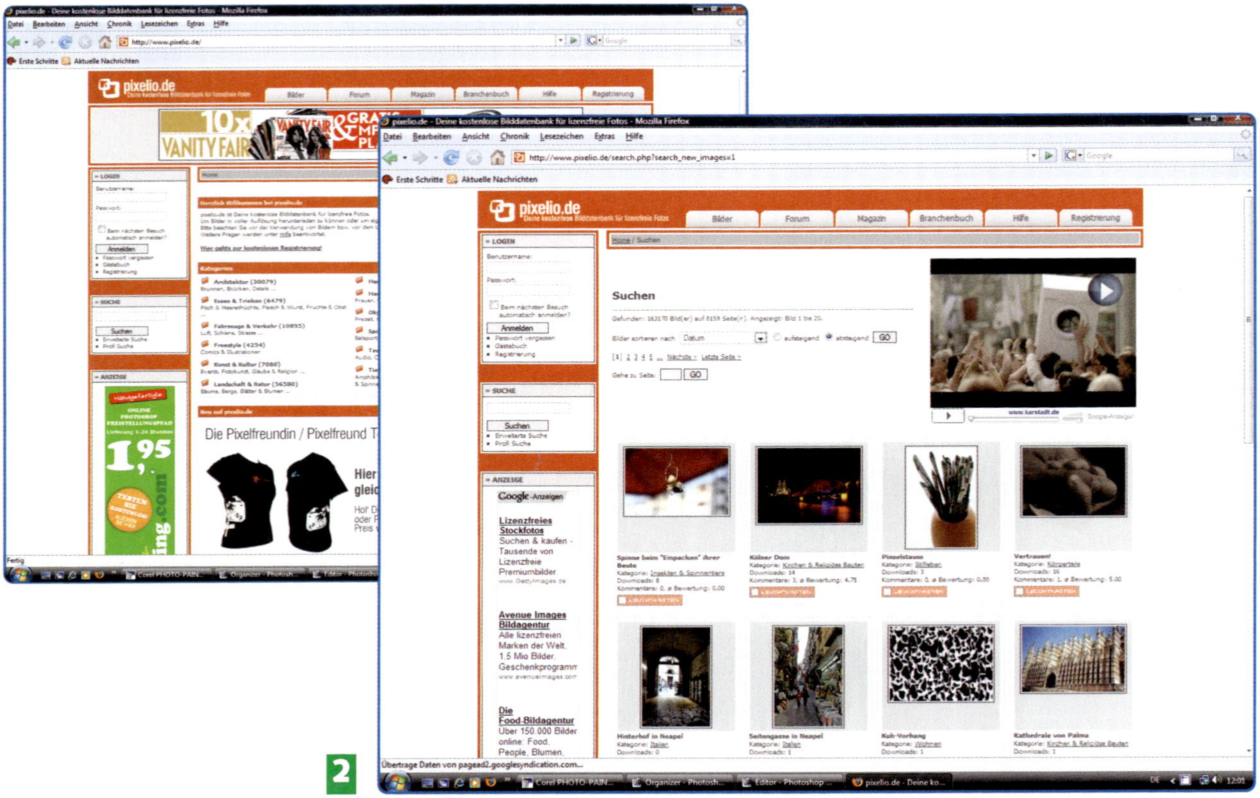

2

1 Rufen Sie einen Browser auf, über den Sie ins Internet gelangen, und geben Sie als Adresse www.pixelio.de ein. Drücken Sie die [↵]-Taste. Die Webseite des kostenlosen Bilderdienstes pixelio erscheint.

2 Über das Register *Bilder* gelangen Sie zum Bilderdienst. Im Login-Bereich können Sie sich registrieren lassen und Ihre Bilder online stellen.

Die Betreiber der Dienste treffen eine Vorauswahl der Bilder, die Sie online stellen möchten. Manchmal finden qualitativ nicht so berauschende Schnappschüsse den Weg in die Bilddatenbank und manchmal werden qualitativ hochwertige Bilder abgelehnt. Aber im Großen und Ganzen wird auf gute Qualität geachtet.

WISSEN

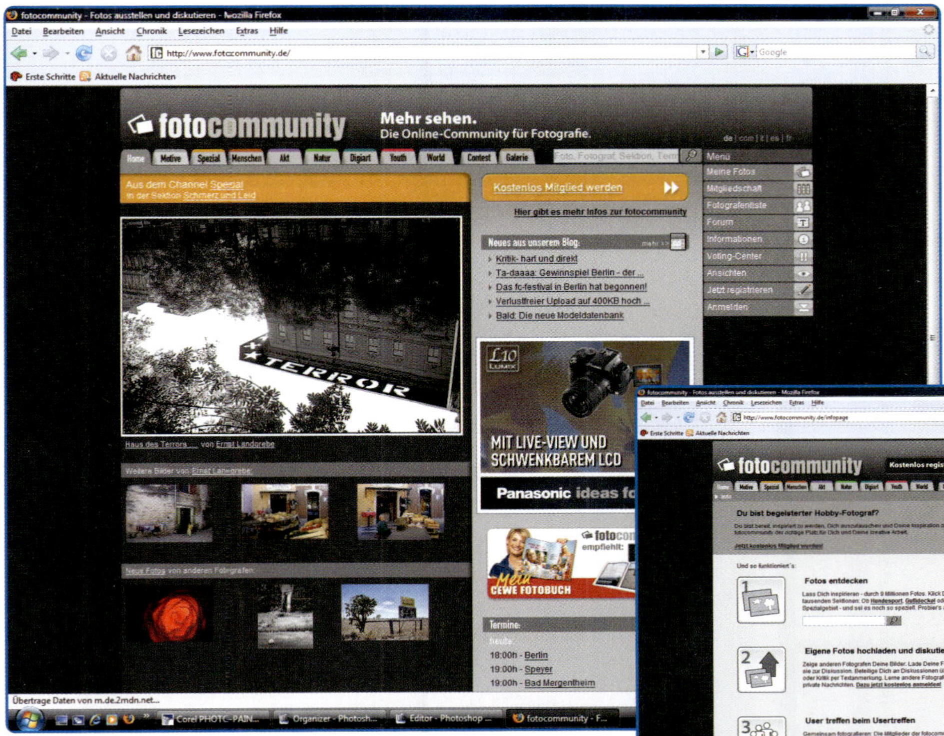

3

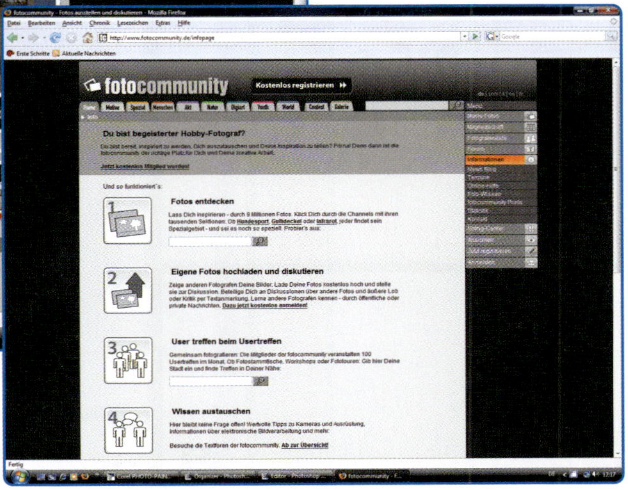

4

3 Ein weiterer Bilderdienst, zum Teil kostenlos, erreichen Sie über die Internetseite www.fotocommunity.de.

4 Im Bereich *Foto-Wissen* bietet die Fotocommunity zahlreiche zusätzliche Hilfestellungen und Dienste an: Wissen austauschen, bei Wettbewerben mitmachen, Fotowissen erweitern, digitale Bilder entwickeln lassen usw.

Ende

Beispielsweise bezeichnet man den Internet Explorer und Mozilla Firefox als **Browser**. Ein Programm, mit dessen Hilfe Sie Internetseiten anschauen und bedienen können.

FACHWORT

Mit **Login** ist der Verbindungsaufbau zu einem Netzwerk gemeint. Benutzerkennung und Passwort ermöglichen Ihnen zum Beispiel den Zutritt zu einem Onlinedienst.

FACHWORT

Start

1

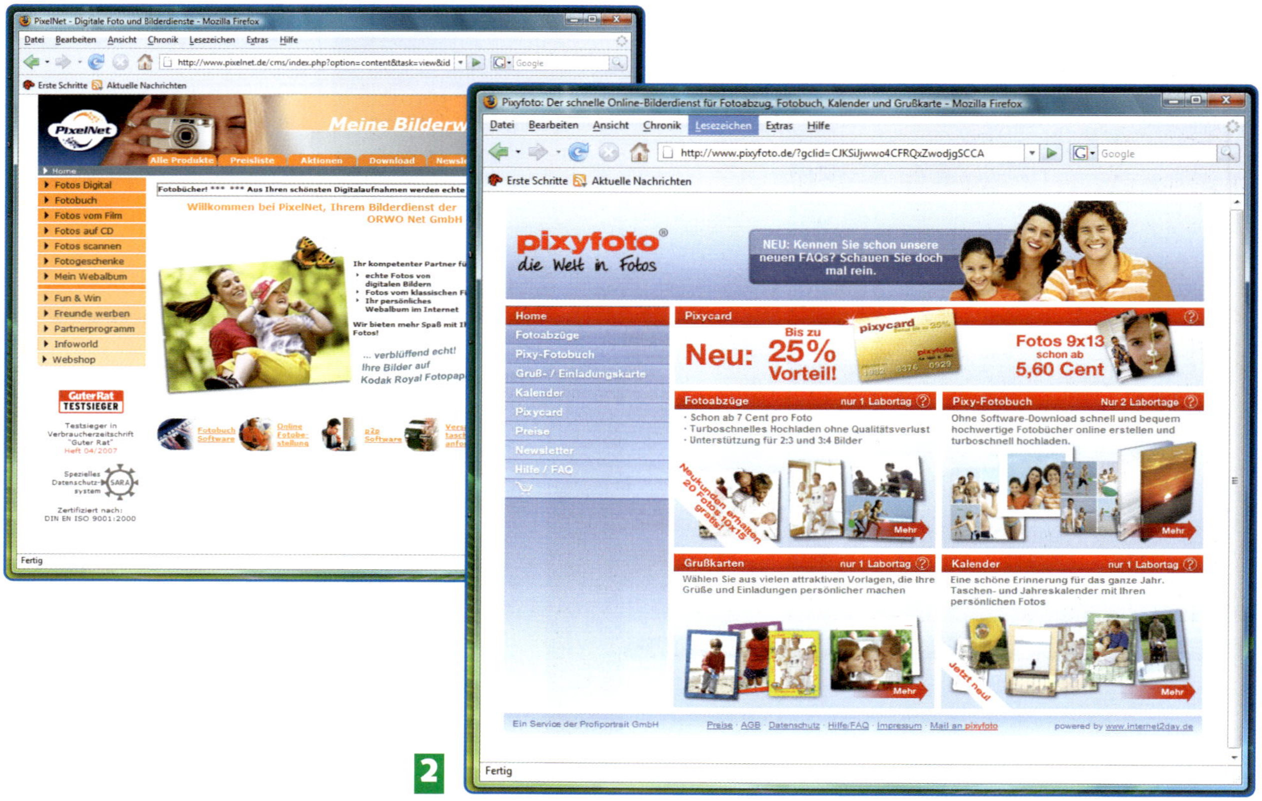

2

1 Der Bilderdienst pixelnet bietet vom Fotobuch bis hin zum Puzzle zahlreiche Leistungen an. Rufen Sie ihn über www.pixelnet.de auf.

2 Ebenso der Bilderdienst pixyfoto. Hier lassen sich sehr schnell Fotoabzüge bestellen. Geben Sie www.pixyfoto.de ein, um auf der Webseite zu landen.

Bilderdienste bieten verschiedene Leistungen an. Wer beispielsweise nicht der große Bastler ist, kann sich dort die verschiedensten Geschenkartikel von den eigenen Fotos machen lassen: Fotobuch, Fotokalender, Fotosticker, Schürze, Mauspad, Puzzle, Kerze, Kissen, Lätzchen, Stofftragetasche usw.

WISSEN

3 Bei pixum lässt sich ganz leicht ein Fotobuch anlegen. Rufen Sie den Dienst über www.pixum.de auf.

4 Pixopolis überzeugt mit seiner überraschend guten Qualität bei der Erstellung von Fotobüchern. Rufen Sie die Webseite über www.pixopolis.de auf.

Ende

Eine tolle Sache: virtuelle Fotoalben! So können z.B. Oma und Opa (wohnhaft in Hannover) ihre Enkelkinder (wohnhaft in München) übers Internet anschauen.

TIPP

Eine **Website** besteht aus einzelnen Seiten, die miteinander verknüpft sind. Eine Präsentation im Internet umfasst mehrere Seiten, die man Webseiten nennt.

FACHWORT

Start

1

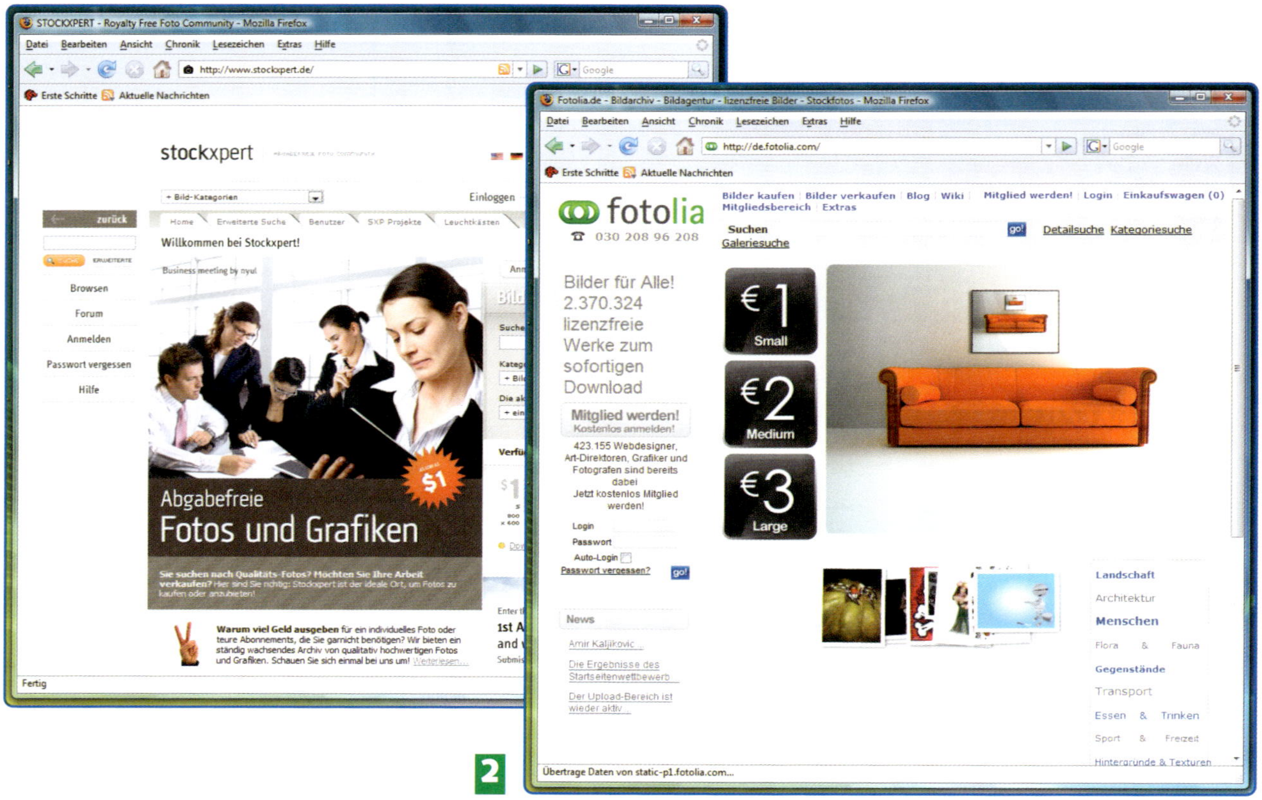

2

1 Über die Fotocummunity www.stockxpert.com können Sie nach der Registrierung Fotos bereitstellen und auch herunterladen – wobei Sie beim Bereitstellen Geld verdienen und beim Herunterladen zahlen müssen.

2 Ebenfalls ein Fotodienst zum Geld verdienen: www.fotolia.de.

Einige Fotocommunities geben Ihnen die Möglichkeit, mit Ihren Fotos Geld zu verdienen, und das funktioniert so: Sie bieten Ihre Fotos an, und wenn ein Foto von Ihnen heruntergeladen wird (kostenpflichtig), erhalten Sie einen Anteil. Allerdings müssen die von Ihnen angebotenen Fotos bei der Masse an Bildern herausragend sein.

WISSEN

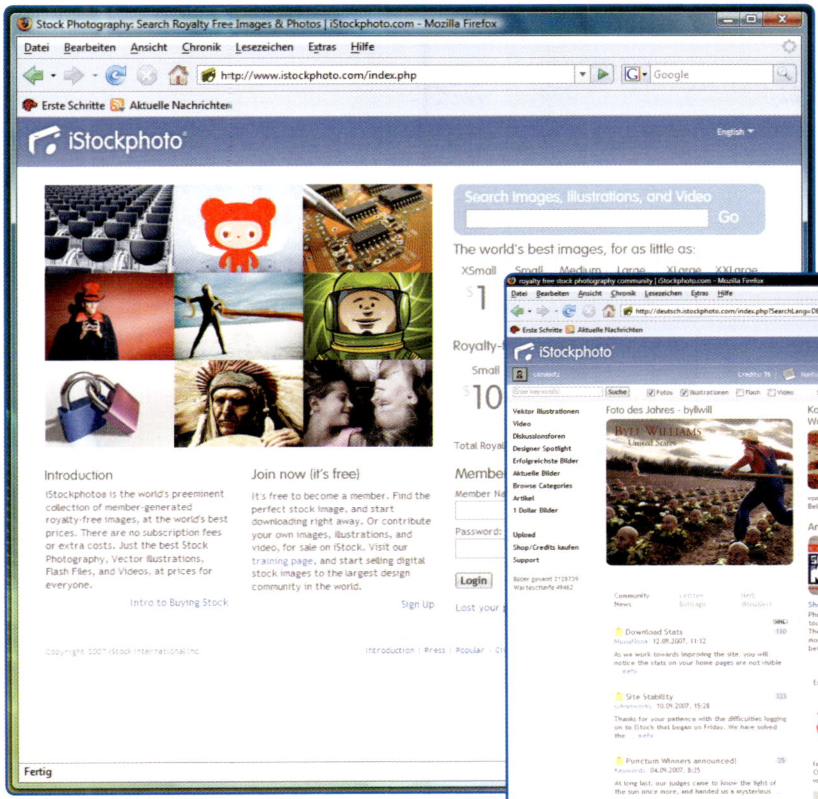

3

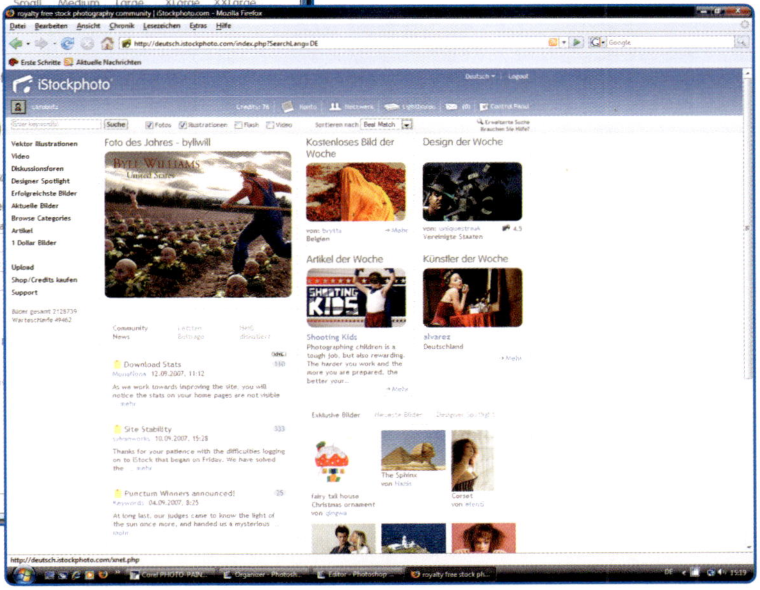

4

3 Auch über www.iStockphoto.com lässt sich Geld verdienen. Hier können nicht nur Fotos, sondern auch Illustrationen eingestellt werden.

4 Über den Link *Upload* stellen Sie Ihre Fotos der Fotocommunity bereit. Allerdings ist der Weg dorthin etwas mühsam und mit viel Lesearbeit verbunden.

Ende

Die Preise für Fotos in den Fotocommunities liegen weit unter den Preisen eines Fotografen. Der Verdienst des Fotografen wird dadurch natürlich kaputt gemacht.

HINWEIS

Eine **Fotocommunity** präsentiert online Fotos. Manche Communities begnügen sich mit Präsentieren und Diskutieren, andere stellen die Bilder zum kostenpflichtigen Download bereit.

FACHWORT

Lexikon

Akku

Ein Speicher für Energie ist der sogenannte Akku (Akkumulator). Die Besonderheit: Eine Akku-Batterie lässt sich jederzeit wieder aufladen.

Auflösung

Als Auflösung wird die Anzahl der Pixel (Bildpunkte) bezeichnet, aus denen ein Foto besteht. Je höher die Auflösung, umso besser das Bild.

Belichtungszeit

Die Belichtungszeit ist die Zeitspanne, die zur Aufzeichnung eines Bildes beim Auslösen der Kamera benötigt wird. Abhängig vom vorherrschenden Licht und der Blende.

Bildrauschen

Bildrauschen (körniges Bild) tritt bei geringem Licht, hoher verwendeter Lichtempfindlichkeit oder interpolierten Bildern (Digitalzoom) auf.

Blende

Die Blende (engl. aperture = Öffnung) ist der technische Mechanismus im Objektiv, der die Stärke des Lichteinfalls durch Öffnen und Schließen des „Iris-Rings" reguliert.

Blitzschuh

Als Blitzschuh wird die Vorrichtung an einer Kamera bezeichnet, an der Sie beispielsweise ein externes Blitzgerät angestecken können.

Booklet

Das Booklet (Einleger) ist das kleine Heftchen, das im Cover steckt. Es kann zwei- oder mehrseitig sein und enthält die Informationen zum Datenträger.

Brennweite

Die Brennweite eines Objektivs bestimmt zusammen mit dem Aufnahmeformat den Bildwinkel und somit den Bildausschnitt einer Aufnahme.

Browser

Beispielsweise bezeichnet man den Internet Explorer und Mozilla Firefox als Browser. Ein Programm, mit dessen Hilfe Sie Internetseiten anschauen und bedienen können.

Cover

Das Cover ist eigentlich nur der Deckel des CD-Plastikgehäuses.

Diffuses Licht

Diffuses Licht vermindert Kontraste und Falten in der Porträtfotografie. Dieser Effekt bzw. diese Art von Licht wird übrigens Beauty-Light genannt.

dpi = dots per inch

Die Auflösung eines Bildes wird in dpi = dots (Pixel) per inch angegeben, wobei 1 Inch einem Wert von 2,54 cm entspricht.

Druckertreiber

Als Druckertreiber wird die Software bezeichnet, die nötig ist, damit der Drucker Ihre Bilder ausdruckt. Ohne ihn würde der Drucker den Computer nicht verstehen.

Farbtemperatur

Farbtemperatur: Erhitzt man einen Körper, beginnt er rot zu glühen. Erhitzt man ihn weiter, glüht er gelb, dann weiß, und schließlich blau.

Fernauslöser

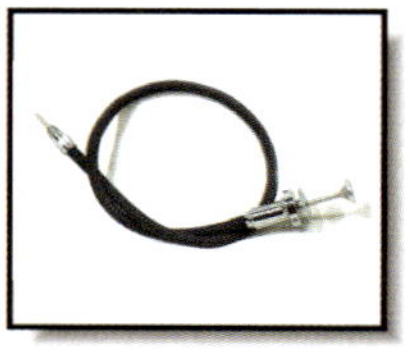

Mit dem Fernauslöser drücken Sie sozusagen den Auslöser Ihrer Kamera, ohne sie aber direkt zu berühren.

Fisheye

Mit einem Fisheye-Objektiv bringen Sie sehr viel von einem großen Gebäude aufs Bild. Der Blickwinkel beträgt bis zu 180° und die Linien im Bild werden dadurch extrem gebogen.

Fluchtpunkt

Zeichnet man in einem perspektivischen Bild Linien ein, so laufen diese Linien im gemeinsamen Fluchtpunkt zusammen.

Fotocommunity

Eine Fotocommunity präsentiert online Fotos. Manche Communities begnügen sich mit Präsentieren und Diskutieren, andere stellen die Bilder zum kostenpflichtigen Downlaod bereit.

Goldener Schnitt

Der Goldene Schnitt entstammt der Harmonielehre der Antike und besagt: „Ein Punkt muss eine Strecke so teilen, dass sich das längere Stück zum Ganzen verhält wie das kürzere Stück zum längeren“ (60 zu 40 %).

Inlay

Als Inlay bezeichnet man den Einleiger unter der CD. Er ist rechts und links mit einer 6,5 mm breiten Falz geknickt.

Interpolation

Das digitale Zoom zerteilt durch Interpolation digitale Bildpunkte und berechnet sie neu, um das Bild dadurch künstlich zu vergrößern.

Jewelcase

Jewelcase (Schmuckkästchen) ist nichts anderes als die Plastikhülle, in der die CD aufbewahrt wird.

Komprimieren

Wenn die Datenmenge eines Bildes reduziert wird, spricht man von Komprimieren. Bestimmte Dateiformate wie z.B. Jpg lassen sich nicht komprimieren.

Körnung

Grobe bzw. feine Bildbeschaffenheit, die durch die verwendete Lichtempfindlichkeit des Prozessors variiert.

LCD-Display

Der LCD-Display (liquid crystal display) ist die Anzeige auf der Rückseite Ihrer Kamera. Durch Flüssigkeitskristalle wird die Anzeige erzeugt.

Login

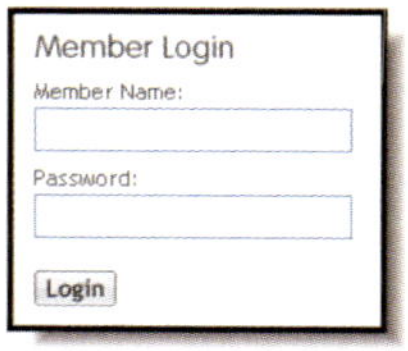

Mit Login ist der Verbindungsaufbau zu einem Netzwerk gemeint. Benutzerkennung und Passwort ermöglichen Ihnen zum Beispiel den Zutritt zu einem Onlinedienst.

Prozessor

Der Prozessor (Chip) ist der elektronische Baustein, der das Motiv in den drei Farben Rot, Grün, Blau und in entsprechender Auflösung als Foto aufzeichnet.

Requisit

Ein Requisit (lat. requisitum = erforderliches Ding) ist ein beweglicher Gegenstand, der zur Komposition von Bildern dient.

Schwarzweiß

Ein Schwarzweißfoto ist eine Aufnahme, die neben Schwarz und Weiß nur Graustufen zeigt. Weitere Farben sind im Bild nicht enthalten.

Slave/ Diodenauslöser

Slave oder Diodenauslöser: Eine Photozelle registriert das Licht beim Auslösen einer nahe befindlichen Blitzquelle und aktiviert zeitgleich das im Blitzschuh aufgesetzte, blitzbereite Gerät.

Tiefenschärfe

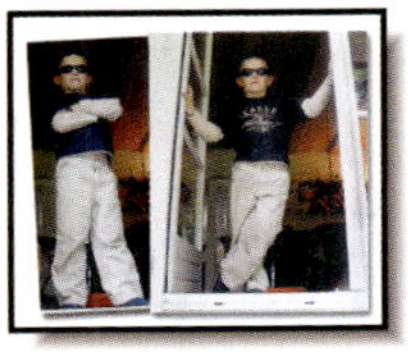

Tiefenschärfe bezeichnet den Bereich innerhalb eines räumlichen Motivs, der abhängig von der Blende scharf abgebildet wird.

Transferfolie

Transferfolie bezeichnet ein Spezialpapier bzw. eine Spezialfolie, die sich bedrucken und anschließend auf Ihr T-Shirt bügeln lässt.

Website

Eine Website besteht aus einzelnen Seiten, die miteinander verknüpft sind. Eine Präsentation im Internet umfasst mehrere Seiten, die man Webseiten nennt.

Weichzeichner

Ein Weichzeichner ist ein Filter, der Konturen und harte Kanten abmildert und somit den Kontrast eines Bildes reduziert.

Weißabgleich

Die heutigen Digitalkameras gleichen den Farbstich, der durch die Farbtemperatur entsteht, automatisch aus. Der Fachbegriff dafür lautet Weißabgleich.

Weitwinkel

Weitwinkel bezeichnet eine kürzere Brennweite bei größerem Sichtfeld. Nahe gelegene Objekte werden dadurch verzerrt.

InformIT™ CHECK IT

... aktuelles Fachwissen rund um die Uhr – zum Probelesen, Downloaden oder auch auf Papier.

www.InformIT.de

InformIT.de, Partner von **Markt+Technik**, ist unsere Antwort auf alle Fragen der IT-Branche.

In Zusammenarbeit mit den Top-Autoren von Markt+Technik, absoluten Spezialisten ihres Fachgebiets, bieten wir Ihnen ständig hochinteressante, brandaktuelle Informationen und kompetente Lösungen zu nahezu allen IT-Themen.

wenn Sie mehr wissen wollen ... **www.InformIT.de**

So macht der Start am PC Spaß!

Hier ist das goldrichtige Buch für völlige Computer-Neulinge. „Bild für Bild" findet der Leser alles, was er braucht:
Tastatur- und Mausbedienung, der erste Einsatz von Windows, am PC schreiben, das erste Mal E-Mail und Internet, Fotobearbeitung am PC u.v.m. Man sieht sofort, was man tun muss. Und kann es auch!

Caroline Butz
ISBN 978-3-8272-4146-7
14.95 EUR [D]

Fast ohne Lesen sehen Sie sofort, wohin Sie klicken müssen und wie es danach aussieht. Sehen und Können!
Mehr auf www.mut.de

Markt+Technik